BIBLIOTHÈQUE MORALE

DE

LA JEUNESSE

1ʳᵉ SÉRIE GR. IN-8° JÉSUS

Une vue de Zurich.

LA SUISSE

HISTORIQUE ET LÉGENDAIRE

PAR

G. DE MERVILLE.

Avec gravures dans le texte

ROUEN

MÉGARD ET Cie, LIBRAIRES-ÉDITEURS

1888

Propriété des Editeurs,

LA SUISSE HISTORIQUE

ET LÉGENDAIRE.

I.

Une rencontre inattendue.

Connaissez-vous ce mal étrange que l'on nomme le désœuvrement ? Il est terrible, je puis vous le certifier, car j'en étais atteint en 1881.

Je m'étais beaucoup surmené pendant l'hiver précédent, qui avait été très brillant à Paris, mais dont la gaieté factice m'avait, chose étrange ! laissé un profond dégoût des plaisirs. Je m'ennuyais partout, je dépérissais ; et, n'ayant rien de mieux à faire qu'à m'inquiéter de ces symptômes, je finis par me croire fort malade.

Naturellement je consultai. Le médecin auquel je m'adressai était un de mes amis, un homme de beaucoup de bon sens, qui m'ausculta longuement, puis me conseilla tout simplement une existence plus active, un but mieux défini dans la vie. Cette ordonnance ne cadrait pas avec ma disposition du moment, et je me dirigeai vers la demeure d'un autre guérisseur plus en vue, et partant de plus de valeur que mon ami D....

Ce grand médecin, devinant sans doute ce que je voulais de lui, commença par me déclarer que je ne devais point laisser aggraver mon état, déjà *presque* alarmant.

Comme ce mot *alarmant* résonna doucement à mes oreilles ! Celui-là était un docteur, au moins ! Il me fit une liste raisonnable de pilules et de sirops à avaler, et ajouta que pour combattre efficacement le mal, il me fallait avoir recours aux eaux thermales.

Je connaissais Spa, Vichy, Plombières, Luchon, Bagnères, voire même Lamalon, et je demandai au docteur si les eaux d'Aix, dans le voisinage de ce lac du Bourget qu'a illustré Lamartine — mon idole, — ne me seraient pas salutaires ! Il s'empressa de me répondre que c'étaient précisément les seules qui convinssent à mon état. Je payai grassement cette consultation, et nous nous quittâmes enchantés l'un de l'autre.

Le lendemain, je prenais mon billet pour Aix. Je devais en route changer de voiture à Culoz ; mais, hélas ! le destin qui prétendait me guérir en dehors de l'intermédiaire des sources chaudes d'Aix, ne m'envoya-t-il pas un délicieux et profond sommeil qui me prit à Ambérieux, et dont je ne me réveillai qu'en entrant dans une gare où je n'avais certes rien à faire !

Qu'on juge de ma stupéfaction lorsqu'au milieu de mon rêve, la porte de mon wagon fut brusquement ouverte et qu'un employé y jeta un retentissant : « Genève !... Tous les voyageurs changent de voiture ! » Ce fut vainement que je me frottai les yeux pour chasser le cauchemar dont je me croyais la proie ;

force me fut de me rendre à l'évidence et de constater qu'au lieu

Une vue de Genève.

du lac du Bourget que j'avais eu la fantaisie de voir, c'était sur les rives du lac Léman que la destinée me contraignait à échouer, au moins pour vingt-quatre heures.

Tout confus, je payai la différence de place et je me jetai machinalement dans la première voiture que je trouvai au bas de la rampe de la gare. Le cocher me demanda : « Monsieur se rend à l'hôtel de *Beau-Rivage* ? » Et je lui répondis non moins machinalement : « Certainement. »

On le voit, je m'abandonnais au hasard avec le fanatisme d'un Arabe et la mauvaise humeur d'un homme mal réveillé.

Après un déjeuner substantiel, qui me prouva que le voyage n'avait pas trop influé sur la faiblesse de ma constitution, je me sentis mieux disposé à apprécier ma mésaventure à sa juste valeur et partant à en rire.

Les pics d'argent du mont Blanc exerçaient sur moi une étrange fascination, et ce lac, dont on a tant écrit, qu'on n'ose plus en rien dire, me charmait en dépit de moi-même. Je maudissais la fausse honte qui interdit aujourd'hui à tout homme qui se respecte, d'admirer son cadre ravissant, formé mi-partie de collines boisées dont la verdure s'émaille de blanches et coquettes villas, mi-partie de montagnes abruptes dont les pics ardus se perdent dans la nue. Et ces eaux bleues et limpides que des voiles blanches et fugitives comme des ailes d'oiseaux de passage, font paraître plus bleues encore ! Faut-il être la victime d'un sot préjugé pour ne point les admirer !...

— Qu'importent, me disais-je, les railleries de ce monde tout de convention, où il est de bon goût d'être blasé sur tout et en particulier sur la Suisse et ses paysages tour à tour sévères, grandioses et charmants ! J'y suis, je ne fermerai assurément pas les yeux ; j'en serai quitte pour ne pas me vanter de mon incartade.

Ce fut dans cette sage disposition que je quittai l'hôtel pour aller visiter la ville, dont une partie bâtie sur la hauteur m'attirait spécialement ; car Genève est divisée en deux villes : l'une, la commode, la luxueuse, mais aussi la banale, qui n'est qu'un grand quartier détaché de Paris ; l'autre, la sombre, l'austère, l'intéressante, qui a un caractère d'originalité propre, bien fait pour captiver l'attention du voyageur. Je ne m'expliquais pas la hauteur prodigieuse de ses maisons, dont les habitants des mansardes doivent jouir d'un splendide coup d'œil.

J'en étais là de mes réflexions et je restais planté le nez en l'air dans une des rues de la vieille ville, supputant la hauteur d'une construction vraiment colossale, par rapport à la largeur de la voie qu'elle borde, quand je reçus en pleine poitrine le choc d'un passant venant en sens inverse de moi. Ma première impression, dois-je le dire? fut de laisser échapper une exclamation aussi profane que peu aimable; mais la surprise me ferma la bouche.

— Henri ! m'écriai-je en arrêtant le bousculeur au passage, Henri!...

L'individu ainsi interpellé semblait tomber de la lune.

— Qui m'appelle ? demanda-t-il en me regardant avec stupéfaction.

— Qui ? Mais moi, Gaston de Merville, ton camarade de collège.

Je n'avais pas achevé, que j'étais serré entre les bras du digne garçon, docteur ès toutes les Facultés d'Europe et un des savants les plus aimables de la terre en même temps que des plus distraits.

— Que je suis donc heureux de te rencontrer! s'écria-t-il; que d'années passées sans nous retremper dans cette bonne vieille amitié des beaux jours de notre enfance ! Et que viens-tu faire ici? Quel charmant hasard t'y a conduit?

Et, faisant à la fois la demande et la réponse, il ajouta :

— Tu es en mission scientifique peut-être?

— En mission ! Et de quelle mission veux-tu que je sois capable ? m'écriai-je. Je n'en ai pas d'autre que de manger mes rentes et de m'ennuyer considérablement.

— Toi t'ennuyer ! répondit-il en me dévisageant d'un air incrédule, avec ton intelligence et l'avenir qu'elle te promettait !...

— Je suis très malade, répliquai-je ; car je n'osais vraiment pas convenir que cette intelligence dont il faisait si grand cas, ne me servant pas à grand'chose dans le milieu tout mondain où j'avais fixé ma tente, je l'avais négligée comme une non-valeur.

Il scruta anxieusement ma physionomie, puis avec un sourire de douce raillerie :

— Allons, dit-il, ne t'offense pas de mon pronostic ; mais tu ne mourras pas encore de cette maladie-là. Je connais vingt pères de famille autrement attaqués que toi et qui gagnent courageusement le pain de leurs enfants.

Oh ! ces amis, c'est sans pitié !

Je ressentis un moment d'humeur, j'étais mal à l'aise ; et pour détourner la conversation, je racontai à Henri de Morlot la raison vraiment puérile qui, m'arrachant à ma destination primitive, m'avait jeté hors de la frontière de France.

— *Alea jacta est !* s'écria-t-il alors en riant ; tu n'as rien qui te retienne, c'est toi qui l'as dit ; je t'enlève. Je suis en congé, moi aussi, pour me refaire ; on prétend que je suis malade, et que l'air natal m'est indispensable ; mais je ne perdrai pas mon temps pour cela ! J'ai un plan de travail tout préparé. Pour la première fois de ma vie peut-être, la solitude me pesait ; viens, tu feras une bonne action.

Je sentais ce que cette dernière allégation renfermait de cordiale sympathie à mon égard. Ce fut en vain que je me débattis, que je me retranchai derrière l'ordonnance de la Faculté qui m'expédiait en Savoie.

— Trois semaines de courses pédestres et de vieille camaraderie te seront plus salutaires que dix saisons thermales ; et, du reste, s'il te faut absolument des sources minérales ou autres, tu es servi à souhait. La Suisse possède de ce chef des richesses naturelles considérables ; elle compte — tu l'ignores peut-être — deux cent quarante-six établissements de bains en exploitation, à la tête desquels se trouve Baden (1). Tu vois que tu pourras choisir ; mais je ne te le conseille pas. L'air des sommets est ce qu'il te faut, crois-moi ; il est régénérateur au moral comme au physique.

N'ayant au fond aucune raison bien valable à mettre en avant pour refuser cette aimable invitation, je finis par l'accepter, et, ainsi qu'il l'avait annoncé, Henri de Morlot m'enleva triomphalement.

---

(1) Canton d'Argovie.

II.

Genèye.

Cette rencontre inattendue avait déjà réveillé en moi une soif de savoir depuis longtemps assoupie, et je me promettais de profiter de la société de mon aimable guide — véritablement puits de science en tout genre — pour résoudre les diverses questions qu'un pays nouveau devait faire naître dans mon esprit, naturellement investigateur. Je ne tardai donc pas à le mettre à contribution. En regagnant l'hôtel, je revins au sujet de mes préoccupations, car nous suivions une rue tortueuse qui trahissait une origine antique.

— A quelle époque remonte cette vieille ville ? lui demandai-je.

— Si tu parles de Genève, ancienne capitale des Allobroges, je te répondrai qu'elle existait 2500 ans avant l'ère chrétienne ; elle a traversé des fortunes bien diverses avant d'arriver à l'état où tu la vois aujourd'hui.

— C'est une respectable antiquité ; mais elle ne devait pas porter ce nom-là, je suppose.

— C'est ce qui te trompe. Ce nom est d'origine celtique : *Gen*, sortie, *ev*, rivière. César, dans ses *Commentaires*, latinisa ce mot barbare et en fit *Geneva*. Plus tard ce nom lui-même a subi maintes transformations. Antonin, dans son *Itinéraire*, le changea en celui de *Genabum*. Grégoire de Tours, dans ses *Chroniques*, l'appela *Janoba*. Du VIIIe au XVe siècle, on la désigna sous le nom de *Gehenna*. Ce n'est qu'en 1536 qu'elle est revenue à la dénomination première de Genève, qu'elle n'a plus quittée depuis.

— Qui donc nous a transmis des renseignements sur cette capitale des Allobroges ? Ce peuple ne devait pas être fort riche en historiens, ce me semble.

— Naturellement ; aussi est-ce à César lui-même que nous devons les premiers détails qui nous sont parvenus. Il nous apprend qu'il s'établit à Genève pour s'opposer à l'invasion des Helvètes dans les Gaules, et que, trouvant la position favorable pour un poste militaire, il s'y retrancha. C'est alors qu'il bâtit dans cette île que tu vois là-bas, et qui divise le Rhône à sa sortie du lac, une tour qui porte encore son nom. Genève passa donc sous la domination romaine et se vit contrainte d'adopter les dieux de ses vainqueurs. Un temple à Apollon fut élevé sur l'emplacement occupé aujourd'hui par l'église Saint-Pierre, et un rocher qui sortait du lac à cent pas à peu près du bord, dut à sa forme et à sa situation l'honneur d'être consacré par les pêcheurs à Neptune, après l'avoir été à une divinité indigène appelée Neith.

Vers le commencement du XVIIe siècle, on a retrouvé, en fouillant à sa base, deux petites haches et un couteau de cuivre, ainsi que divers autres instruments de bronze qui servaient à égorger les animaux destinés aux sacrifices et qui témoignent d'une antiquité reculée. Je te le montrerai quand notre promenade nous ramènera vers les rives du Léman ; moins poétique aujourd'hui qu'il ne le fut jadis, c'est un bloc erratique de onze pieds de haut, qui s'appelle tout prosaïquement « la Pierre à Niton ».

Genève demeura soumise aux Romains pendant cinq siècles et dut même, après un incendie, être presque entièrement rebâtie par l'empereur Aurélien, vers 273. Le christianisme s'y établit au IVe siècle, et elle devint la capitale d'un assez grand diocèse.

L'invasion des barbares, qui, au Ve siècle, changea la face de l'Europe, ne respecta pas même ce petit coin de terre privilégié par la nature ; mais elle y jeta les Burgs-Hunds (1). Ceux-ci nous sont dépeints comme les plus doux des barbares. Le christianisme avait déjà adouci leurs mœurs ; bien qu'ils suivissent la doctrine d'Arius, ils étaient pleins d'humanité pour les vaincus. Ils ne se montrèrent pas insensibles à l'admirable situation de Genève et en firent leur capitale. Un demi-siècle plus tard, le roi des Francs Hlode-Wig (2) envoya au roi des Burgs-Hunds Gunde-Bald (3) demander sa nièce Hlod-Hilde (4) pour épouse. Elle habitait le palais de son oncle, situé à l'endroit où est aujourd'hui l'arcade de la rue du Four, où nous nous sommes arrêtés naguère. Elle ne devait y être que médiocrement heureuse ; car tu te souviens sans doute que cette infortunée princesse avait vu périr misérablement son père Chilpéric, roi

---

(1) *Gens de guerre confédérés*, dont les auteurs latins ont fait *Burgundiones*, et les Français, Bourguignons.

(2) Ce qui signifiait *guerrier fameux*. Le latin en fit *Claudivicus* ; et, par suite de corruption, il nous est arrivé transformé en Clovis.

(3) *Homme de guerre puissant*, en latin *Gundebaldus*, en français Gondebaut.

(4) *Noble et belle*, en latin *Clotilda*, devenue notre Clotilde.

des Bourguignons, assassiné par l'oncle dont elle était forcée de subir l'hospitalité. Ce fut donc probablement avec joie qu'elle vit arriver l'esclave romain — ne semble-t-il pas que le mot de romain jure avec celui d'esclave? — chargé par le chef franc de lui présenter le sou d'or dont l'acceptation, en la livrant à la puissance d'un mari, la délivrait de la tyrannie d'un parent sanguinaire.

Des mains des Bourguignons, Genève passa entre celles des Ostrogoths, dont la domination fut d'ailleurs éphémère, quinze ans à peine; on n'en parle que pour mémoire. Les Francs les chassèrent et enclavèrent Genève dans leur empire; ce fut pour elle une époque heureuse, car elle parvint à un degré de prospérité remarquable, qui dura jusqu'après le règne de Charlemagne en 888.

Sur les ruines de ce brillant empire carlovingien se formèrent divers petits Etats, entre autres le royaume de Bourgogne transjurane, fondé par Rodolphe, comte de ce pays. Genève en fut une des villes principales.

Quoique ce diminutif de royaume se trouvât plus que doublé un demi-siècle plus tard par l'annexion de la Bourgogne cisjurane ou royaume d'Arles, il demeura faible et peu important, et son quatrième roi, Rodolphe III, qui mourut en 1032, légua sa succession à Conrad le Salique, qui se fit couronner la même année par Here-Bert, archevêque de Milan, dans la ville nouvellement acquise.

Toutefois, ce prince lui avait créé une situation indépendante en confirmant lui-même les droits acquis des évêques de Genève, droits dont l'origine se perd dans la nuit des temps et qui les constituaient en seigneurs féodaux, *domini*; en un mot, princes temporels de la ville.

Cette souveraineté toutefois leur fut longtemps contestée par les comtes du Génevois et les ducs de Savoie, et il va sans dire que la bourgeoisie profitait de ces discordes pour augmenter ses privilèges en soutenant tour à tour l'un ou l'autre parti.

En 1401, la situation changea : le comté du Génevois ayant été réuni à la Savoie, le duc de ce pays se crut le droit d'imposer au siège épiscopal de cette ville ses cadets ou ses favoris. Dès lors, la lutte se continua entre la bourgeoisie et le duc de Savoie, celui-ci trouvant des alliés naturels dans les évêques ses créatures.

Cette lutte incessante détachait Genève de ses gouvernants naturels et la faisait soupirer ardemment après la liberté ; on peut dire que ce fut la cause déterminante de l'empressement avec lequel elle embrassa la réforme. Ce fut en 1517 que la crise arriva à sa période aiguë, période qui dura bien des années en traversant des phases diverses et parfois malheureuses. Il ne lui manquait que des héros et des martyrs : elle en eut.

Ce fut entre autres Bonnivard, qui, après avoir prêché la liberté, fut jeté dans les cachots de Chillon et y passa six ans, attaché par une chaîne à un pilier ; Picolas, qui, au milieu des tortures, pressé de dénoncer ses complices, se coupa la langue avec ses dents et la cracha à la figure de son bourreau ; Berthelier, conduit à l'échafaud sur la place de l'Ile, auquel on intimait l'ordre de solliciter le pardon du duc avant de poser la tête sur le billot et qui répondit : « C'est aux criminels à demander pardon et non pas aux gens de bien ; que le duc implore la miséricorde de Dieu, car c'est lui qui m'assassine. » Lévrier et tant d'autres dont la nomenclature serait trop longue.

Tous ces supplices attisaient les haines. Genève cherchait des alliés. Elle se lia de *combourgeoisie* avec Berne en 1526, comme elle l'avait fait avec Fribourg en 1517. Dès lors, se sentant plus forte, elle devint plus audacieuse.

Elle avait un évêque, Pierre de la Baume, plus égoïste, plus pusillanime que ses prédécesseurs ; il avait pris peur devant les échauffourées populaires qui se succédaient incessamment et avait abandonné la ville. En 1535, celle-ci le déclara déchu de tous ses droits tant sur elle que sur les terres — très peu étendues d'ailleurs — qui constituaient son territoire ; et pour abolir du même coup l'autorité spirituelle et temporelle de l'évêque, elle embrassa officiellement la Réforme.

En 1536, au lendemain de cette démarche décisive, alors que la ville, tout occupée d'assurer sa jeune indépendance, cherchait à reconstituer ce qu'elle avait détruit et à se faire un gouvernement, Calvin arrivait, non pas seulement comme réformateur, mais surtout comme législateur. Il comprit que la petite république ne pouvait se maintenir qu'en affirmant une personnalité qui la distinguât essentiellement des peuples ses voisins.

A cette époque, où le luxe renaissait de toutes parts en France comme en Italie, cette personnalité ne pouvait être obtenue que par une austérité vertueuse qui fît contraste. De là ses lois somptuaires destinées à entretenir les citoyens dans une stricte simplicité, en leur interdisant, sous des peines sévères, tout luxe, tout plaisir désordonné, et par conséquent dangereux pour les mœurs. Mais en les privant de satisfactions qui, partout ailleurs, passaient pour légitimes, il pourvut à tous les points essentiels de l'activité humaine. Il organisa avec soin l'instruction publique, créa une Faculté et une Académie, révisa toutes les institutions, de manière à leur imprimer le sceau de la durée, et dota sa patrie adoptive d'un système de lois civiles, remarquables pour l'époque et dont plusieurs sont encore en vigueur.

Ces premiers jours de l'indépendance de Genève furent comparativement tranquilles ; la petite république servait d'asile aux persécutés de tous les pays et surtout à ceux de France (1).

---

(1) On trouve pour la seule date du 14 octobre 1557 : 200 Français, 50 Anglais, 25 Italiens et 4 Espagnols.

Mais le duc de Savoie, Charles-Emmanuel, ayant voulu reprendre son pouvoir, la guerre se ralluma en 1590 ; les passions politiques se joignant aux haines religieuses, la lutte s'envenima de nouveau, et c'est merveille que cette cité, luttant presque seule contre tant d'ennemis acharnés à sa perte, ait pu s'en tirer.

Je ne te citerai ici que la dernière et la plus signalée des épreuves auxquelles les Génevois furent en butte, celle connue sous le nom de l'*escalade*.

N'ayant pu réussir à force ouverte, le duc de Savoie essaya d'une surprise. Des corps de troupes choisies se réunirent mystérieusement et arrivèrent en silence jusque dans les fossés de Genève pendant la nuit longue et obscure du 22 décembre 1602. Des échelles à ressorts drapés se dressèrent sans bruit contre les murailles et introduisirent dans l'enceinte extérieure de la place quelques centaines d'hommes déterminés. Il semblait que ce fût ville prise avant même que l'alarme fût donnée. Grand fut l'effarement de la garnison ; mais un boulet tiré au hasard brisa les échelles ; les Génevois, réveillés en sursaut, courent aux armes à demi nus ; une lutte ardente, mais courte, s'engage et est couronnée par l'extermination des envahisseurs. Le corps d'armée, qui comptait que le détachement entré allait lui ouvrir les portes, est forcé à la retraite, et Genève est sauvée.

Après bientôt trois siècles de ce brillant fait d'armes, les habitants de Genève célèbrent encore l'anniversaire de cette délivrance mémorable, qui est le souvenir le plus vivace de son histoire.

Les XVIIe et XVIIIe siècles furent des siècles de repos pour Genève. Pendant ce temps, son commerce, qui date de cette époque, prit un tel accroissement, qu'aujourd'hui l'industrie est tout, et la propriété territoriale rien. Si tous les citoyens du canton réclamaient leur part du sol, à peine si chacun d'eux en obtiendrait trois à quatre mètres carrés (1). Il y a donc la place d'y vivre et d'y faire fortune, mais à peine celle de s'y faire enterrer !

Cependant le gouvernement, démocratique à l'origine, n'avait

Calvin.

pas tardé à faire place à une aristocratie jalouse qui concentrait le pouvoir entre ses mains. Le peuple réclamait ses droits ; il

---

(1) Le canton de Genève a 252 kilomètres carrés ; 28 de long sur 9 de large. C'est donc avec raison que Voltaire pouvait dire : « Quand je secoue ma perruque, je poudre toute la république. »

essaya de les reconquérir par les soulèvements sévèrement réprimés de 1707, 1738, 1762. En 1782, une nouvelle insurrection amena la chute du gouvernement. Il fut presque aussitôt rétabli par la France, Berne et la Sardaigne. En 1792, autre soulèvement suivi d'affreuses représailles. En 1798, Genève fut occupée par les Français : elle devint le chef-lieu du département français du Léman et ne recouvra son autonomie qu'en 1814. Le congrès de Vienne en fit cadeau à la confédération suisse, à laquelle elle fut agrégée sous le titre de 22e canton.

Le 27 mai 1847, après bien des insurrections, 5,500 votes contre 3,000 sanctionnèrent la constitution démocratique représentative qui régit aujourd'hui le canton de Genève.

— Après tant de traverses, cette ville doit respirer à l'aise dans sa liberté si chèrement conquise, remarquai-je.

— Assurément ; aussi en a-t-elle profité pour se faire une situation à part au milieu des autres capitales de l'Europe. Elle représente l'aristocratie d'argent ; c'est la ville du luxe, des chaînes d'or, des voitures, des chevaux, mais aussi de l'ostentation. Sous la grande dame qui vous reçoit avec une morgue bienveillante, on sent percer la ménagère économe ; je pourrais citer tel salon dans lequel un soir tu auras admiré un splendide album ; retournes-y le lendemain pour revoir une page qui t'a charmé, tu ne la retrouveras plus, et pour cause : on a loué le livre 10 fr. pour la soirée. Le prix de ce coûteux album représenterait un capital improductif que le sage Génevois ne consentirait pas à laisser tel !

Je ne pus m'empêcher de sourire.

— Mais aussi, reprit de Morlot, ce sont les mains industrieuses de ses ouvriers qui alimentent l'Europe entière de bijoux. Ce soir, à la lumière, nous passerons devant le magasin de X.... Je te le propose, parce que tu n'es pas une femme, et que par conséquent ta tête saura résister à l'éblouissement causé par tant de merveilles ; mais si tu étais ma fille ou ma sœur, je n'assumerais pas une semblable responsabilité ; je craindrais trop pour ta raison devant une pareille collection de choses idéales.

— C'est plutôt pour l'horlogerie encore que Genève est renommée ?

— Pour son horlogerie et sa bijouterie. Pense que cette dernière seule façonne plus de dix mille kilos d'or et d'argent. Quant aux montres, la première y fut apportée en 1587 ; et à la fin du siècle dernier, l'horlogerie occupait à elle seule plus de sept mille ouvriers, tant dans l'intérieur de la ville que dans la banlieue et les contrées environnantes. On estime à *cent mille* le nombre des montres qui sortent annuellement de ses divers ateliers.

— Il existe des droits d'exportation sur tous ces articles ?

— C'est-à-dire qu'ils payent un droit pour entrer en France ; mais le plus curieux, c'est que, moyennant un droit de courtage de 5 p. 100, les grands bijoutiers se chargent de les faire parvenir par contrebande.

— Oh !... me récriai-je avec incrédulité.

— Tu ne me crois pas ? Eh bien ! tu as tort. Ne connais-tu pas l'anecdote du directeur général des douanes devenu le premier contrebandier du royaume ?

— Non, répondis-je, après avoir cherché inutilement dans ma mémoire.

— Je te la donne pour ce qu'elle vaut. Lorsque M. le comte de Saint-Cricq était directeur général des douanes, il entendit si souvent parler de l'habileté de MM. les contrebandiers, grâce à laquelle on trompait la vigilance de ses agents, qu'il résolut de s'assurer par lui-même si tout ce qu'on disait était vrai. Il alla, en conséquence, à Genève, se présenta au magasin de M. Beautte, qui était alors le fabricant en renom, acheta pour 30,000 fr. de bijoux, à la condition que ces bijoux lui seraient remis sans droit d'entrée à son hôtel à Paris. M. Beautte accepta la condition en homme habitué à ces sortes de marchés ; seulement, il présenta à l'acheteur une espèce de sous-seing privé par lequel il s'obligeait à payer, outre les 30,000 fr. d'acquisition, les 5 p. 100 d'usage. Celui-ci sourit, prit une plume, signa : DE SAINT-CRICQ, *directeur général des douanes françaises*, et remit le papier à Beautte, qui regarda la signature et se contenta de répondre, en inclinant la tête :

— Monsieur le directeur des douanes, les objets que vous m'avez fait l'honneur de m'acheter seront arrivés aussitôt que vous à Paris.

M. de Saint-Cricq, piqué au jeu, se donna à peine le temps de dîner, envoya chercher des chevaux à la poste, et partit une heure après le marché conclu.

En passant à la frontière, le directeur des douanes se fit reconnaître des employés qui s'approchaient pour visiter sa voiture, raconta au chef des douaniers ce qui venait de lui arriver, recommanda la surveillance la plus active sur toute la ligne, et promit une gratification de 50 louis à celui des employés qui parviendrait à saisir les bijoux prohibés ; pas un douanier ne dormit de trois jours.

Pendant ce temps, M. de Saint-Cricq arrive à Paris, descend à son hôtel, embrasse sa femme et ses enfants, et monte à sa chambre pour se débarrasser de son costume de voyage.

La première chose qu'il aperçoit sur la cheminée est une boîte élégante dont la forme lui est inconnue ; il s'en approche, et lit sur l'écusson d'argent qui l'orne : *Monsieur le comte de Saint-Cricq, directeur général des douanes* ; il l'ouvre et trouve les bijoux qu'il a achetés à Genève.

Beautte s'était entendu avec un des garçons de l'hôtel, qui, en aidant les gens de M. le comte de Saint-Cricq à faire les paquets de leur maître, avait glissé parmi eux la boîte défendue.

Arrivé à Paris, le valet de chambre, voyant l'élégance de l'étui et l'inscription particulière qui y était gravée, s'était empressé de le déposer sur la cheminée de son maître.

M. le directeur des douanes n'était-il pas le premier contrebandier du royaume ?

Je riais encore de la piquante anecdote de mon ami, lorsqu'il fut rejoint par des personnes de connaissance. La conversation devint générale, et le soir, en prenant des notes sur ma journée, comme il m'avait recommandé de le faire pour que mon voyage me fût profitable, je n'eus guère à relater que la page d'histoire que je viens de transcrire.

III.

Genève *(suite)*.

Nous nous étions donné rendez-vous le lendemain pour visiter les curiosités de la ville. A tout seigneur tout honneur ; nous commençâmes par Saint-Pierre, qui occupe l'emplacement d'un ancien temple dédié au s' œil. Cette cathédrale a toute une histoire.

Construite une première fois en bois, elle fut détruite par un incendie et reconstruite avec un baptistère séparé. Mais au IXe siècle, nouvelle vicissitude : ces constructions furent détruites et elles furent lentement réédifiées au Xe, XIe, XIIe et XVe siècles.

Toutefois, quoiqu'elle conserve des traces bien marquées des divers styles qui ont présidé à ses restaurations successives, on peut avancer qu'elle remonte aux Xe siècle. Elle est remarquable par ses heureuses proportions, le caractère plein d'unité et l'ornementation sévère de son intérieur, qui produisent un ensemble aussi majestueux qu'harmonieux.

Comme je m'étonnais que le portail, imitation de celui du Panthéon de Rome, ne cadrât pas avec le reste de l'édifice, on me dit qu'en 1749 la vétusté de Saint-Pierre rendant une restauration nécessaire, ce fut un artiste italien, Alfieri, parent du poète, qui profita de la circonstance pour raccourcir l'édifice par devant en le décorant d'un péristyle. En même temps on me montra une vieille gravure reproduisant l'ancien portail du temple de Saint-Pierre, dont le style naïf me plut tellement, que j'en fis un rapide croquis.

Mon ami m'indiqua contre le flanc droit de la cathédrale la chapelle des Machabées, bel édifice du style gothique le plus pur, fondé en 1408 par le cardinal de Brogny, le même qui présida ce célèbre concile de Constance où furent déposés trois papes, élu Martin V et condamnés Jean Huss et Jérôme de Prague.

A l'intérieur, on me montra à droite de la grande porte, encastré dans le mur, le tombeau d'Agrippa d'Aubigné, l'ami de Henri IV et le grand-père de Mme de Maintenon, cet homme unique qui encourut quatre condamnations à mort, dont une lorsqu'il avait huit ans et demi, s'il vous plaît, et les esquiva toutes avec un bonheur d'ailleurs bien mérité ; puis celui du duc de Rohan, tué au siège de Rheinfelden en 1638, et qui est enterré là avec sa femme, fille de Sully.

J'admirai de fort belles stalles, des sculptures de chapiteaux du style byzantin, sur lesquelles se détachent des inscriptions et des figures en haut relief ; des vitraux au fond du chœur et sur les grandes rosaces des bas côtés, et enfin un orgue splendide, qui est, paraît-il, un chef-d'œuvre. Mais j'étais tellement las le soir en rentrant de mes courses, que je ne me trouvai jamais libre pour aller écouter un des concerts de musique religieuse qui s'y donnent trois fois par semaine.

J'avais remarqué les trois tours de Saint-Pierre ; je supposais qu'on devait y monter, car il y en a une qui porte à son sommet un belvédère, et je pensais qu'on devait y jouir d'une bien belle

Vue de Genève prise du quai du Mont-Blanc.

vue. Nous y montâmes donc, et je puis dire que je fus amplement dédommagé de ma peine. Il serait difficile de trouver quelque chose de comparable à ce magique coup d'œil. Je suivais du regard avec délices ce large fleuve aux eaux si pures, coulant entre deux belles lignes d'édifices ; ce lac limpide où se réfléchissent au premier plan de riants coteaux, et en arrière un triple rang de montagnes qui s'élèvent en gradins jusqu'au géant

Église Saint-Pierre de Genève.

des Alpes, le mont Blanc. En face, ce sont des vignes, des moissons, des parcs, des châteaux variés comme la fantaisie qui les fit naître, d'élégantes villas coquettement cachées dans la verdure ; là-bas, des constructions romaines bâties par César ; ailleurs, un manoir gothique, souvenir du temps où la reine Berthe filait ; et, dans le lointain, Morges avec des villas ou terrasses qui semblent transportées comme par magie de Sorrente ou

de Baïes. C'est splendide, mais cela ne se décrit pas !...
Notre temps était limité. De Morlot, ayant terminé les conférences qui l'avaient appelé à Genève, tenait à honneur de faire le plus pédestrement possible son tour de.... Suisse, et ses vacances étaient déjà à demi écoulées ; aussi ne m'attardai-je pas à admirer comme il le méritait ce merveilleux paysage.

Nous visitâmes ensuite l'Hôtel-de-Ville, situé dans la partie la plus élevée de la cité ; c'est un monument lourd et massif, qui ne mériterait pas une mention, s'il ne possédait un escalier fort curieux et presque unique en son genre. Bâti vers 1570, il se compose de plans inclinés successifs, afin de permettre aux membres du conseil, presque toujours fort avancés en âge, de monter à cheval ou en litière jusqu'à l'étage le plus élevé.

Nous allâmes ensuite au musée d'histoire naturelle, où mon ami, grand amateur de conchyologie, tenait à me montrer la collection de coquilles de Benjamin Delessert, peut-être la plus riche du monde.

On m'avait signalé comme valant la peine d'être vus, à la bibliothèque située dans ce même bâtiment, les *Homélies* de saint Augustin, manuscrit sur papyrus ; des tablettes de cire faisant partie du registre des comptes de Philippe le Bel (1308), et de superbes manuscrits des XIIIe, XIVe et XVe siècles, magnifiquement enluminés, entre autres une *Histoire d'Alexandre* par Quinte-Curce faite pour Charles le Téméraire et trouvée dans ses bagages, après la bataille de Granson.

Je laissai donc de Morlot en tête à tête avec une énorme truite de quarante-cinq livres, qu'il étudiait avec un intérêt que cet aimable poisson ne m'inspire, à moi profane, que lorsqu'il est accommodé ; puis nous nous retrouvâmes pour nous rendre ensemble au musée Rath, où se trouve la collection des œuvres de l'école genevoise que je tenais à visiter au passage.

De là, il nous restait une heure à peine à consacrer au musée

Fol, qui contient une importante collection d'objets d'art dont son fondateur l'a doté. J'y remarquai entre autres merveilles de l'antiquité la statue d'Apollon Sauroctone, attribuée à Praxitèle et qui n'a d'égale qu'une des plus célèbres statues du Vatican.

Enfin, je ne pouvais me dispenser d'aller saluer l'emplacement de la maison où, suivant une tradition — fausse d'ailleurs — Jean-Jacques Rousseau aurait vu le jour. J'ai dit l'emplacement, car la vieille maison n'existe plus. Le bâtiment neuf qui l'a remplacée porte sur sa façade la frise de marbre et l'inscription en lettres d'or qui figuraient depuis 1793 à l'entrée de celle dont elle tient la place :

« Ici est né Jean-Jacques Rousseau, le 28 juin 1712. »

Jean-Jacques, me fut-il affirmé, naquit dans une maison de la Grande-Rue, numéro 40, près de l'Hôtel-de-Ville ; et comme nous causions de ces hommes qui semblent avoir pour mission de bouleverser le monde, au moins autant que de l'éclairer, de Morlot me raconta l'anecdote suivante, qui prouve à quoi tiennent les destinées :

— Avant la révolution de 1792, les portes de Genève se fermaient le soir à une heure fixe, et, une fois fermées, on ne les ouvrait plus. Ce fut cette consigne rigoureuse qui modifia complètement la destinée de Jean-Jacques Rousseau.

A l'âge de seize ans, inquiet, mécontent de tout et de lui, sans goût de son état, sans plaisirs de son âge, dévoré de désirs dont il ignorait l'objet, pleurant sans sujet de larmes, soupirant sans savoir de quoi, Jean-Jacques apprenait l'état de graveur chez un homme brutal et méchant.

Un jour, poussé par cet amour de la nature qui se retrouve dans tous ses écrits, il s'attarda hors de la ville ; comme il craignait, avec trop de raison d'ailleurs, un mauvais accueil de son patron, il n'osa pas se hasarder à rentrer le lendemain. Mais, hélas ! que faire ? Ce fut dans ce grave embarras qu'il prit le parti de quitter sa patrie. Quelques jours plus tard, il arrivait à Annecy et allait se présenter chez Mme de Warens, qui devait jouer auprès de lui le rôle d'une providence visible.

En rentrant chez nous le soir, nous suivions le quai du Mont-Blanc, et je me plaisais à admirer

The blue waters of the arrowy Rhone (1),

comme dit quelque part Byron, grand admirateur de la Suisse, sans doute parce qu'il était né avant l'époque où il a été décrété de mauvais goût d'admirer ce que Dieu a créé de plus beau : une admirable nature mise en valeur par une exploitation intelligente.

Il est certain qu'elles coulent bien rapides et bien azurées, ces belles eaux que, moins d'une lieue plus bas, après avoir reçu le tribut de l'Arve, on retrouve si ternes, si grisâtres, si méconnaissables ! Comme je demandais à mon ami à quoi il fallait attribuer cette teinte azurée si prononcée et si rare ; il me répondit que la science n'était pas encore arrivée à en déterminer la cause d'une manière certaine, mais qu'il partageait l'opinion de sir Humphry Davy, qui l'attribuait à la présence de l'iode en quantité plus sensible que dans les autres eaux.

Mon ami ne se souciait que médiocrement d'aller à Ferney. Ce n'était point un idolâtre de Voltaire. Quant à moi, qui ne l'étais pas non plus, je tenais cependant beaucoup à ce pèlerinage ; je voulais pouvoir poser à l'ombre de Voltaire la fameuse question :

Dors-tu content, Voltaire, et ton hideux sourire
Voltige-t-il encor sur tes traits décharnés?... (2)

me demandant ce qu'il me répondrait.

---

(1) Les eaux bleues du Rhône rapides comme une flèche.
(2) Musset.

Nous partîmes donc le lendemain matin ; le temps était magnifique, la route splendide était bordée des deux côtés de

Jean-Jacques Rousseau.

superbes villas, situées dans les positions les plus pittoresques. Arrivés sur la hauteur, nous mîmes pied à terre pour admirer la belle échappée de vue qui laisse apercevoir le lac et le mont

Blanc. Un quart d'heure après, nous étions sur terre de France, et Dieu me pardonne si son air ne me parut pas plus doux à respirer !

— Que deviendrais-tu donc, me disait mon ami, qui partageait d'ailleurs mon impression quant à l'air de la patrie, si jamais tu étais condamné à l'exil ?

C'est en devisant de la sorte que nous arrivâmes à Ferney, ce joli petit bourg qui se composait de sept à huit cabanes et était, au dire de Voltaire lui-même, « l'horreur de la nature, » lorsqu'il s'y retira en 1758, après s'être échappé de la cour de Frédéric. Déjà, à l'époque de sa mort, ce joli village comptait 1,200 habitants. Il y avait importé l'horlogerie, et le bien-être avait remplacé la misère et la désolation.

Avant d'arriver au château, nous aperçûmes une petite chapelle, dont l'inscription est, dit-on, un chef-d'œuvre composé de trois mots : *Deo erexit Voltaire*.

— Quel est le sens de cette inscription ? demandai-je, après l'avoir quelques instants considérée.

— Est-ce là le fruit de tes longues années de collège, que tu ne puisses traduire deux mots de latin ? me répondit mon ami avec surprise.

— Pardon, grammaticalement j'y arrive ; mais le sens général m'échappe, et c'est cela qui me fait « perdre mon latin ».

— Tu ne comprends pas que cette chapelle est une tardive réparation destinée à constater que Voltaire s'était réconcilié sur ses vieux jours avec le ciel. Quand le diable se fait vieux, il devient ermite, dit le proverbe. Comme l'écrivait un de nos plus charmants conteurs : « Le monde entier apprit cette nouvelle avec satisfaction ; mais il soupçonna toujours Voltaire d'avoir fait les premières avances. »

Nous traversâmes un jardin, nous montâmes un perron élevé de deux ou trois marches, et nous nous trouvâmes dans l'antichambre, d'où nous passâmes dans la chambre à coucher. Ces deux pièces sont restées telles qu'elles étaient en 1778. On nous y montra pompeusement quelques vieux fauteuils et des rideaux en tapisserie, ainsi que le mausolée qui devait renfermer le cœur d'Arouet, sur lequel nous lûmes ce vers de M. de Villette :

Son esprit est partout, et son cœur est ici,

ainsi que cette autre inscription que je goûtai moins : « Mes mânes sont consolés, puisque mon cœur est au milieu de vous. »

Il y avait en outre un poêle en faïence avec de curieux ornements dorés, et un vieux lit qui ne dit pas grand'chose. Aux murs étaient appendus divers portraits, étonnés sans doute de se trouver réunis par la bizarre fantaisie du sceptique philosophe : c'étaient ceux de Le Kain, de l'impératrice Catherine, de Frédéric, de Mme du Châtelet, et, ô surprise ! de sa blanchisseuse et de son ramoneur — ce dernier peint par Latour, ne vous déplaise ! Puis des gravures du temps de personnages célèbres ; un pastel de Latour qui le représente en buste à quarante ans. J'eusse aimé y trouver quelque chose de plus intime, mais je dus me contenter de cela.

Nous nous promenâmes quelque temps dans un assez beau jardin d'où l'on jouit d'une vue merveilleuse ; et une fois sous l'allée couverte connue sous le nom de *la Charmille*, qui était la retraite favorite du poète, où il composa son *Irène*, et où pendant vingt ans il exhala tout ce que son âme contenait de pensées profondes, satiriques ou fausses, je voulus le prendre à partie comme je me l'étais promis, mais je ne pus y réussir : le souvenir de son grand talent me troublait ; son rire moqueur résonnait à mes oreilles, et je sortis de là en murmurant, à part moi, ce jugement porté jadis sur Richelieu : « Il a fait trop de mal pour en dire du bien, trop de bien pour en dire du mal. »

Mon ami avait promis de faire le lendemain soir à Lausanne

une conférence sur l'hypnotisme ; nous résolûmes donc d'aller

Château de Ferney.

coucher dans cette dernière ville, afin de pouvoir lui consacrer notre journée. Nous revînmes à Genève, dont je pris congé à regret, tant elle est hospitalière et charmante.

En nous rendant à l'embarcadère, et comme nous traversions la place des Alpes, je remarquai pour la première fois une pyramide hexagonale à trois étages, surmontée d'une statue équestre.

— Quel est donc ce personnage ? demandai-je à Henri.

Statue de Jean-Jacques Rousseau, à Genève.

— Quoi ! tu as passé trois fois vingt-quatre heures dans Genève sans avoir entendu parler du duc de Brunswick, le bienfaiteur de la cité, mort en 1873 ? Ne sais-tu pas qu'il lui a légué sa fortune — 20 millions, paraît-il — à seule charge de lui élever un monument dont le style rappelât celui du principal tombeau des Scaliger à Vérone ?

— J'ai vu si peu de statues à Genève, répondis-je, que j'aurais cru que c'était à quelqu'un de ses enfants qui l'ont illustrée qu'elle avait réservé cet honneur.

— Il n'y a guère en effet que la statue de Jean-Jacques Rousseau ; et celle-là, tu ne l'as pas vue. Mais comme elle est du côté vers lequel nous nous dirigeons et que nous sommes en avance, nous pourrons lui donner un regard au passage.

En effet, il me conduisit à l'île Jean-Jacques Rousseau, qui se trouve à l'entrée du port, à l'endroit même où le lac se transforme en fleuve, et là, sous un groupe de grands et beaux arbres, je vis s'élever la statue en bronze du philosophe génevois. Cette statue, due au ciseau de Pradier, est posée sur un piédestal de granit des Alpes poli.

— Et Pradier lui-même n'a rien obtenu de la reconnaissance de ses concitoyens ?

— Pas plus lui que les autres ; que ses confrères en sculpture Chaponnière, le paysagiste Calame, Candolle le botaniste, de Saussure, le grand naturaliste, Pictet, l'agronome, Necker, le ministre de Louis XVI, plus célèbre encore peut-être comme père de Mme de Staël, l'aveugle Hubert, l'historien des abeilles ; Tœpfer, le désopilant écrivain ; Tronchin, l'habile médecin ; le docte Scaliger ; Mme la comtesse Agénor de Gasparin, philosophe charmant, dont la plume délicate est au service de toutes les nobles causes, et tant d'autres que je ne cite pas.

En ce moment le bateau à vapeur sifflait, appelant les voyageurs. Nous y prîmes place, et nous nous éloignâmes rapidement du bord.

IV.

Le Léman.

Il est impossible de dire trop de bien du lac de Genève, comme on dit ici, ou du lac Léman (1), comme César, qui en fait le premier mention, l'a dénommé dans ses ouvrages. J'ouvre toutefois une parenthèse défavorable au point de vue de la qualité potable de ses eaux, qui est plus que médiocre. Comme je m'extasiais sur sa transparence, de Morlot remarqua :

— Elle ne doit point te surprendre ; car telle que tu la vois là, cette onde est aussi voisine que possible de la pureté absolue. Evaporée, elle ne laisse qu'un résidu de sels terreux de 1/6000 de son poids.

— Ce lac a cependant un certain nombre d'affluents dont les tributaires ne doivent pas tous être de même pureté ?

— Un certain nombre d'affluents ! comme tu y vas ! Le Léman

---

(1) Les Celtes le nommaient *Limen* ou *lac du désert*.

n'en reçoit pas moins de quarante-deux, qui sont naturellement de deux natures différentes. Les uns lui fournissent de l'eau pendant toute l'année, et dérivent des plaines et des montagnes voisines peu élevées ; les autres, pendant quelques mois d'été, amènent le produit de la fonte des neiges accumulées en hiver sur les montagnes élevées. En conséquence, durant les sept mois d'octobre à avril, le lac, ne recevant que le tribut de ses affluents permanents ou inférieurs, s'élève ou s'abaisse proportionnellement à la quantité d'eau plus ou moins grande qui tombe dans la basse région. A ce moment, il est à son niveau normal ; aussi calcule-t-on sa hauteur moyenne à la fin d'avril ou au commencement d'octobre, et elle est de 375 mètres au-dessus du niveau de la mer. Il en est autrement pendant les cinq mois de mai à septembre : alors la neige fond sur les hautes cimes, et le lac reçoit pendant ce temps la quantité considérable d'eau tombée en neige pendant la plus grande partie de l'année sur les montagnes élevées qui ont leur écoulement dans le Rhône. La crue des eaux pendant l'été est donc indépendante des causes hydrométriques qui s'observent pendant ce temps dans ses environs.

— Elle doit même être opposée, interrompis-je.

— Tu as parfaitement raison. Une chaleur sèche, accélérant la fonte des hautes neiges, amène une crue rapide ; un temps pluvieux et par conséquent refroidi la ralentit, si même il ne produit de la baisse ; car, tu le comprends, les affluents inférieurs ne jouent en été qu'un rôle insignifiant, comparé à celui des affluents supérieurs qui doivent leur origine à la fonte des neiges.

— La crue commencée en avril dernier est-elle donc à son maximum ?

— Non ; nous ne sommes qu'en juillet, et elle n'atteint généralement son point culminant qu'en août.

— Quelle différence peut-il exister entre le point le plus élevé et le point le plus bas ?

— 1 m. 84; et d'après des calculs faits à Vevey au moyen

Le bateau du lac de Genève.

d'un instrument spécial, on estime qu'en été le lac contient

1,927,778,000 mètres cubes d'eau de plus qu'en hiver. Tu ne peux pas, du reste, juger de la profondeur du lac en cet endroit, car nous sommes encore sur le banc de travers, dans un endroit dit « le petit lac ».

Et comme je le regardais avec une muette interrogation, il se hâta d'ajouter :

— On nomme ainsi un grand banc de terre glaise ou marne qui s'étend d'un bord à l'autre jusqu'à Nyon et qui ne laisse au lac que 97 mètres de profondeur, tandis que sur d'autres points, près de la Meillerie, par exemple, il en compte bien près de 300. Rien n'est si variable que le Léman. Tiens, nous voici à Genthod ; distingues-tu de l'autre côté Bellerive ? Il n'y a que 1,181 mètres d'écart, tandis qu'entre Morges, où nous passerons dans une heure, et Evian, il y aura 13,935 mètres ; ce qui est d'ailleurs sa plus grande largeur. A Ouchy, où nous débarquerons pour gagner Lausanne, il n'y en a déjà plus que 11,791.

— Tu ne me parles là que de chiffres extrêmes, et j'en reviens à la profondeur du Léman. Il me paraît trop profond pour pouvoir geler.

— Assurément ; à 48 mètres de profondeur et au-dessous sa température est invariablement à 6°, et il n'a jamais été gelé entièrement qu'en 762 et en 805, époques auxquelles la tradition raconte que des chars le traversèrent de Nyon à Thonon. Toutefois, comme la température des bords du lac varie essentiellement avec le fond, il arrive — et encore par les très grands froids seulement et s'il règne une forte bise — que des glaçons formés sur les bords, détachés et poussés par le vent, se réunissent en foule vers l'étroite issue du lac à Genève, où existait autrefois une ligne de pieux servant d'enceinte à la ville. On les a vus s'agglomérer les uns avec les autres et former ainsi une surface solide sur laquelle on peut pendant quelques heures, ou au plus quelques jours, traverser d'une rive à l'autre. Ce cas, du reste, ne s'est présenté que trois fois dans ce siècle : en 1810, en 1830 et en 1854. Quant au siècle passé, on a gardé le souvenir de deux hivers mémorables : celui de 1709 et celui de 1789.

— Que demandais-tu tout à l'heure à ce matelot avec lequel je t'ai vu causer ?

— Si notre traversée était assurée contre le mauvais temps, car il faut te dire que le Léman est parfois perfide. Outre sa crue régulière, on le voit quelquefois, dans les journées orageuses comme celle-ci, s'élever tout à coup d'un mètre à un mètre soixante, s'abaisser ensuite avec la même rapidité et continuer ce mouvement alternatif pendant plusieurs heures.

— A quoi attribue-t-on ce singulier phénomène ?

— On le constate, on ne l'explique pas. Toutefois on suppose qu'il est causé par les pressions inégales de l'atmosphère sur les différentes parties de la surface de l'eau. Au printemps et en automne, on remarque également une sorte de flux et de reflux, que l'on nomme *hardeyre* dans le pays, et que l'on redoute comme présageant des orages. Mais le pire de tout, ce sont les trombes, qui sont au lac ce que l'avalanche est à la montagne : la dévastation rapide, instantanée et impossible à prévoir ou à prévenir. Heureusement, elles se produisent rarement.

— Regarde, interrompis-je à demi-voix ; quels sont ces beaux poissons que l'on aperçoit dans cette eau si transparente ?

— Tu ne les reconnais pas ?

— Pardon, m'écriai-je, ce sont tes bonnes amies les truites.

— Non ; ce sont des ombres-chevaliers, et de la belle espèce encore ; celui qui se joue là, le plus près de nous, a bien au moins un mètre.

— Ah ! s'ils nous voyaient une ligne à la main, ils ne se livreraient pas avec tant de confiance à leurs ébats, m'écriai-je ; car je joins à mes autres vertus celles qui déterminent la vocation du pêcheur. Le Léman est-il très poissonneux ?

— Passablement ; on compte vingt-neuf espèces de poissons, dont le meilleur peut-être, à mon goût du moins, est le ferrat, de la famille du saumon comme l'ombre-chevalier. Mais la perche, le brochet et la carpe de ce lac donnent lieu à un commerce assez important ; car, pendant l'hiver, on en expédie à Paris et même jusqu'à Berlin.

En ce moment le bateau faisait escale à Coppet. Comme je témoignais mon regret de ne pas m'y arrêter, de Morlot me dit :

— Ne te reproche point une négligence bien pardonnable ; tu vois ce bâtiment simple, carré, dont la façade tournée de notre côté est flanquée d'une tour à chaque extrémité ; voilà le château de Coppet. C'est là que, pendant dix ans Mme de Staël, persécutée par Napoléon Ier et maladroitement érigée par lui en martyre, a tenu sa cour et réuni l'élite des esprits de son temps. Mais ne te figure pas que l'intérieur soit saturé des souvenirs de sa présence. Il y a bientôt cinquante ans, alors que sa cendre n'avait pour ainsi dire pas eu le temps de se refroidir, Alexandre Dumas s'y présentait, comme tu voudrais le faire, en enthousiaste désireux de s'imprégner de quelque chose d'elle : il ne trouva plus rien ! Sa chambre même était devenue un salon banal, que rien ne distinguait du salon voisin. Il demandait la table tachée d'encre où elle écrivit les beaux romans qui lui acquirent à leur époque une gloire méritée ; on ne savait pas où elle était. Le pas lourd des déménageurs avait profané le silence qui s'était fait autour de cette noble et sereine figure ; l'ordre maladroit et mesquin d'une ménagère bornée avait troublé l'élégant désordre où se complaisait cet esprit d'élite, et avait soigneusement essuyé jusqu'à la trace de l'encre — sympathique assurément — qui fixa sur le papier tant de grandes et belles pensées.

— J'avais entendu dire que ces objets existaient.

— Peut-être alors, parce qu'on a fait honte à la famille de ce

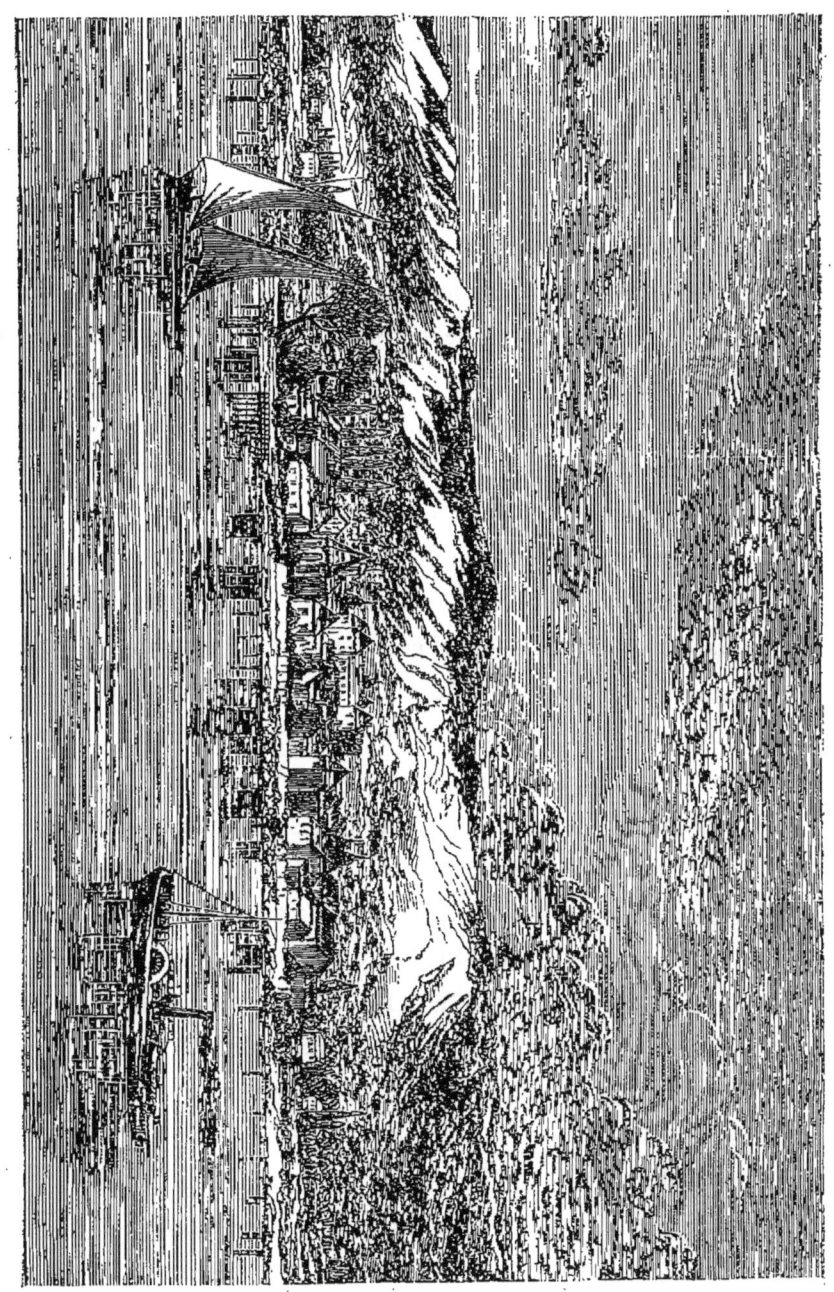

Coppet, sur le lac Léman.

désintéressement de sa plus pure gloire. Quant aux tombeaux

situés dans le petit parc que tu aperçois là sur la droite, une disposition testamentaire de M. de Necker en interdit l'accès à la curiosité des touristes.

Mais déjà nous courions sur Nyon. A gauche s'étendait la chaîne du Jura, où l'on me montra, outre l'échancrure du col de la Faucille, les sommités du Reculet et de la Dôle. Bientôt la vieille ville fondée par Jules César nous apparut, baignant ses pieds dans le lac, tandis que ses dernières maisons, ainsi que son église et son château, se suspendaient aux flancs de la montagne.

Nous nous arrêtâmes un instant pour prendre une dizaine de voyageurs ; après quoi nous nous dirigeâmes vers la côte de Savoie, en passant entre les pointes de Prourenthom et d'Yvoire pour entrer dans ce que de Morlot appelait le grand lac, et qui, vraiment, à mes yeux, offrait tous les caractères d'une mer paisible et charmante. La côte ouest dont nous nous éloignions formait une vaste courbe entre Nyon et Lausanne, bordée de petites collines sur lesquelles je distinguais une riche verdure, sans toutefois me rendre compte de sa nature.

De Morlot, auquel je m'adressai suivant ma coutume, me dit que c'était de la vigne, et que ce délicieux coin de terre produisait un des meilleurs vins de Suisse, appelé le vin *de la côte*.

Nous arrivions au petit port de Thonon, créé en 1860, après l'annexion de la Savoie à la France. A gauche, nous aperçûmes l'ancien château de Ripaille, vieux bâtiment flanqué de sept tours, dont le nom amena sur mes lèvres une réflexion moqueuse.

— Tu ne te trompes point, me répondit de Morlot ; c'est ici qu'a pris naissance l'expression de *faire ripaille*.

— Et à qui revient l'honneur de cette heureuse création ?

— A Amédée VIII, le premier des comtes de Savoie qui prit le titre de duc. Il régnait depuis quarante ans, lorsqu'en 1434 il lui prit fantaisie de se retirer dans le château qu'il avait fait

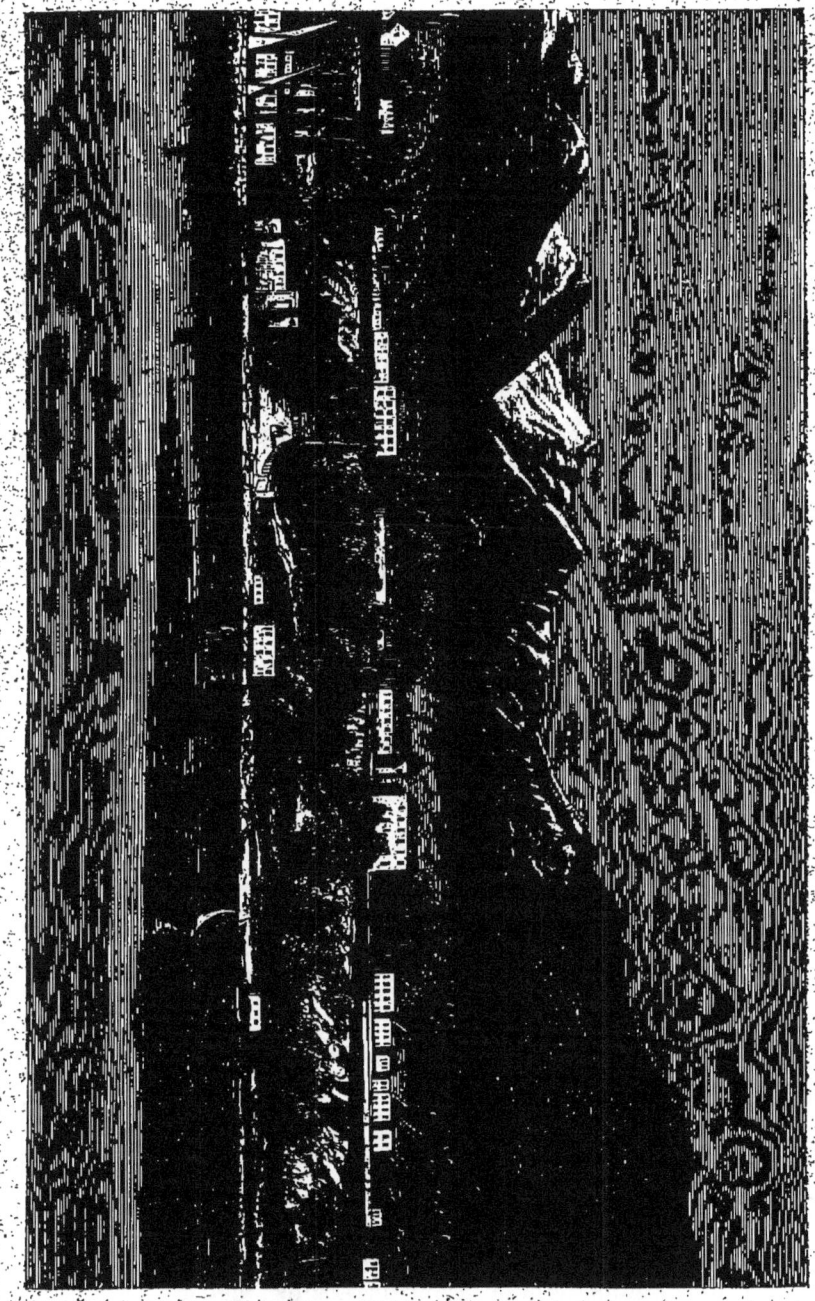

Thonon.

construire près de Thonon. Cinq ans plus tard, ce même

Amédée, bien recommandable assurément, sinon par son amour de la vertu, du moins par son amour de la bonne chère, était élu et couronné pape sous le nom de Félix V par le concile de Bâle. Il abdiqua alors le pouvoir ducal; puis, dix ans plus tard, en 1449, il céda la tiare à Nicolas V et revint dans son château de Ripaille....

— Dont rien ne valait la liberté entière et chérie, remarquai-je méchamment.

— Sans doute. De là, il administra l'évêché de Genève jusqu'à sa mort.

— Voilà un souvenir historique dont je n'avais jamais eu connaissance; et si ces murs pouvaient parler, ils raconteraient d'étranges choses.

— D'autant plus que le château a passé par bien des vicissitudes. Saccagé par les Bernois en 1589, il fut en partie restauré plus tard par des chartreux. Aujourd'hui ce n'est plus guère qu'une ruine, et sa vieille église, enrichie de sculptures, est transformée en étable.

Nous avions à peine cessé de regarder ce vieux monument, que déjà notre attention était attirée par Amphion-les-Bains, qui occupe le fond d'une petite baie et dont le bel établissement domine le lac du fond de son joli parc.

De Morlot chercha à me montrer à quelque distance un poirier qui n'a pas son pareil au monde, mais que je ne pus pas bien distinguer. Ce poirier a, paraît-il, 20 mètres de haut, et le tronc à hauteur d'homme mesure 3 m. 45 de tour. Mais ce qui donne une idée plus juste de sa puissante vitalité, c'est que l'on a calculé qu'une seule récolte avait fourni 124,802 poires. C'est le cas de dire qu'il faut le voir pour le croire; mais je le tiens pour *vu*, puisque mon ami me l'a affirmé.

Nous étions déjà à Evian-les-Bains, cet admirable amphithéâtre qui a toujours eu le don de séduire, car on y retrouve nombre de vestiges anciens. Cette petite ville ne compte pas moins de trois vieux châteaux restaurés.

— Les environs en sont ravissants, me disait de Morlot. Un de mes souvenirs de jeunesse est d'avoir esquivé une correction méritée en me cachant avec quatre ou cinq autres camarades, coupables comme moi d'école buissonnière, dans le tronc creux d'un châtaignier de quatorze mètres de tour, qui se trouve à Neuvecelles.

Nous traversâmes le lac dans sa largeur, qui, en cet endroit, est considérable. Enfin nous mîmes pied à terre à Ouchy, à une demi-lieue de Lausanne. Comme il était tard, nous ne nous y arrêtâmes pas longtemps, juste pour admirer un charmant paysage de montagnes animé par de délicieuses villas, et auquel une vieille tour carrée, dernier vestige d'un château bâti vers 1470 par l'évêque Landry de Dornach, ajoutait le prestige de l'antiquité.

J'aurais été fort disposé à prendre le chemin de fer funiculaire qui, depuis quatre ans, relie Ouchy à Lausanne ; mais mon cruel ami exigea que nous fissions à pied les quinze cents mètres qui nous séparaient du terme du voyage.

La route monte tout le temps; aussi, par cette belle et tranquille soirée, c'était un plaisir que de voir se développer au clair de lune les multiples accidents de terrain et les échappées de vues nouvelles qui se succédaient à chaque instant. Nous passâmes devant Beauséjour, qui a gardé le souvenir du peu de temps que Bonaparte y est demeuré en 1800, à la veille de franchir le grand Saint-Bernard.

V.

Lausanne

Le lendemain, de Morlot entra dans ma chambre à une de ces heures matinales où je ne croyais pas qu'il fût possible d'être ailleurs que dans son lit....

— Promesse d'une journée ravissante ! s'écria-t-il en ouvrant mes volets, par lesquels entra une lueur pâle et douteuse qui n'était pas le jour et qui n'était plus la nuit ; nous allons déjeuner *au Signal*.

— Est-ce qu'il n'y a pas de restaurant dans l'hôtel? demandai-je tout endormi.

— Certainement, il y en a un excellent ; mais cela n'empêche pas que je t'emmène *au Signal*.

Je m'efforçai de tousser.

— Et ma poitrine? répondis-je ; l'air du matin m'est défendu.

— C'est le meilleur, crois-moi, avec quelques précautions.

Et le voici bouleversant mon unique malle — il m'avait interdit les autres — pour y chercher cache-nez et pardessus.

A cette vue, moi qui n'ai jamais eu qu'une seule passion, celle des chemises irréprochables, je frémis à la pensée du bouleversement qu'il allait porter parmi mes plastrons et mes manchettes, et je bondis hors de mon lit pour empêcher quelque malheur irréparable. J'eus la fausse honte de m'y remettre, et une demi-heure après nous nous mettions en route.

Une heure plus tard, nous avions gravi le sommet du Jorat, petite chaîne de montagnes située entre les Alpes et le Jura et remarquable surtout en ce qu'elle est la ligne de démarcation entre les eaux qui vont à l'Océan et celles qui vont à la Méditerranée.

De ce point culminant, nous assistâmes à un splendide lever de soleil qui éclairait une vue merveilleuse. Des sommets rosés du mont Blanc, la lueur matinale descendit aux Alpes élevées du canton de Fribourg et à celles de la Savoie et du Valais, puis illumina la vallée du Rhône, et vint faire étinceler les eaux pures du Léman. On apercevait tout le canton de Vaud : Ouchy, la tour de Gourze et la forêt de Silva Béléni, devenue aujourd'hui Sauvabelin, où nous entrâmes dès que le soleil eut quelque force et où de Morlot me montra une vaste clairière que la tradition peuple de souvenirs druidiques et qui fut, dit-on, consacrée au dieu Bel, corruption de l'antique Baal dont le nom signifiait maître, seigneur.

Nous descendîmes de là au lieu dit le *Bout du monde*, dans le ravin du Flon, et poussâmes jusqu'à Vennes, où nous visitâmes la chapelle taillée dans le roc. Puis, l'heure du déjeuner étant arrivée, nous regagnâmes *le Signal*, où une appétissante et frugale collation nous fut servie. Ce fut pendant que nous nous reposions ainsi que je mis de Morlot sur le chapitre inépuisable pour lui de l'histoire, et je consigne ici le sommaire des renseignements curieux qu'il me fournit sur l'histoire de Lausanne.

La chronique légendaire du pays de Vaud fait régner Hercule

dans ce pays en des âges reculés. N'est-ce point un souvenir des Phéniciens dont Hercule ou le soleil était le dieu et dont les factoreries firent, par le Rhône, remonter la première civilisation dans la contrée? Je l'ignore ; mais toujours est-il que Lausanne ne saurait prétendre à la même antiquité que Genève, par suite d'une catastrophe terrible qui se fit sentir de Vevey à Morges, et qui est cause que sur toute cette rive il n'y a ni ville ni bourg d'une date antérieure au VIIe siècle.

Cette catastrophe, rapportée par Grégoire de Tours, eut lieu en l'an 563 de notre ère. Ce fut la chute de la montagne de Taurétunum, qui tomba dans le lac entre Meillerie et Saint-Gingolphe, et, refoulant les eaux du lac sur la rive opposée, détruisit l'ancienne Lausonium. Les habitants qui échappèrent à ce désastre allèrent s'établir sur les hauteurs voisines, autour de l'ermitage que le Vénitien Protasius y avait bâti quelque cinquante ans auparavant.

Marius, évêque d'Avenches, y transféra son siège épiscopal, qu'accompagnèrent les reliques qui attiraient une si grande affluence de pèlerins dans l'église Notre-Dame. Dès lors, le sort de la nouvelle ville fut fixé. Elle vivrait, et sous les noms de Lausodunum, de Lausanum et enfin de Losene, elle a fini par acquérir la prospérité dont Lausanne jouit aujourd'hui. Son évêché s'étendit de l'Aubonne à la rive de l'Aar.

Mais on sait combien la fusion était difficile entre les diverses classes à ces époques reculées. L'évêque et ses chanoines s'étant établis sur les hauteurs de la cité, les nobles sur la colline de Bourg, les marchands et le peuple près du pont de la Palue et sur le coteau de Saint-Laurent, chacun de ces quartiers eut son patron, sa bannière, sa loi.

Sous les derniers Carlovingiens, un prince de ce sang, Rodolphe, fonda le second royaume de Bourgogne et fut sacré à Saint-Maurice. Berthe la fileuse, l'humble reine, fonda des tours pour la défense du pays, à Gourze, à Moudon, à la Morlière,

Lausanne.

près d'Estavayer. Ce fut elle qui créa le monastère de Payerne.

Sa mémoire est encore bénie dans le pays. Le dernier des rois Rodolphiens, hors d'état de tenir ses vassaux dans l'obéissance, légua ses domaines à l'empereur d'Allemagne, qui laissa le pouvoir dériver entre les mains des ducs de Savoie.

Peu après 1484, Lausanne opéra la fusion entre la ville haute et la ville basse, se constitua sur le modèle des autres villes suisses, et, en 1525, conclut une alliance offensive et défensive avec Berne et Fribourg ; mais en 1536, les Bernois déclarèrent la guerre au duc de Savoie, s'emparèrent de tout le pays de Vaud et le soumirent. Lausanne signa alors un compromis avec Berne, lui cédant tous les droits qu'avaient possédés ses évêques, et ne se réservant que les franchises et privilèges dont elle avait commencé à jouir en 1219. Depuis cette époque, les évêques habitèrent Fribourg, et leur château de Lausanne servit de résidence aux baillis bernois. C'est dire que la domination de Berne s'exerçait par un système de bailliages qui assura la paix du petit pays jusqu'en 1798.

A ce moment, Lausanne devint le siège des autorités du canton de Vaud libre et indépendant.

Grâce à l'ère de tranquillité qu'elle traversait, Lausanne était, au XVIIIe siècle surtout, une véritable Arcadie, et les rives du Léman une véritable vallée de Tempé, dont on célébrait les mœurs heureuses dans tous les royaumes de l'Europe. Les plaisirs les plus innocents se partageaient les jours de ses habitants. Le bal, la comédie, la conversation et le jeu occupaient les citadins, tandis que les chants, les danses et les ris diversifiaient les travaux des campagnards. Tout se faisait en chantant : les foins, les moissons, les effeuilles, la vendange ; on se groupait en bandes nombreuses ; le travail se faisait sans y penser ; et le soir les filles chantaient de rustiques coranles (1), en attendant

_____

(1) Des chœurs.

que les garçons eussent pris soin des bêtes et gagné le loisir de se consacrer à la danse.

C'est alors que Lausanne commença à jouir de la célébrité qu'elle a conservée depuis, car elle passe encore pour la ville la plus littéraire de la Suisse.

C'est là que Voltaire passa « les jours les plus heureux de sa vie ». Une société choisie s'y réunissait : Fox, Raynal, Mercier, Servan, Brissot, Zimmermann, Gibbon, s'y rencontraient avec une foule d'autres aux samedis de Mme de Montolieu et de Mlle Suzanne Curchod, devenue Mme Necker. Court de Gébelin sortait quelquefois de la retraite où il travaillait à son *Monde primitif* et Mme Charrière donnait à quelques esprits d'élite la primeur de ses romans dont on raffolait alors.

On comprendra que je trouvais du charme à converser ainsi avec un aimable causeur, dans un des plus jolis sites du monde, et en admirant la coquette cité assise sur trois collines et leurs vallons intermédiaires.

J'étais bien à même d'admirer l'ensemble des beaux travaux d'art qu'on a dû faire pour relier entre elles ses diverses parties : la route nouvelle à pente insensible qu'on a substituée pour les gens faibles ou âgés aux pentes rapides et aux rues montueuses de la vieille ville ; le grand pont à deux rangs d'arches jeté sur le ravin du Flon et qui relie la colline de Saint-Laurent à celle du Bourg.

Je n'étais donc que médiocrement disposé à quitter ce *dolce far-niente* qui allait si bien à ma nature, surtout depuis que j'y mêlais d'une manière aussi charmante l'utile à l'agréable. Mais de Morlot ne voulait pas perdre une journée, et nous avions à donner au moins un rapide coup d'œil aux monuments de la capitale du canton de Vaud.

En regagnant la place Saint-François, de Morlot me disait combien ce canton est privilégié, car il réunit tous les climats. La douceur du ciel de Montreux rappelle celui de la Provence ; la figue y mûrit deux fois l'an, et le grenadier, le laurier s'y montrent en pleine terre.

Naturellement, le cœur du pays, ce que l'on nomme « le gros de Vaud », n'a pas la même température égale du rivage. Les monts, les sommités, les vallons ont tous leurs climats divers. L'air pur et élastique qu'on y respire est un des plus sains de l'Europe. Mais la structure inégale du sol et la variété des expositions sont causes de brusques changements de température, souvent dans la même journée. Cette diversité de climats rend la flore du pays de Vaud plus riche et plus variée que celle des vingt et un autres cantons, et sa faune compte encore des représentants de presque toutes les espèces zoologiques de la région tempérée de l'Europe ; à l'exception toutefois des fauves, dont l'extinction est presque complète.

La chasse à l'ours est en train de passer à l'état de plaisir légendaire. Le loup ne se montre plus que dans les hivers dont on parle longtemps sous le chaume, et le lynx, l'ennemi terrible que redoutaient jadis le paysan de la plaine de Bex comme celui du château d'Œx, ne commet plus de déprédations ailleurs que dans les contes de la veillée.

Malheureusement, par la même raison, le cerf, le chamois, le bouquetin, deviennent de plus en plus rares.

Nous étions arrivés ; après un repas expédié avec une célérité qui faisait ouvrir de grands yeux au garçon, nous nous mîmes en route pour visiter la cathédrale, perchée à l'extrémité du plateau étroit et escarpé de la cité, sur lequel sont groupés à peu de distance : l'Académie, la maison cantonale et le château, vaste cube en pierres de taille construit au XVe siècle et surmonté de quatre tourelles en briques.

Cette cathédrale, qui date de l'an 1000, fut édifiée sur les ruines d'une chapelle construite par l'évêque Marius. Au XIIe siècle, à la suite d'un incendie, elle dut être reconstruite et fut à nouveau consacrée au culte par le pape Grégoire X. On commençait une restauration devenue bien nécessaire quand éclata la réformation qui interrompit les travaux ; d'où il résulta qu'elle est aujourd'hui inachevée. Elle a la forme d'une croix latine, et son ornementation intérieure, malheureusement mutilée, est presque entièrement empruntée au règne végétal. Le chœur est entouré de tombeaux qui ont presque tous leur histoire. Le plus curieux est incontestablement celui d'Othon de Granson, appelé dans les vieilles chroniques le chevalier *sans peur*, et dont la statue n'a pas de mains. Voici la cause de cette mutilation :

En 1393, Gérard d'Estavayer, jaloux de la renommée de bravoure du sire Othon de Granson, prit le parti, pour se venger de lui et pour dissimuler la véritable cause de cette vengeance, de l'accuser d'être l'auteur d'un empoisonnement dont le comte Amédée VIII de Savoie avait manqué d'être la victime. En conséquence, il fit solennellement sa plainte par-devant Louis de Joinville, bailli de Vaud, et, la renouvelant avec de grandes formalités devant le comte Amédée VIII, il offrit à son ennemi le combat à outrance, comme témoignage de la vérité de son accusation. Othon de Granson, quoique affaibli par une blessure encore mal fermée, crut de son honneur de ne point demander un délai et accepta le défi ; il fut donc convenu que le combat aurait lieu le 9 août 1393, à Bourg-en-Bresse, et que chacun des combattants serait armé d'une lance, de deux épées et d'un poignard ; il fut convenu en outre que le vaincu perdrait les deux mains, à moins qu'il n'avouât, si c'était Othon, le crime dont il était accusé, et si c'était Gérard d'Estavayer, la fausseté de l'accusation.

Othon fut vaincu. Gérard d'Estavayer lui cria d'avouer qu'il était coupable ; Othon répondit en lui tendant les deux mains, que Gérard impitoyable abattit d'un seul coup.

Voilà pourquoi les mains manquent à la statue, comme elles manquent au cadavre, car elles furent brûlées par le bourreau, comme étant les mains d'un traître.

Lorsqu'on ouvrit le tombeau d'Othon, afin de transporter ses restes dans la cathédrale de Lausanne, on trouva le squelette revêtu de son armure de combat, casque en tête et éperons aux pieds ; la cuirasse, brisée à la poitrine, indiquait l'endroit où avait frappé la lance de Gérard.

Le tombeau situé près de la porte du transept passe pour être celui de Victor-Amédée, tour à tour duc de Savoie, pape et évêque de Genève, dont la véritable vocation était de faire ripaillle — que l'on me passe cet horrible jeu de mots.

Parmi les autres, on me montra celui de Raymond de Montfaucon, de saint Bernard de Menthon, fondateur des hospices du grand et du petit Saint-Bernard. Ce digne seigneur, issu d'une illustre famille, naquit en 923 près d'Annecy et mourut en l'an 1008. Enfin celui de Marius, premier évêque de la ville. Les tombeaux les plus modernes sont ceux de la princesse Catherine Orloff et de lady Strafford Canning. Ce dernier a, non sa légende, mais son anecdote piquante. Lord Canning obtint, à cause de sa profonde douleur, que sa femme fût enterrée là. Il écrivit à Canova pour lui commander un monument splendide, ne recommandant au sculpteur qu'une chose : c'était d'y apporter la plus grande diligence. Hélas ! le tombeau arriva au bout de cinq mois..., le lendemain du jour où lord Strafford venait de convoler en deuxièmes noces.

En passant, nous saluâmes avec respect une tablette de marbre incrustée dans le mur du transept et qui rappelle la mémoire de Davel, « martyr des droits et de la liberté du peuple vaudois, » et qui fut exécuté le 24 avril 1723, pour avoir voulu délivrer le pays de Vaud de la domination bernoise.

Le chœur est surmonté d'une élégante lanterne, d'abord rectangulaire, puis octogone, surmontée elle-même d'une flèche, et haute de quarante mètres.

. Nous sortîmes par ce que l'on nomme la porte des Apôtres, porche monumental où le génie de Viollet-le-Duc a laissé son empreinte grandiose. Il se compose de 72 colonnes et d'ogives terminées par un fronton aigu ; au-dessus de la porte, sont figurées la mort, la résurrection et la consécration de la Vierge. Je désirais gravir les 245 marches qui montent à la terrasse de la tour du midi ; et bien que de Morlot demandât grâce, moi le malade, j'insistai et je montai seul. De là, j'aurais joui d'une vue incomparable, sans la réverbération d'un ardent soleil. J'ignorais en outre que j'étais au-dessus du beffroi, lorsqu'une immense vibration m'enveloppa en me forçant à porter les mains à mes oreilles.

— C'est la *Clémence*, me dit le fils du marguillier qui m'avait accompagné dans mon ascension ; il y a sans doute un incendie. Qu'est-ce qu'aurait donc fait monsieur, si l'on avait sonné la *Marie-Madeleine*?

— On ne la sonne donc pas tous les jours ? demandai-je, tremblant qu'elle ne me réservât le bruyant plaisir d'entendre sa voix.

— Oh! non, me répondit l'enfant, rien que pour la convocation du Grand Conseil.

En descendant de la tour du beffroi, nous nous engageâmes par un escalier couvert qui nous conduisit à la place Riponne, supportée par des voûtes au-dessus d'un ravin creusé par la Louve. La rue de la Madeleine nous conduisit à la place de la Palud, où s'élève l'Hôtel-de-Ville, qui date de 1458, et offre à l'admiration des archéologues des gargouilles de cuivre de 1698 et des vitraux de 1528.

De la place de la Palud, nous enfilâmes la rue du Pont, qui conduit à la place du Pont, construite, ainsi que les rues adjacentes, sur le canal voûté du Flon, et je m'émerveillais de l'industrie avec laquelle les architectes de Lausanne ont tiré parti de toutes les ressources de l'art moderne pour niveler une cité bâtie sur un terrain aussi accidenté.

J'eusse aimé voir le musée cantonal, qui, outre la collection des minéraux de la Russie offerte par Alexandre Ier au général la Harpe, contient des collections géologiques, minéralogiques, botaniques, zoologiques, ornithologiques, enthomologiques et conchyologiques de grande valeur, et en renferme une qui m'eût offert encore plus d'attrait. C'était la collection d'antiquités lacustres provenant de fouilles faites dans les lacs de Genève et de Neuchâtel par des savants distingués, MM. Troyon et de Morlot, parent de mon ami.

Sur de longues rangées de pilotis s'élevaient, paraît-il, dans les temps préhistoriques, des villes entières semblables à celles dont on a retrouvé les traces dans l'Inde et dans les régions australiennes. Au pied de ces pilotis en chêne durci, on a recueilli à pleines mains des débris de poteries, d'armes, d'instruments divers, et jusqu'à une pirogue, restes d'une première mais informe civilisation. C'était là ce qui m'intéressait. Du reste, aucun canton de la Suisse n'est plus riche en antiquités celtes et romaines, menhirs, tumuli, haches en pierre et en bronze, vases, ornements variés, monnaies, colonnes, mosaïques, tombeaux, inscriptions, etc. On y a trouvé de tout.

Il y avait encore à voir le musée Arlau, la bibliothèque cantonale qui s'enorgueillit d'un Pline l'Ancien, édition de Venise, reliure de Grolier, xive siècle ; ainsi que la maison pénitentiaire que, surtout autrefois, tout le monde allait visiter. C'était la première bâtie en Europe et dans laquelle on eût inauguré un système de répression qui contrastait étrangement avec ce qui se passait alors sur l'ancien continent.

Au lieu de cachots infects, privés d'air et de jour, cette

maison pénitentiaire renfermait de petites chambres isolées dans lesquelles couchaient les détenus, et dont les grilles faisaient seules des prisons : chaque cellule était garnie des meubles nécessaires à l'usage d'une personne. Quelques-unes même avaient une petite bibliothèque, car il est loisible aux détenus de consacrer à la lecture les heures de récréation.

Voici ce qu'on écrivait en 1832 à ce sujet :

« Le but de ces maisons pénitentiaires n'est pas seulement de séparer de la société les individus qui pourraient lui porter préjudice ; elles ont encore pour résultat d'améliorer le moral de ceux qu'elles séquestrent. En général, nos jeunes condamnés français sortent des prisons ou des bagnes plus corrompus qu'ils n'y sont entrés ; les condamnés vaudois, au contraire, en sortent meilleurs. Indiquons sur quelle base logique le gouvernement a fait reposer cette amélioration.

« La plus grande partie des crimes a pour cause la misère ; cette misère dans laquelle l'individu est tombé vient de ce que, ne connaissant aucun état, il n'a pu, à l'aide de son travail, se créer une existence au milieu de la société. Le séquestrer de cette société, le retenir emprisonné un temps plus ou moins long et le relâcher ensuite au milieu d'elle, ce n'est pas le moyen de le rendre meilleur ; c'est le priver de la liberté, et voilà tout ; rejeté au milieu du monde, dans la même position qui a causé sa première chute, cette même position en causera naturellement une seconde. Le seul moyen de la lui épargner est donc de le rendre aux hommes qui vivent de leur industrie, sur un pied égal au leur, c'est-à-dire avec une industrie et de l'argent.

« En conséquence, les maisons pénitentiaires en Suisse ont pour premier règlement que tout condamné qui ne saurait pas un état en apprendra un à son choix ; et, pour second, que les deux tiers de l'argent que rapportera cet état, pendant la détention du coupable, seront pour lui. Un article, ajouté depuis, a complété cette mesure philanthropique, en autorisant les prisonniers à faire passer un tiers de cet argent à leur père ou à leur mère, à leur femme ou à leurs enfants.

« Ainsi, la chaîne de la nature, violemment brisée pour le condamné par un arrêt juridique, se renoue à des relations nouvelles. L'argent qu'il envoie à sa famille lui prépare au milieu d'elle un retour joyeux. L'intérieur, dont son cœur a tant besoin, après en avoir été si longtemps privé, lui est ouvert, puisqu'au lieu d'y revenir flétri, pauvre et nu, le membre absent de cette famille y rentre lavé du crime passé, par la punition même et assuré de sa vertu à venir par l'argent qu'il possède et l'état qu'il a appris.

« Plusieurs exemples sont venus à l'appui de cette merveilleuse institution, et ont récompensé ses auteurs. Voici des notes copiées sur le registre de la maison qui attestent ce résultat :

« B..., né en 1807, à Bellerive, — garçon meunier, — pauvre ;
« — il a volé trois mesures de méteil, et a été condamné à deux
« ans de fer. — Son bénéfice, à la fin de son temps, outre les
« secours envoyés à sa famille, était de 70 fr. de Suisse (100 fr.
« de France à peu près). Il est sorti, de plus, tisserand très
« habile. »

« Au-dessous de ces lignes, le pasteur du village où retournait B.... a écrit de sa main :

« Lors de son retour à Bellerive, ce jeune homme, extrême-
« ment humilié de sa détention, se cachait chez son père, et
« n'osait sortir de la maison. Les jeunes gens du village allèrent
« le prendre un dimanche chez lui et le conduisirent au milieu
« d'eux à l'église. »

« L..., prévenue de divers vols, — trois ans de réclusion ; —
« elle est sortie dans de bonnes dispositions, et est allée dans sa
« commune, où, sur les renseignements favorables qui étaient

« parvenus dans son village, relativement à son excellente con-
« duite pendant sa détention, les jeunes filles sont allées à sa
« rencontre, et, après l'avoir embrassée, l'ont ramenée au
« milieu d'elles dans le village. — Son bénéfice, 113 fr. de
« Suisse (180 fr. de France environ). — Fileuse, et sachant lire
« et écrire. »

« D..., condamnée à dix ans de réclusion pour infanticide
« sans préméditation ; — entrée ne sachant rien, — sortie
« instruite ; — excellente ouvrière en linge, avec un bénéfice
« de 900 fr. de Suisse (1,250 fr. de France à peu près).
« Aujourd'hui, gouvernante dans une des meilleures maisons
« du canton. »

« N'y a-t-il pas quelque chose de patriarcal dans ce gouvernement qui instruit le coupable, et dans cette jeunesse qui lui pardonne ? N'est-ce pas la sublime devise fédérale mise en pratique : *Un pour tous, tous pour un.*

« Je pourrais citer cent exemples pareils inscrits sur le registre d'une seule maison pénitentiaire. Que l'on consulte les registres de toutes nos prisons, et je porte le défi de me citer quatre faits qui balancent moralement ce que je viens de rapporter. »

Mais revenons à nos moutons.

Il ne pouvait être question pour nous de visiter tout cela. Quoi qu'en pût dire mon ami, j'étais un peu fatigué de ma course matinale, et de Morlot avait à se préparer à sa conférence du soir. Je me contentai donc d'admirer à pleins yeux cette riante nature et d'écouter chanter les louanges d'un M. Haldimand dont la générosité a doté la cité d'un hôpital et d'un institut pour les aveugles, où sont toute l'année accueillis et traités les infortunés affligés d'ophthalmie, sans distinction de rang et de nationalité.

Nous nous découvrîmes devant le monument élevé en 1872 par ce peuple sympathique à la mémoire de ceux de nos soldats de l'armée de l'Est qui ont succombé dans leur ville, et, le soir, j'eus la satisfaction d'applaudir à un brillant succès de mon ami, succès qu'il attribuait à notre longue course de la matinée qui l'avait, disait-il, admirablement préparé pour sa conférence. Ce fut pour moi le couronnement d'un beau jour dont le souvenir m'est bien des fois revenu depuis.

VI.

Granson.

Le premier train du lendemain nous emportait vers Yverdun, où nous nous arrêtâmes — au lieu de filer tout droit sur Berne, où de Morlot était attendu — afin de donner un coup d'œil au champ de bataille de Granson, situé à quatre kilomètres de cette ville. C'était un trajet d'une heure à peine. Chemin faisant, je demandai quelques détails sur la petite ville que nous allions visiter.

— Le nom gaulois m'échappe ; mais c'est l'ancien *Ebrodunum* des Romains, me répondit-il. C'était une des douze villes que les Helvètes brûlèrent lorsqu'ils abandonnèrent leur pays pour passer dans les Gaules et qu'ils rencontrèrent César près d'Autun. Battus par le proconsul romain, une des conditions que leur imposa le vainqueur fut, comme on sait, de rebâtir les cités qu'ils avaient détruites. Ceux-ci, ayant trouvé ce poste à leur convenance, y établirent un préfet des bateliers ou commandant de la flottille du lac de Neuchâtel, chargé de surveiller le transport des bois de construction du Jura. La domination des maîtres du monde y a laissé des restes nombreux, que l'on retrouve partout, sous toutes les formes. On a découvert, non loin des murs de la ville actuelle, les restes de l'ancienne citadelle, une pierre miliaire, des médailles, et une quantité considérable de squelettes humains tournés du côté de l'est, et qui, suivant la coutume antique, avaient tous entre leurs jambes de petites urnes d'argile et de verre, avec des plats rouges également en argile, et contenant encore des ossements de volaille !... dit-on. Pour peu que le cœur t'en dise, tu pourras te passer la fantaisie de les visiter dans la bibliothèque de la ville. Comme Lausanne, Yverdun dut se soumettre aux Bernois, et, comme elle, elle échappa à leur domination en 1798 et fut incorporée au canton de Vaud.

C'était jour de marché ; aussi la ville était-elle envahie par une foule considérable. Je constatai avec surprise la couleur uniforme des maisons et des bâtiments construits en grès jaune. L'effet était d'autant plus sensible sur l'unique place de la ville, où débouchent ses trois belles rues parallèles, et qui est tout entourée de monuments. Je me fis montrer le château flanqué de quatre tours ; mais je ne demandai pas à le visiter, préférant me rendre sur les bords du lac de Neuchâtel, dont les eaux baignaient jadis la ville et maintenant s'en écartent de plus en plus.

Après le déjeuner, nous nous acheminâmes lentement, car la chaleur était accablante, vers la Thièle, qui est la continuation de l'Orbe et qui joint l'un à l'autre les lacs de Neuchâtel et de Bienne sur un parcours d'environ une lieue. Nous suivions la rive ouest du lac de Neuchâtel. Ce dernier est beaucoup moins profond et beaucoup moins grand que celui de Genève ; il n'a que neuf lieues de longueur sur deux de large. Ses eaux sont limpides et ses rives généralement escarpées. Nous causions du petit village que nous allions visiter.

— Son origine est très ancienne, me disait de Morlot ; je te montrerai dans le port une pierre qui, d'après la tradition, fut jadis un autel consacré à Neptune. Son église également est fort curieuse ; elle remonte au delà du xe siècle, ce qui se reconnaît à l'absence du nimbe aux figures de Jésus et de Marie.

— Je n'aurais jamais eu l'idée de faire la moindre attention à un fait aussi insignifiant.

— Et tu aurais eu tort. En archéologie, les moindres détails ont leur importance. A partir de la fin du xe siècle, les exemples des figures sacrées sans nimbe sont pour ainsi dire introuvables.

En devisant ainsi, nous étions arrivés à portée de la vue du château de Granson. Ce vieux manoir, aujourd'hui restauré, appartenait aux sires de Granson — une des familles les plus illustres de la Suisse occidentale, qui s'éteignit si malheureusement en la personne de ce même Othon dont nous avions admiré le tombeau dans la cathédrale de Lausanne.

Un peu plus loin, nous entrâmes dans l'église, fort curieuse, en effet, dont les arches à plein cintre reposent sur des colonnes dont les fûts en marbre et en granit sont antiques pour la plupart et ont été apportés des ruines d'Avenches. Des bases et des chapiteaux comme on en rencontre rarement aujourd'hui accompagnent ces fûts de hauteur et de diamètres inégaux. Le mythe de la destruction du paganisme couronne les colonnes placées à l'entrée de l'église. De là, nous jetâmes un regard investigateur sur les nombreux chalets qui montrent curieusement leurs façades de bois sculptés dans la verdure sombre des montagnes avoisinantes et où nous étions sûrs de trouver une cordiale hospitalité. Nous en choisîmes un assez élevé dont la vue devait être plus étendue, et d'où nous pourrions dominer le théâtre de la lutte ; et lorsque nous y fûmes commodément installés, mon ami commença ainsi :

— Une grande question se débattait en France vers la fin du

xve siècle : c'était celle de la monarchie et de la grande vassalité. Certes, au premier abord, et en examinant les champions qui représentaient les deux principes, les chances semblaient peu douteuses, et les prophètes superficiels eussent cru pouvoir prédire d'avance de quel côté serait la victoire.

L'homme de la royauté était un vieillard portant la tête courbée plutôt encore par la fatigue que par l'âge, habitant un château fort situé loin de sa capitale, n'ayant autour de lui qu'une petite garde d'archers écossais, un barbier dont il avait fait son ministre, un grand prévôt dont il avait fait son exécuteur, et deux valets dont il avait fait ses bourreaux. Il avait encore auprès de lui des chimistes et des médecins italiens et espagnols qui passaient leur vie dans des laboratoires souterrains. Ils y préparaient des breuvages étranges et inconnus ; de temps en temps ils étaient appelés par le roi, qu'ils trouvaient chaque fois agenouillé devant l'image de quelque saint ou de quelque madone.

Le roi et le chimiste causaient à voix basse, au pied de l'autel, de choses religieuses et saintes sans doute, car leur entretien était fréquemment interrompu par des signes de croix, des prières et des vœux ; puis, un temps après cette conférence mystérieuse, on entendait dire que quelque prince révolté contre le roi, et qui s'apprêtait à faire à la France une rude guerre, était trépassé subitement, au moment même où il rassemblait ses soldats, ou que quelque veuve de haut et puissant baron, qui attendait avec impatience la naissance d'un héritier pour perpétuer la race et la puissance d'une grande maison féodale, avait vu se dissiper ses espérances et pleurait devant la couche déserte d'un enfant mort. Aussitôt le roi, à qui tout prospérait ainsi, allait faire un pèlerinage d'actions de grâces soit au mont Saint-Michel, soit à la croix de Saint-Laud, soit à Notre-Dame d'Embrun ; et l'on voyait alors sortir de sa tanière, la tête couverte d'un petit bonnet de feutre entouré d'images de plomb,

Château de Granson.

vêtu d'un justaucorps de drap râpé, enveloppé dans un vieux

manteau bordé de fourrures, et armé seulement d'une courte et légère épée, ce roi étrange, qui semblait le dernier des bourgeois d'une de ses bonnes villes, et que le peuple appelait le renard de Plessis-lès-Tours.

L'homme de la féodalité, au contraire, était un capitaine dans la force de l'âge, portant haute et fière sa tête casquée et couronnée ; habitant des palais magnifiques ou des tentes somptueuses ; toujours entouré de ducs et de princes, recevant comme un empereur les envoyés d'Aragon et de Bretagne, les ambassadeurs de Venise et le nonce du pape ; rendant et faisant hautement et publiquement justice ou vengeance, et frappant en plein soleil de la hache ou du poignard. Sa préoccupation, à lui, était de ressusciter à son profit l'ancien royaume de Bourgogne, qu'on appelait la Cour-Dorée. Il avait en propre le Mâconnais, le Charolais et l'Auxerrois ; il comptait forcer le roi René à abdiquer en sa faveur le duché d'Anjou et le royaume d'Arles ; il avait conquis la Lorraine ; il tenait en gage le pays de Ferrette et une partie de l'Alsace ; il avait acheté pour 300,000 florins le duché de Gueldre ; il convoitait le duché de Luxembourg ; il tenait prêts et exposés dans l'église de Saint-Maximin le sceptre et la couronne, le manteau et la bannière ; celui qui devait le sacrer était choisi, et c'était Georges de Bade, évêque de Metz ; il avait la parole de l'empereur Frédéric III d'être nommé par lui vicaire général, et en échange il lui avait promis sa fille Marie pour son fils Maximilien. Enfin, il étendait les bras pour toucher d'une main à l'Océan et de l'autre à la Méditerranée ; et chaque fois qu'il se montrait à ses futurs sujets et qu'il parcourait son royaume à venir, c'était sur quelque cheval de guerre dont l'équipement avait coûté le prix d'un duché, ou sous quelque dais d'or humblement porté par quatre seigneurs ; et alors les peuples qui le regardaient passer dans sa magnificence pensaient en tremblant à sa force, à sa puissance et à sa colère, et se rangeaient sur son passage en disant : « Malheur à nos villes ! malheur à nous ! car voici venir le lion de Bourgogne ! »

Ces deux hommes, qui se trouvaient ainsi en face l'un de l'autre et prêts à lutter, c'étaient Louis le Rusé et Charles le Téméraire.

Voici quelle était la position du roi de France.

Il venait de signer un traité avec le duc de Bretagne, allié incertain, qu'il ne maintenait dans son amitié que par l'or et les promesses ; il venait de renouveler les trêves avec le roi d'Aragon. Il avait fait assassiner le comte d'Armagnac, qui cherchait à introduire les Anglais en France, fait disparaître l'enfant de la comtesse et s'était emparé du comté. Il avait empoisonné le duc de Guienne et réuni son duché à la couronne ; il avait mis le duc d'Alençon en jugement et confisqué ses seigneuries ; il avait fait exécuter le connétable de Saint-Pol et aboli sa charge ; il avait fait assassiner le duc de Nemours dans Carlat ; enfin, il venait de marier sa fille Jeanne à Louis, duc d'Orléans, et sa fille Anne à Pierre de Bourbon, sire de Beaujeu.

En ce moment, c'est-à-dire vers la fin de l'année 1473, il s'occupait de réconcilier l'archiduc Sigismond avec les Suisses, faisant offrir à l'un l'argent nécessaire pour le rachat de son duché, et aux autres de les prendre à sa solde. Il envoyait une ambassade au roi René pour produire les anciennes prétentions qu'il avait à titre de créancier et d'héritier, par sa mère, de toutes les seigneuries et domaines de la maison d'Anjou, et les nouveaux droits que madame Marguerite, reine d'Angleterre, qu'il venait de délivrer par la paix de Picquigny, y avait encore ajoutés par la cession entière qu'elle avait consentie de tous ses héritages dans la succession du roi René. Puis, tous les troubles apaisés à l'occident et au midi, tous ses filets tendus à l'orient et au nord, il prétexta comme toujours un pèlerinage, choisit Notre-Dame du Puy-en-Velay, qui était célèbre par une image de la Vierge, sculptée en bois de Séthim par le prophète Jérémie, et, le 19 février 1476, il partit de Plessis-lès-Tours dans cette sainte intention ; mais, ayant reçu de grandes nouvelles, il s'arrêta à Lyon. L'araignée était au centre de sa toile.

Voici maintenant quelle était la position du duc de Bourgogne.

Il venait de conclure un traité d'alliance avec l'Empereur ; il s'était emparé de la Lorraine ; il avait fait son entrée à Nancy, ayant le duc de Tarente, fils du roi de Naples, à sa droite, le duc de Clèves à sa gauche, et à sa suite le comte Antoine, grand bâtard de Bourgogne, les comtes de Nassau, de Marle, de Chimay et de Campo-Basso ; il comptait parmi ses généraux Jacques, comte de Romont, oncle du jeune duc régnant de Savoie, et, parmi ses dévoués, Louis, évêque de Genève ; il avait contracté alliance avec le duc de Milan, au fils duquel il avait promis sa fille, déjà promise au duc de Calabre et à l'archiduc Maximilien ; il venait d'obtenir du roi René la parole qu'il le nommerait son héritier ; enfin, disposant du pays de Ferrette, qui lui était cédé en gage par le duc Sigismond, il y avait envoyé un gouverneur, Pierre de Hagembach, qui était un homme de grand courage à la guerre, mais violent, luxurieux et cruel ; du reste, courtisan de l'ambition du duc, et de ses plus amis et de ses plus fidèles. Tout lui paraissait donc préparé à merveille pour faire la guerre au roi de France, lorsque les mêmes nouvelles qui avaient arrêté Louis à Lyon arrêtèrent Charles à Nancy.

Comme nous l'avons dit, Pierre de Hagembach avait été envoyé comme gouverneur dans le pays de Ferrette. Il y était insolemment entré, suivi de son armée et précédé de quatre-vingts hommes d'armes marchant devant lui, portant sa livrée, qui était blanche et grise, avec des dés brodés en argent et ces deux mots : *Je passe.*

Une des principales conditions de la mise en gage du pays de

Ferrette était que les libertés des villes et des habitants seraient conservées. La première chose que fit le gouverneur, au mépris de cet engagement, fut de mettre un pfenning de taxe sur chaque pot de vin qui se devait boire. Il interdit la chasse aux nobles ;

Notre-Dame du Puy.

ce qui était cependant une prérogative inaliénable, puisqu'ils étaient possesseurs libres de leurs terres. Il donna des bals dans lesquels ses soldats s'emparèrent des maris et déchirèrent les habits des femmes jusqu'à ce qu'elles fussent à moitié dépouillées ; il enleva des maisons paternelles des jeunes filles qui n'en étaient jamais sorties ; il força des couvents et donna à ses soldats, comme un butin de guerre, les épouses du Seigneur.

Il s'était emparé du château d'Ortembourg et de tout le val de Viller, qui appartenait aux Strasbourgeois. Il avait fait des incursions dans les principautés des seigneurs de l'Alsace et des bords du Rhin, et dans les évêchés des prélats de Spire et de Schaffausen ; il avait planté l'étendard de Bourgogne dans la seigneurie de Schenkelberg, qui appartenait aux gens de Berne ; et lorsque ceux-ci avaient réclamé contre cette violation des ligues, il avait répondu que, s'ils ne se taisaient pas, il irait à Berne écorcher leurs ours pour s'en faire des fourrures ; enfin, un de ses lieutenants, le seigneur de Haendorf, avait fait prisonnier un convoi de marchands suisses qui se rendaient avec leurs toiles à la foire de Francfort, et les avait conduits au château de Schuttern.

De si grandes et si outrageuses insultes ne pouvaient durer : les bourgeois de Thann réclamèrent contre l'impôt et envoyèrent une ambassade de trente bourgeois au gouverneur. Le gouverneur les fit saisir par ses soldats et ordonna de leur couper la tête. Quatre avaient déjà subi ce supplice, lorsqu'au moment où le bourreau levait l'épée sur le cinquième, sa femme poussa de tels cris, qu'ils émurent les spectateurs ; ceux-ci se précipitèrent vers l'échafaud, tuèrent le bourreau avec sa propre épée et mirent en liberté les vingt-six bourgeois qui restaient à exécuter.

De leur côté, les gens de Strasbourg avaient appris qu'un convoi de marchands qui se rendaient dans leur ville avait été arrêté sur leurs terres, les marchandises pillées et les marchands conduits au château de Schuttern ; or, ils gardaient déjà rancune au gouverneur de la prise d'Ortembourg et du val de Viller, lorsque cette dernière violation de tout droit combla la mesure. Ils se réunirent, s'armèrent, tombèrent à l'improviste sur la forteresse dont Hagembach avait fait une prison, délivrèrent les marchands suisses et les emmenèrent en triomphe, après avoir rasé le château du gouverneur bourguignon.

Au milieu de cette effervescence et de ces haines croissantes, il arriva que Pierre de Hagembach oublia de payer un capitaine allemand qu'il tenait à sa solde avec deux cents hommes de sa nation. Celui-ci, qui se nommait Frédéric Wœgelin et qui était de petite taille et de mince apparence, ayant d'abord été garçon tailleur, monta chez le gouverneur pour réclamer ce qui était dû à lui et à ses hommes. Hagembach répondit à cette réclamation en menaçant Frédéric Wœgelin de le faire jeter à la rivière. Le capitaine descendit, fit battre le tambour. Hagembach, entendant cet appel à la révolte, se précipita dans la rue, l'épée à la main, pour tuer l'insolent qui osait lui résister ; mais les soldats allemands présentèrent leurs longues piques, les bourgeois saisirent des haches et des faux, les femmes des fourches et des broches. Hagembach, abandonné du peu de soldats qui l'avaient suivi, se sauva dans une maison ; aussitôt Wœgelin l'y poursuivit, le fit prisonnier et le remit aux mains du bourgmestre.

Le même jour, les Lombards et les Flamands qui tenaient garnison, voyant le gouverneur pris, la révolte générale, et manquant de chefs pour se défendre, entrèrent en pourparlers et demandèrent à se retirer avec la vie sauve. Cette permission leur fut accordée. Aussitôt les gens de Strasbourg allèrent reprendre possession du château d'Ortembourg et du val de Viller.

Le duc Sigismond, apprenant ces nouvelles, accepta l'argent que lui offraient, au nom du roi de France, les villes de Strasbourg et de Bâle, fit signifier au duc Charles qu'il tenait ce remboursement à sa disposition, et, sans attendre sa réponse, envoya Hermann d'Eptingen, avec deux cents cavaliers, reprendre possession de ses domaines. Le nouveau landvœgt fut reçu avec joie, et tout le pays rentra incontinent sous la puissance de son ancien seigneur. Tous ces événements arrivèrent vers le temps de Pâques ; de sorte que les habitants ne firent qu'une seule fête de la délivrance de leur pays et de la résurrection de Notre-Seigneur.

Cependant Pierre de Hagembach, la cause première de tout ce désordre, avait été transféré de chez le bourgmestre dans une tour. A peine cette arrestation fut-elle connue, qu'un grand cri, qui demandait justice et ne formait qu'une seule voix, s'éleva de toutes les villes. L'archiduc la leur promit, et, pour qu'elle fût bien réglée, il décida que des juges élus parmi les plus graves et les plus sages se réuniraient à Brisach, où devait s'instruire le procès, envoyés de Strasbourg, de Colmar, de Schelestadt, de Fribourg en Brisgau, de Bâle, de Berne et de Soleure ; et à ces juges, qui représentaient la bourgeoisie, il adjoignit seize chevaliers pour représenter la noblesse.

De tous côtés le bruit de ce jugement se répandit, et les villes que nous avons nommées envoyèrent alors non pas seulement deux juges pour juger, mais une partie de leur population pour assister au jugement. De son cachot, situé au-dessous des voûtes de la porte, le prisonnier les entendait passer et demandait quels étaient ces hommes. Le geôlier répondait que c'étaient des gens assez mal vêtus, de haute taille, de puissante apparence, montés sur des chevaux aux courtes oreilles ; et à ces paroles, Hagembach s'écriait : « Mon Dieu, Seigneur, ce sont les Suisses que j'ai tant maltraités. Mon Dieu, Seigneur, ayez pitié de moi ! »

Le 4 mai, on vint le chercher pour lui donner la torture ; il la supporta comme un homme fort et brave qu'il était, sans rien dire autre chose, sinon qu'il n'avait fait qu'exécuter les ordres qu'il avait reçus, et que son seul juge et son seul souverain étant le duc Charles de Bourgogne, il n'en reconnaissait pas d'autre.

Lorsque la question fut terminée, on conduisit l'accusé sur la place publique où siégeaient les juges ; il y trouva, outre le tribunal, un accusateur et un avocat ; il fut interrogé par ses juges, répondit comme il l'avait fait à ses tortionnaires ; alors l'accusateur se leva et demanda sa mort. Son avocat répondit en plaidant pour sa vie ; puis, les interrogatoires, le réquisitoire et le plaidoyer entendus, on l'emmena de nouveau. Les juges restèrent douze heures en délibération. Enfin, à sept heures du soir, on le fit rappeler, et sur la place publique, au milieu d'un auditoire de trente mille personnes, sous la voûte du ciel et le regard de Dieu, le tribunal rendit la sentence qui condamnait Pierre de Hagembach à la peine de mort.

Le condamné entendit son arrêt d'un visage impassible ; la seule grâce qu'il demanda fut d'avoir la tête tranchée. Aussitôt huit exécuteurs se présentèrent ; car les villes avaient envoyé non seulement des spectateurs et des juges, mais encore des bourreaux. Le tribunal n'eut donc que le choix à faire : le bourreau de Colmar fut préféré, comme étant le plus adroit.

Alors les seize chevaliers se levèrent à leur tour, et le plus vieux et le plus irréprochable d'entre eux demanda, au nom et pour l'honneur de l'ordre, que messire Pierre de Hagembach fût dégradé de sa dignité et de ses honneurs. Sans tarder, Gaspard Heuter, héraut de l'Empire, s'avança jusqu'au bord de l'estrade et dit :

— Pierre de Hagembach, il me déplaît grandement que vous ayez si mal employé votre vie mortelle, de façon qu'il vous faut, pour l'honneur de l'ordre, que vous perdiez aujourd'hui la dignité de la chevalerie ; car votre devoir était de rendre justice, car vous aviez fait serment de protéger la veuve et l'orphelin, car vous vous êtes engagé à respecter les femmes et les filles et à honorer les saints prêtres, et tout au contraire, à la douleur de Dieu et à la perte de votre âme, vous avez commis tous les crimes que vous deviez empêcher, ou du moins punir. Ayant ainsi forfait au noble ordre de chevalerie et aux serments jurés, les seigneurs ici présents m'ont enjoint de vous ôter vos insignes ; mais, ne vous les voyant pas en ce moment, je me contenterai de vous proclamer indigne chevalier de Saint-Georges, au nom duquel vous avez reçu l'accolade et avez été honoré du baudrier.

Puis, après un instant de silence, Hermann d'Eptingen, gouverneur pour l'archiduc, s'approcha à son tour du condamné et lui dit :

— En vertu du jugement qui vient de te dégrader de la chevalerie, je t'arrache ton collier, ta chaîne d'or, ton anneau, ton poignard et ton gantelet ; je brise tes éperons, et je t'en frappe le visage comme un infâme.

A ces mots, il le souffleta, et, se retournant vers le tribunal et l'auditoire :

— Chevaliers, continua-t-il, et vous tous qui désirez le devenir, gardez dans votre mémoire cette punition publique ; qu'elle vous serve d'exemple, et vivez noblement et vaillamment dans la crainte de Dieu, dans la dignité de la chevalerie et dans l'honneur de votre nom.

Alors Hermann d'Eptingen alla reprendre sa place ; Thomas Schutz, prévôt d'Einsisheim, se leva à son tour, et, s'adressant au bourreau :

— Cet homme, lui dit-il, est à vous ; faites selon la justice.

Ces paroles dites, les juges et les chevaliers montèrent à cheval, et le peuple suivit. En tête de toute cette escorte marchait, à pied et entre deux prêtres, Pierre de Hagembach ; il s'avançait à la mort en soldat et en chrétien, avec un visage calme et un cœur pieux. Arrivé à la place où devait se faire l'exécution (cette place était une grande prairie aux portes de la ville), il monta d'un pas ferme sur l'échafaud, fit signe au bourreau d'attendre que chacun eût pris place pour bien voir ; puis, à son tour, il éleva la voix et dit :

— Ce que je plains, ce n'est ni mon corps qui va mourir, ni mon sang qui va couler ; mais ce que je regrette, ce sont les malheurs que fera ma mort ; car je connais monseigneur de Bourgogne, et il ne laissera pas ce jour sans vengeance. Quant à vous, dont j'ai été le gouverneur pendant quatre ans, oubliez ce que j'ai pu vous faire souffrir par défaut de sagesse ou par malice, rappelez-vous seulement que j'étais homme, et priez pour moi.

Alors il baisa le crucifix que lui présenta le prêtre et tendit au bourreau sa tête qui tomba d'un seul coup.

Cette exécution faite, l'archiduc Sigismond, le margrave de Bade, les villes de Strasbourg, de Colmar, de Haguenau, de Schélestadt, de Mulhausen et de Bade, entrèrent en négociations avec les ligues suisses, et, se réunissant contre le danger commun, signèrent une alliance pour dix ans.

Puis les seigneurs de l'Empire, traversant en alliés cette Suisse dont ils avaient été cent cinquante ans les ennemis, chevauchèrent jusqu'à Zurich, s'embarquèrent sur le lac, et, au milieu du concours d'un peuple immense qui accourait des villes et descendait des montagnes, allèrent pieusement faire leurs dévotions à Einsiedeln, au couvent de Notre-Dame des Ermites.

Voilà les nouvelles qu'apprirent à Nancy le duc de Bourgogne, et à Lyon le roi Louis. Elles furent rapportées au premier par Etienne de Hagembach, qui venait lui demander vengeance pour son frère ; et au second par Nicolas de Diesbach, qui venait lui demander secours au nom des ligues.

VII.

Prise du château de Granson.

Le roi de France se hâta de passer un traité avec les Suisses : il s'engagea à leur donner aide et secours dans leurs guerres contre le duc de Bourgogne, et à leur faire payer dans sa ville de Lyon 20,000 livres par an ; de leur côté, ils mettaient un certain nombre de soldats à sa disposition.

Presque en même temps qu'à Louis de France, les Suisses envoyaient des ambassadeurs à Charles de Bourgogne ; mais, au contraire du roi, le duc les accueillit fort mal, et leur déclara qu'ils eussent à se préparer à le recevoir ; car il allait leur faire la guerre avec toute sa puissance. A cette menace, le plus vieux des ambassadeurs s'inclina tranquillement et dit au duc :

— Vous n'avez rien à gagner contre nous, monseigneur ; notre pays est rude, pauvre et stérile ; les prisonniers que vous ferez sur nous n'auront point de quoi payer de riches rançons, et il y a plus d'or et d'argent dans vos éperons et dans les brides de vos chevaux que vous n'en trouverez dans toute la Suisse.

Mais la résolution du duc était prise, et, le 11 janvier, il quitta Nancy pour se mettre à la tête de son armée. C'était une assemblée royale et dont la puissance aurait pu faire trembler celui des souverains de l'Europe à qui il lui eût pris l'envie de faire la guerre ; il avait amené avec lui trente mille hommes de la Lorraine ; le comte de Romont l'avait rejoint avec quatre mille Savoyards, et six mille soldats arrivés du Piémont et du Milanais l'attendaient aux frontières de la Suisse ; puis, d'autres encore de toutes langues et de toutes contrées, « le tout formant, dit Comines, un nombre de cinquante mille, voire plus. »

Il avait sous ses ordres le fils du roi de Naples, Philippe de Bade, le comte de Romont, le duc de Clèves, le comte de Marle et le sire de Château-Guyon ; il menait à sa suite des équipages qui, par leur magnificence, rappelaient ceux de ces anciens rois asiatiques qui, comme lui, venaient pour anéantir les Spartiates, ces Suisses de l'ancien monde.

Parmi ces équipages étaient sa chapelle et sa tente : sa chapelle dont tous les vases sacrés étaient d'or, et qui contenait les douze apôtres en argent, une châsse de saint André en cristal, un magnifique chapelet du bon duc Philippe, un livre d'heures couvert de pierreries, et un ostensoir d'un merveilleux travail et d'une incalculable richesse ; enfin, sa tente, qui était ornée de l'écusson de ses armes formé d'une mosaïque de perles, de saphirs et de rubis, tendue de velours rouge broché d'un lierre courant, dont le feuillage était d'or et les branchages de perles, et dans laquelle le jour entrait par des vitraux coloriés, enchâssés dans des baguettes d'or.

C'est dans cette tente, qui renfermait ses armures, ses épées et ses poignards, dont les poignées étincelaient de rubis, de saphirs et d'émeraudes ; ses lances, dont le fer était d'or et les manches d'ivoire et d'ébène ; toute sa vaisselle et ses joyaux, son sceau qui pesait deux marcs, son collier de la Toison, son portrait et celui du duc son père ; c'est dans cette tente, dis-je, que, le jour, il recevait les ambassadeurs des rois sur un trône d'or massif, et que, le soir, couché sur une peau de lion, il se faisait lire l'histoire d'Alexandre dans un magnifique manuscrit, dans lequel sa ressemblance et celle des seigneurs de sa cour avaient été substituées à celle du vainqueur de Porus et des capitaines qui, après lui, devaient se partager son empire. Cependant son héros de prédilection était Annibal, et s'il n'avait pas mis, disait-il, Tite-Live dans une cassette d'or, comme avait fait Alexandre pour Homère, c'est qu'il renfermait Tite-Live tout entier dans son cœur, qui était le plus noble tabernacle qui se pût trouver dans la chrétienté.

Autour de la chapelle et du pavillon royal, dont le service était fait par des valets, des pages et des archers aux habits éclatants de dorures, s'élevaient quatre cents tentes, où logeaient tous les seigneurs de sa cour et tous les serviteurs de sa maison ; puis venaient ses soldats, qui, forcés de camper, vu leur grand nombre, mettaient le feu aux villages pour se chauffer ; car, nous l'avons dit, la saison était encore rigoureuse ; puis enfin, pour les plaisirs et les besoins de cette multitude, suivaient, au nombre de six mille, les marchands de vivres, de vin et d'hypocras.

Le bruit de cette multitude qui retentissait dans les vallées du Jura s'étendit bien vite dans les montagnes des Alpes. Le vieux comte de Neuchâtel, le margrave Rodolphe, dont le fils, Philippe de Bade, était dans l'armée du duc, et qui était allié des Suisses, du haut de la Hasenmalt et du Rothiflue, vit s'avancer toute cette puissance ; il fit aussitôt venir cinq cents de ses sujets, plaça des garnisons dans les châteaux qui commandaient les défilés, remit la ville de Neuchâtel aux mains de messieurs des ligues, et s'en alla à Berne, où les confédérés avaient établi le centre de leurs opérations.

Les gens de Berne, aux nouvelles qu'il leur apporta, virent qu'il n'y avait pas de temps à perdre ; ils écrivirent aussitôt à leurs confédérés des ligues suisses et à leurs nouveaux alliés d'Allemagne, pour leur demander aide et secours :

« Pensez, disaient-ils aux derniers, que nous parlons le même langage, que nous faisons partie du même Empire ; car, tout en combattant pour notre indépendance, nous ne nous croyons pas séparés de l'Empereur. D'ailleurs, en ce moment, notre cause est commune : il s'agit de préserver l'Allemagne et l'Empire de cet homme dont l'esprit ne connaît nul repos et les désirs aucune borne. Nous vaincus, c'est vous qu'il voudra mettre sous sa domination. Envoyez-nous donc des cavaliers, des arquebusiers, des archers, de la poudre, des canons et des couleuvrines, afin que nous puissions nous délivrer de lui. Au reste, nous avons bon espoir que l'affaire ne sera pas longue et finira bien. »

Ces lettres écrites, Nicolas de Scharnachtal, avoyer de Berne, alla se placer à Morat avec huit mille hommes : c'était tout ce que les Suisses avaient pu rassembler jusque-là.

Cependant, le comte de Romont était entré sur les terres de la Confédération par Jougne, que les Suisses avaient laissée sans défense ; puis aussitôt il avait marché sur Orbe, dont les Suisses se retirèrent aussi volontairement et devant lui. Enfin, il était arrivé devant Yverdun, avait établi son siège autour de la ville, située à l'extrémité sud-ouest de Neuchâtel, et se préparait à lui donner l'assaut le lendemain, lorsque, pendant la nuit, on introduisit un moine de Saint-François sous sa tente : il venait, au nom du parti bourguignon et de ceux des bourgeois d'Yverdun qui regrettaient d'être passés sous la domination suisse, offrir au comte le moyen de pénétrer dans la ville. Ce moyen était facile à faire comprendre, et plus facile encore à exécuter : deux maisons bourguignonnes touchaient aux remparts, leurs caves adhéraient aux murailles ; il n'y avait qu'à percer un trou, et par ce trou, introduire les gens du comte de Romont.

La proposition offerte fut adoptée : dans la nuit du 12 au 13 janvier, au moment où la garnison, à l'exception des sentinelles et des hommes de garde, dormait de son premier sommeil, les soldats du comte de Romont furent introduits, et se répandirent aussitôt dans les rues en criant : « Bourgogne ! Bourgogne ! ville gagnée ! »

Aux cris et au bruit des trompettes qui les accompagnaient, la ville s'emplit de tumulte ; les Suisses sortirent à moitié nus des maisons ; les Bourguignons voulurent y entrer ; on se battit dans les rues, sur le seuil des portes, dans l'intérieur des appartements. Enfin, grâce au mot d'ordre de la nuit, répété à haute voix dans une langue que leurs ennemis ne comprenaient pas, les Suisses parvinrent à se rassembler sur la place, et de là, sous la conduite de Hamsen Schurpf, de Lucerne, se faisant jour à travers les Bourguignons à l'aide de leurs longues piques, ils firent leur retraite vers le château, où les reçut Hans Muller, de Berne, qui en avait le commandement.

Le comte de Romont les suivait à la portée du trait ; il commença le siège du château, dans lequel la famine ne devait pas tarder à l'introduire ; car, outre qu'il était assez mal approvisionné, le temps ayant manqué pour faire venir des vivres salés, le nouveau renfort de garnison qui venait d'y entrer devait promptement mener à fin le peu qu'il y en avait. Les Suisses ne perdirent cependant pas courage ; ils démolirent ceux des bâtiments qui n'étaient pas strictement nécessaires, transportèrent leurs décombres sur les murailles, et, lorsque le comte de Romont voulut tenter l'escalade, ils firent pleuvoir sur ses soldats cette grêle meurtrière que Dieu avait envoyée aux Amorrhéens. Alors, le comte de Romont, voyant l'impossibilité d'escalader les murailles, fit combler les fossés avec de la paille, des fascines et des sapins tout entiers ; puis, lorsqu'il eut entouré la forteresse de matières combustibles, il y fit mettre le feu, et, en moins d'une demi-heure, celle-ci eut une ceinture de flammes au-dessus desquelles les plus hautes tours élevaient à peine leurs têtes.

Les Bourguignons eux-mêmes regardaient ce spectacle avec une certaine terreur, lorsqu'une des portes s'ouvrit ; le pont-levis s'abaissa au milieu des flammes, comme une jetée du Tartare, et la garnison tout entière tomba sur les spectateurs, qui, mal préparés à cette sortie, prirent la fuite en désordre, entraînant avec eux le comte de Romont blessé. Une partie des assiégés, alors, sans perdre de temps, éteignit l'incendie, tandis que l'autre se répandait par la ville, entrait dans les maisons, ramassait à la hâte les vivres de ses ennemis, et rentrait dans la citadelle avec cinq canons et trois voitures de poudre.

Le lendemain, les Bourguignons, mal remis encore de cette surprise, entendirent les assiégés pousser de grands cris de joie ; en même temps, ils virent arriver par la route de Morat un renfort d'hommes que Nicolas de Scharnachtal envoyait au secours de la garnison.

Ils prirent ces hommes pour l'avant-garde de l'armée confédérée, et, craignant d'être enfermés entre deux feux, ils abandonnèrent Yverdun. Les habitants, qui étaient Bourguignons dans le cœur, suivirent l'armée. La nuit suivante, la ville entière fut livrée aux flammes, et, à la lueur de cet immense incendie, les Suisses avec leur artillerie, bannières déployées, trompettes en tête, se retirèrent au château de Granson, que l'on était convenu de défendre jusqu'à la dernière extrémité.

Ils y étaient à peine enfermés, qu'arriva toute l'armée du duc : il avait quitté Besançon le 6 février, était arrivé à Orbe le 11, y était resté plusieurs jours, et, le 19 au matin, il était venu poser son camp devant la ville, dont il avait résolu de faire lui-même le siège. Le même jour, il tenta un assaut, dans lequel il fut repoussé et perdit deux cents hommes ; cinq jours après, il en ordonna un autre, s'avança, malgré les machines, jusqu'au pied du rempart, contre lequel il avait déjà fait dresser les échelles, lorsque les Suisses ouvrirent les portes, sortirent comme ils l'avaient fait à Yverdun, renversèrent les écheleurs, et tuèrent quatre cents Bourguignons.

Le duc changea alors de plan ; il établit des batteries sur les points élevés, et foudroya le château.

Dans cette extrémité, Georges de Stein, commandant de la garnison, tomba malade ; Jean Tiller, chef de l'artillerie, fut tué sur une couleuvrine qu'il pointait lui-même ; enfin, le magasin à poudre, soit par imprudence, soit par trahison, prit feu et sauta ; de sorte que la garnison en vint à un état si désespéré, que deux hommes se dévouèrent, sortirent nuitamment, traversèrent le lac à la nage au milieu des barques des Bourguignons, et coururent à Berne demander secours au nom de la garnison de Granson.

Mais ils arrivaient trop tôt : les hommes des vieilles ligues n'avaient point encore répondu à l'appel de leurs frères, les secours de l'Empire n'étaient point encore arrivés. Berne en était toujours réduite à son noyau d'armée, dont Nicolas de Scharnachtal avait été nommé chef. La moindre tentative imprudente brisait l'espoir qui reposait sur cette petite troupe prête à se dévouer, non pas pour secourir un château, mais pour sauver la patrie. Messieurs de Berne se contentèrent donc d'envoyer un convoi de vivres et de munitions. Ce convoi arriva à Estavayer ; mais la ville de Granson était bloquée du côté du lac comme du côté de la terre, et Henri Dittlinger, qui commandait cette expédition inutile, aperçut de loin la forteresse démantelée à moitié, vit les signaux de détresse, mais ne put se hasarder, avec sa faible escorte, à lui porter aucun secours.

Ce fut un coup terrible porté à la garnison, qui un instant avait repris courage, que cette impuissance de leurs frères à les soulager. Alors, les dissensions commencèrent à éclater entre les chefs : Jean Weiller, qui avait succédé à Georges de Stein, demanda que l'on se rendît, tandis que Hans Muller, le capitaine d'Yverdun, qui commandait toujours la brave garnison qui s'était si bien défendue, donna l'ordre exprès de n'ouvrir ni portes ni poterne sans l'ordre de Messieurs des Alliances.

Sur ces entrefaites, et au milieu de ces débats, un gentilhomme de l'Empire se présenta de la part du margrave Philippe de Bade, venant offrir à la garnison des conditions honorables. C'était un homme du pays, parlant la langue allemande ; cette confraternité d'idiome disposa la garnison en sa faveur ; son discours acheva par la terreur ce que sa présence avait commencé. Selon lui, Fribourg avait été mis à feu et à sang ; on avait tout égorgé sans miséricorde, depuis le vieillard touchant à la tombe jusqu'à l'enfant dormant au berceau ; les gens de Berne, au contraire, qui avaient demandé humblement merci à monseigneur et qui lui avaient apporté les clefs de leur ville sur un plat d'argent, avaient été épargnés. Quant aux Allemands des bords du Rhin, ils avaient rompu l'alliance, il ne fallait donc pas compter sur eux. La garnison avait certes assez fait à Yverdun et à Granson pour sa gloire personnelle et pour le salut de la patrie, qu'elle n'avait pu sauver ; monseigneur était grandement émerveillé de sa vaillance, et, au lieu de les en punir, il leur promettait récompenses et honneurs. Toutes ces offres étaient garanties sur l'honneur de monseigneur Philippe de Bade.

Il y eut alors grande émotion parmi les assiégés. Hans Muller persista dans son opinion qu'il fallait s'ensevelir sous les ruines du château plutôt que de se rendre : il était de Briey, en Lorraine, où le duc avait fait de pareilles promesses qu'il n'avait pas tenues. Mais son adversaire, Jean Weiller, lui répondit que, cette fois, monseigneur Philippe garantissait le traité ; il lui démontra l'impossibilité de résister à une si grande puissance, qu'elle couvrait à perte de vue les plaines, les campagnes et les vallées.

En ce moment, quelques soldats gagnés par des femmes envoyées exprès, qui, du camp bourguignon, avaient passé dans la ville, se révoltèrent, criant que l'heure était venue de se rendre quand tous les moyens de défense étaient épuisés. Hans Muller voulut répondre ; mais sa voix fut couverte et étouffée par les murmures. Weiller profita de ce moment pour emporter la reddition : on donna 100 écus au parlementaire, afin d'acquérir sa protection, et, sous sa conduite, la garnison, sans armes, sortit du château et s'achemina vers le camp, se remettant entièrement à la miséricorde du duc de Bourgogne.

Charles entendit une grande rumeur dans son armée ; il s'avança aussitôt sur le seuil de sa tente, et alors il vit venir à lui les huit cents hommes de Granson.

— Par saint Georges ! dit-il à ce spectacle, auquel il était loin de s'attendre, quelles gens sont ces gens-ci ? Que viennent-ils demander, ou quelles nouvelles apportent-ils ?

— Monseigneur, dit le fatal ambassadeur qui avait si bien réussi dans sa mission, c'est la garnison du château qui vient se rendre à votre volonté et à votre merci.

— Alors, dit le duc, ma volonté est qu'ils soient pendus, et ma merci est qu'on leur accorde le temps de demander à Dieu le pardon de leurs péchés.

A ces mots, et sur un signe du duc, les prisonniers furent entourés, divisés par dix, par quinze et par vingt ; on leur lia les mains derrière le dos, et l'on en fit deux parts : une pour être pendue, l'autre pour être noyée. La garnison de Granson fut destinée à la corde, et celle d'Yverdun à la noyade.

On signifia ce jugement aux Suisses ; ils l'écoutèrent avec

calme. A peine fut-il prononcé, que Weiller s'agenouilla devant Muller et lui demanda pardon de l'avoir entraîné dans sa perte ; Muller le releva, l'embrassa aux yeux de toute l'armée, et nul ne pensa à reprocher sa mort à l'autre.

Alors arrivèrent les gens d'Estavayer, que les Suisses avaient fort maltraités trois ans auparavant, et ceux d'Yverdun, dont ils venaient de brûler la ville ; ils accouraient réclamer l'office de bourreaux ; leur demande fut accordée. Une heure après, l'exécution commença.

On mit six heures à pendre la garnison de Granson à tous les arbres qui entouraient la forteresse, et dont quelques-uns furent chargés de dix ou douze cadavres ; puis, cette exécution terminée, le duc dit :

— A demain la noyade ! il ne faut pas user tous les plaisirs en un jour.

Le lendemain, après le déjeuner, le duc monta dans une barque richement préparée ; elle avait des tapis et des coussins de velours et des voiles brodées ; son pavillon de Bourgogne flottait au mât. Elle se plaça au centre d'un grand cercle formé de cent autres barques chargées d'archers ; au milieu de ce cercle on amena les prisonniers, et, les uns après les autres, on les précipita dans le lac ; et lorsqu'ils revenaient à la surface, on les assommait à coups d'aviron ou on les perçait à coups de flèche.

Tous moururent en martyrs, et sans qu'un seul demandât merci ; ils étaient plus de sept cents.

VIII.

La bataille.

Pendant que cette terrible exécution s'opérait, les confédérés rassemblaient leurs troupes. A Nicolas de Scharnachtal et à ses huit mille Bernois étaient venus se joindre Pierre de Faucigny, de Fribourg, avec cinq cents hommes, Pierre de Romestal, avec deux cents de Brienne, Conrad Voegt, avec huit cents de Soleure.

Alors Nicolas de Scharnachtal se hasarda à faire un mouvement et se porta sur Neuchâtel. A peine y fut-il, que Henri Godlé l'y joignit avec quinze cents hommes de Zurich, de Baden, de l'Argovie, de Baumgarten et des pays d'alentour, qu'on nommait les bailliages libres; puis Petermann Rot, avec huit cents hommes de Bâle; Hasfurter, avec huit cents de Lucerne; Raoul Reding, avec quatre mille des vieilles ligues allemandes, qui comprenaient Schwitz, Uri, Unterwalden, Zug et Glaris; puis le contingent de la commune de Strasbourg, qui se composait de quatre cents cavaliers et de douze cents arquebusiers, sans compter deux cents cavaliers armés par l'évêque; puis les gens des communes de Saint-Gall, de Schaffhouse et d'Appenzell ; puis enfin Hermann d'Eptingen, avec les hommes d'armes et les vassaux de l'archiduc Sigismond.

Le duc apprit l'approche de cette nuée d'ennemis ; mais il s'en inquiéta peu ; car, réunis tous ensemble, ils formaient à peine le tiers de son armée ; encore la plupart d'entre eux méritaient-ils à

Bataille de Granson.

peine le nom de soldats. Il n'en prit pas moins quelques précautions stratégiques. Il s'avança avec les archers de sa garde pour prendre le vieux château de Vaux-Marcus, qui commandait le chemin de Granson à Neuchâtel, fort resserré en cet endroit entre les montagnes et le lac ; mais, au lieu de rencontrer dans le seigneur qui le commandait la résistance que le comte de Romont avait éprouvée à Yverdun et lui-même à Granson, il vit, à son approche, les portes de la forteresse s'ouvrir, et le seigneur de Vaux-Marcus, sans armes et sans suite, vint au-devant de lui, s'agenouilla comme devant son maître et seigneur, lui demandant la faveur de ses bonnes grâces et du service dans son armée. L'un et l'autre lui furent accordés ; cependant le duc jugea prudent de l'employer autre part que dans sa seigneurie ; il le fit en conséquence sortir avec la garnison, et mit en son lieu et place le sire Georges de Rosembos et cent archers pour garder le château rendu et les hauteurs environnantes.

Les Suisses, de leur côté, s'avançaient, venant de Neuchâtel, et se rangeaient derrière la Reuss, petite rivière torrentueuse qui prend sa source au temple des Fées et se jette dans le lac entre Labiel et Cortaillod. Les Suisses marchaient pas à pas et timidement, ignorant où ils rencontreraient leurs ennemis ; quant aux Bourguignons, pleins de confiance, ils avaient négligé d'éclairer leur armée, se reposant sur sa force et sur son nombre.

Le 1er mars, les Suisses passèrent la Reuss et s'avancèrent vers Gorgier ; le 2, après la messe entendue dans le camp de messieurs de Lucerne, les hommes de Schwitz et de Thun, qui formaient ce jour-là l'avant-garde, prirent un chemin dans la montagne, laissèrent le château de Vaux-Marcus à gauche, et, arrivés sur la hauteur, ils rencontrèrent le sire de Rosembos et soixante archers.

La rencontre fut le signal du combat ; les archers lancèrent leurs flèches ; les Suisses, armés seulement de leurs épées et de leurs piques, continuèrent de marcher, cherchant le combat corps à corps, le seul dans lequel ils pussent rendre à leurs ennemis le dommage qu'ils en recevaient. Les archers, trop faibles pour soutenir le choc, reculèrent ; les gens de Thun et de Schwitz atteignirent le point le plus élevé des hauteurs de Vaux-Marcus, et de là ils aperçurent toute l'armée bourguignonne en ordre de marche, rangée au bord du lac en avant de Concise, et de son aile gauche embrassant la montagne comme eût fait la corne d'un croissant. Ils s'arrêtèrent aussitôt, examinèrent bien la position de leur ennemi et renvoyèrent derrière eux quatre hommes pour la faire connaître aux différents corps et leur servir de guides, afin qu'ils débouchassent par les points les plus importants.

De son côté, le duc aperçut cette avant-garde et, croyant que c'était toute l'armée, il quitta le petit palefroi qu'il montait, se fit amener un grand cheval gris tout couvert de fer comme son maître, et s'élança sur lui.

— Marchons à ces vilains, cria-t-il, quoique de pareils paysans soient indignes de chevaliers comme nous.

La première troupe que rencontrèrent les quatre messagers fut celle commandée par Nicolas de Scharnachtal. Aussitôt que le brave avoyer apprit que le combat était engagé, il ordonna à ses soldats de doubler le pas et arriva au secours des gens de Thun et de Schwitz au moment même où l'armée bourguignonne s'ébranlait de son côté. Cette avant-garde, quoique à peine nombreuse de quatre mille hommes, ne voulut pas avoir l'air de craindre le choc ; elle descendit en belle ordonnance, d'un pas rapide, mais en conservant ses rangs, vers une petite plaine au milieu de laquelle s'élevait la chartreuse de la Lanee.

Les Suisses s'appuyèrent à cette chartreuse ; puis, comme on entendait les chants des moines qui disaient la messe, les confédérés firent planter en terre piques, bannières et étendards, se mirent à genoux, et, prenant leur part de la messe qui se disait et qui pour tant d'hommes devait être un service funèbre, ils commencèrent leurs prières.

Comme, en ce moment, le duc n'était éloigné d'eux qu'à portée du trait, il se méprit à leur intention, et, s'avançant sur son front de bataille :

— Par saint Georges ! s'écria-t-il, ces canailles crient merci !.. Gens des canons, feu sur ces vilains !...

Au même instant, les gens des canons obéirent : on entendit le bruit d'une décharge ; l'armée bourguignonne fut enveloppée de fumée, et les messagers de mort allèrent fouiller les rangs agenouillés des gens de la ligue, qui, quoique quelques-uns de leurs parents et de leurs amis se fussent couchés auprès d'eux, sanglants et mutilés, continuèrent leur prière. En ce moment la cloche du couvent sonna le lever-Dieu : l'armée suisse s'inclina plus bas encore, car chacun faisait son acte de contrition et demandait au Seigneur de le recevoir dans sa grâce. Le duc de Bourgogne, qui ne comprenait rien à cette humilité, ordonna une seconde décharge ; les canonniers obéirent, et les boulets de pierre vinrent une seconde fois sillonner les rangs des pieux soldats, qui croyaient que ceux qui seraient tués dans un pareil moment leur seraient plus secourables au ciel par la prière qu'ils ne pourraient l'être sur la terre par leurs armes.

Mais, cette fois, lorsque le vent eut chassé la fumée, le duc aperçut les Suisses debout et s'avançant vers lui ; car la messe était finie. Ils venaient d'un pas rapide, formant trois bataillons carrés tout hérissés de piques. Dans les intervalles de ces bataillons, des pièces d'artillerie, marchant du même pas qu'eux, faisaient feu tout en marchant, et les ailes de ce dragon immense qui jetait des éclairs, de la fumée et du bruit, composées de gens armés à la légère et commandés par Félix Schwarzmurer de Zurich et Hermann de Mullinen, battaient d'un côté la montagne, et de l'autre s'étendaient jusqu'au lac.

Le duc de Bourgogne appela sa bannière, la fit placer devant lui, mit sur sa tête un casque d'or avec une couronne de diamants, et, voulant attaquer le vautour par le bec, il marcha droit au bataillon du milieu, commandé par Nicolas de Scharnachtal ; le sire de Château-Guyon attaqua le bataillon de gauche, et Louis d'Aimeries le bataillon de droite.

Le duc de Bourgogne s'était avancé si imprudemment, qu'il

n'avait avec lui que son avant-garde ; à vrai dire, elle était composée de l'élite de sa chevalerie ; aussi le choc fut-il terrible.

Il y eut un instant de mêlée où l'on ne put rien voir ; l'artillerie ne tirait plus, car les canonniers ne pouvaient distinguer les amis des ennemis ; le duc de Bourgogne et Nicolas de Scharnachtal se rencontrèrent : c'étaient le lion de Bourgogne et l'ours de Berne ; ni l'un ni l'autre ne reculèrent d'un pas ; les deux corps d'armée semblaient immobiles.

Le sire de Château-Guyon, qui commandait la belle chevalerie du duc, et qui, outre son courage, avait encore grande haine contre les Suisses, qui lui avaient dérobé toutes ses seigneuries, s'était jeté en désespéré contre le bataillon de gauche ; aussi l'avait-il rompu et y avait-il pénétré comme un coin de fer dans un bloc de chêne. Déjà il n'était plus qu'à deux pas de la bannière de Schwitz, déjà il étendait la main pour la saisir ; mais entre lui et cette bannière il y avait encore un homme, c'était Hans in der Grub, de Berne ; il leva une épée large comme une faux et pesante comme une massue ; l'épée gigantesque tomba sur le casque du sire de Château-Guyon ; il était d'une trop bonne trempe pour être entamé ; mais la force du coup était telle, que le chevalier, assommé comme sous un marteau, tomba de cheval.

En même temps, Henri Elsener, de Lucerne, s'emparait de l'étendard du sire de Château-Guyon.

A droite, la chance était encore plus mauvaise aux Bourguignons : au premier choc, Louis d'Aimeries avait été tué ; Jean de Lalain lui avait succédé, et il avait été tué aussi ; alors le duc de Poitiers avait repris le commandement et il avait été tué encore. Ainsi, de ce côté, les Bourguignons non seulement n'avaient eu aucun avantage, mais avaient même perdu beaucoup de terrain ; de sorte que c'était maintenant l'aile gauche des Suisses qui s'étendait au bord du lac et débordait l'aile droite du duc de Bourgogne.

Le même mouvement s'opéra à l'autre aile, lorsque le sire de Château-Guyon fut tombé. Alors ce fut le duc Charles qui se trouva en danger ; Saint-Sorlin et Pierre de Liguaro étaient tombés à ses côtés ; son porte-étendard avait été abattu et il avait été obligé de reprendre lui-même sa bannière, pour qu'elle ne tombât point aux mains des ennemis : force lui fut donc de battre en retraite et de reculer, et c'est ce qu'il fit, mais pied à pied, frappant et frappé sans relâche, et cela pendant une lieue, c'est-à-dire de Concise au bord de l'Arnon.

Là, le duc retrouva son camp et son armée ; il changea de casque et de cheval, car le casque était tout bosselé, un coup de masse en avait brisé la couronne, et le cheval tout sanglant pouvait à peine se soutenir ; puis, ce fut lui à son tour qui revint à la charge.

Au même instant, à sa gauche, au sommet des collines de Champigny et de Bouvillars, le duc vit apparaître une nouvelle troupe d'ennemis, du double au moins de celle qui l'avait si rudement ramené ; elle descendait rapidement et avec bruit, faisant feu tout en courant de son artillerie, et, dans les intervalles des décharges, criant tout d'un cri :

— Granson ! Granson !

Il se retourna alors pour faire face à ces nouveaux ennemis, qui n'avaient pas encore pris part au combat, et qui arrivaient frais et terribles. Mais à peine la manœuvre qu'il avait ordonnée était-elle accomplie, que d'un autre côté on entendit le son des trompes des hommes d'Uri et d'Unterwalden.

C'étaient deux cornes gigantesques qui avaient été données à leurs pères, l'une par Pépin, et l'autre par Charlemagne, lorsque ces Titans de la monarchie franque avaient traversé la Suisse, et qu'à cause de leurs mugissements on avait nommées la *vache* d'Unterwalden et le *taureau* d'Uri. A ce bruit inconnu et terrible, le duc s'arrêta.

— Qu'est-ce donc que ceux-ci? s'écria-t-il.

— Ce sont nos frères des vieilles ligues suisses qui habitent les hautes montagnes, et qui tant de fois ont mis en déroute les Autrichiens, répondit un prisonnier qui avait entendu la question : ce sont les gens de Glaris, d'Uri et d'Unterwalden.... Malheur à vous, monseigneur, car ce sont les gens de Morgarten et de Sempach.

— Oui, oui, malheur à moi! dit le duc; car si leur simple avant-garde m'a déjà donné tant de mal, que sera-ce quand je vais avoir affaire à toute l'armée?

En effet, toute l'armée attaqua le camp du duc par trois côtés différents, et, au premier choc, cette multitude de femmes et de marchands, se jetant au milieu des hommes d'armes, mit le désordre parmi les Bourguignons. Déjà le camp avait été troublé de la retraite du duc et de ses meilleurs hommes d'armes; puis, à l'aspect de ces enfants des montagnes aux cris sauvages, les Italiens les premiers prirent épouvante et s'enfuirent; peu de temps après, de trois côtés à la fois, les canonnades éclatèrent, et les boulets des couleuvrines creusèrent cette foule trois fois plus considérable, il est vrai, que ceux qui les attaquaient, mais qui, ne s'attendant pas à être attaquée, n'était pas à ses rangs, n'avait point ses chefs, et n'entendait point les ordres.

Le duc courait avec de grands cris sur cette masse tremblante, accablait les soldats d'injures, les frappait à coups d'épée, chargeait avec quelques-uns des plus braves et des plus fidèles les ennemis les plus avancés, puis revenait à ses troupes, qu'il retrouvait plus émues et plus désordonnées encore que lorsqu'il les avait quittées. Enfin, chacun se mit à fuir de son côté sans que rien pût le retenir, poussé d'une terreur panique, les uns dans la montagne, les autres par le lac, ceux-là sur la grande route; si bien que le duc resta le dernier sur le champ de bataille avec cinq de ses serviteurs, jusqu'à ce que, voyant tout perdu, il se mit à fuir à son tour, suivi de son bouffon, qui galopait sur son petit cheval, et criait d'une voix comique et lamentable à la fois :

— Oh! monseigneur, monseigneur! quelle retraite! et comme nous voilà Annibalés !

Et le duc courut ainsi sans s'arrêter pendant six heures, jusqu'à la ville de Jougne, dans le passage du Jura.

Aussitôt que le champ de bataille fut vide d'ennemis, les Suisses tombèrent à genoux, et remercièrent Dieu de leur avoir accordé une si belle victoire, puis procédèrent régulièrement au pillage du camp. Car le duc Charles avait tout abandonné : tente, chapelle, armes, trésors et canons; et cependant, quelque temps encore, à l'exception des engins de guerre, les Suisses furent loin de se douter de la valeur de leur prise; ils prenaient les diamants pour du verre, l'or pour du cuivre, et l'argent pour de l'étain; les tentes de velours, les draps d'or et de Damas, les dentelles d'Angleterre et de Malines, furent divisés entre les soldats, puis coupés à l'aune comme de la toile, et chacun en emporta sa part.

Le trésor du duc fut partagé entre les alliés ; tout ce qui était argent fut mesuré dans des casques ; tout ce qui était or fut mesuré à la poignée.

Quatre cents pièces de canon, huit cents arquebuses, cinq cent cinquante drapeaux et vingt-sept bannières furent divisés entre les villes qui avaient fourni des soldats à la confédération. Berne eut de plus la châsse de cristal, les apôtres d'argent et les vases sacrés, comme étant la ville qui avait pris le plus de part à la victoire.

Un soldat trouva un diamant gros comme une noix, dans une toute petite boîte entourée de pierres fines ; il jeta le diamant, qu'il prit pour un morceau de cristal, comme il en avait ramassé parfois dans la montagne, et garda la boîte. Cependant, après avoir fait une centaine de pas, il se ravisa et revint le chercher ; il le retrouva sous la roue d'un chariot, le ramassa et le vendit un écu au curé de Montaguer. Il passa de là dans les mains d'un marchand nommé Barthélemy, qui le vendit à la république de Gênes, laquelle le revendit à Louis Sforce, dit le More ; après la mort de ce duc de Milan et la chute de sa maison, Jules II l'acheta pour la somme de 20,000 ducats. Il avait orné la couronne du grand Mogol et brille aujourd'hui à la tiare du pape. Ce diamant est estimé deux millions.

A l'endroit où le premier choc avait eu lieu entre le duc de Bourgogne et Nicolas de Scharnachtal, on retrouva sur le sable deux autres diamants, qu'un coup d'épée avait enlevés de la couronne qui brillait sur le casque du duc. L'un de ces diamants fut acheté par un riche marchand, nommé Jacques Fugger, qui refusa de le vendre à Charles-Quint, parce que Charles-Quint lui devait déjà près de 500,000 fr. qu'il ne lui payait pas, et à Soliman, parce qu'il ne voulait pas qu'il sortît de la chrétienté. Henri VIII l'acquit pour une somme de 5,000 livres sterling, et sa fille Marie le porta parmi sa dot à Philippe II d'Espagne. Depuis ce temps il est resté dans la maison d'Autriche.

Le dernier, dont on avait d'abord perdu la trace, fut vendu, seize ans après la bataille, 5,000 ducats à un marchand de Lucerne, qui fit exprès le voyage de Portugal et le vendit à Emmanuel le Grand et le Fortuné. Lorsque, en 1762, les Espagnols envahirent le Portugal, Antoine, prieur de Crato, dernier descendant de la famille détrônée, émigra en France, y mourut, et laissa ce diamant parmi les objets précieux de sa succession. Nicolas de Harlay, sieur de Sancy, l'acheta et le revendit, après lui avoir donné son nom. Il faisait partie des diamants de la couronne de France.

Cette déroute avait eu lieu le 2 mars. Louis XI l'apprit

trois jours après, et pensa qu'il était temps d'accomplir son pèlerinage. Le 7, il arriva à une petite auberge située à trois lieues et demie du Puy; le lendemain, il fit à pied la route; arrivé devant la porte de l'église, il passa sur ses habits un surplis et une chape de chanoine, entra dans le chœur, s'agenouilla devant le tabernacle, fit une oraison, et déposa 300 écus sur l'autel.

IX.

Avenches.

J'avais suivi avec un intérêt palpitant le développement de l'histoire dramatique que mon ami m'avait racontée, me reportant par la pensée à l'époque qu'il faisait en quelque sorte revivre à mes yeux, et n'ayant point de peine à reconstituer l'ensemble de cette scène grandiose.

Je le remerciai vivement, et nous regagnâmes Yverdun bien juste à temps pour prendre le chemin de fer qui devait nous conduire à Payerne.

Mon ami avait décidé que nous y coucherions et que le lendemain, de grand matin — je savais maintenant ce qu'il entendait par ces mots, et j'en frémissais d'avance — nous irions en reconnaissance jusqu'à Avenches et jusqu'à Morat, ce qui nous promettait une fameuse course.

Il fallait voir avec quelle désinvolture il parlait d'enlever ces dix-neuf kilomètres ! Mais comment refuser, quand un plaisir comparable à celui que je venais de goûter m'attendait au bout comme un dédommagement? De Morlot regrettait même que je ne fusse pas « bon marcheur », car il eût aimé pousser une pointe jusqu'à Moudon, où il avait un savant ami auquel il eût été désireux de me présenter. Mais Moudon était à vingt kilomètres de Payerne, dans une autre direction que Morat, et Henri avait raison, je n'étais pas homme à tenter l'expérience. Soixante-dix kilomètres dans un jour pour un Parisien, et un Parisien anémique encore ! c'était trop exiger. Comme je lui demandais si, outre la visite au vieux doyen M..., je perdais quelque chose à ne point passer par Moudon, il me répondit que cette ville est une des plus anciennes de l'antique Helvétie. On y a retrouvé de nombreux vestiges de l'occupation romaine : une seule colline a fourni les éléments d'un véritable musée tout rempli de merveilles : figurines en bronze, lampes sépulcrales, etc.

La puissance carlovingienne y est attestée par les ruines d'une grande tour carrée, attribuée à Pépin le Bref.

Mais la vapeur fusait, déjà nous étions à Cheyres, délicieuse station où j'eusse aimé descendre, tant me paraissait séduisante l'ombre de ses splendides noyers.

Ce village, aujourd'hui insignifiant, fut pourtant jadis une ville romaine importante ; il y existait de riches habitations, puisqu'il y a un siècle, en creusant des fondations, on mit à jour une mosaïque de quatre-vingt-quatre mètres carrés de surface, représentant Orphée jouant de la lyre au milieu d'animaux. Et comme je me récriais sur la magnificence de cette trouvaille, de Morlot m'affirma que ce n'est pas la seule de pareille dimension que l'on ait rencontrée en Suisse.

A ce moment, mon attention fut attirée par une petite ville située à l'extrémité d'un cap, et tout entourée de remparts du côté de la terre.

— Ce petit bourg m'a tout l'air d'être encore d'une respectable antiquité.

— Je le crois ; la tradition le fait remonter au Vandale Stavius, qui le créa en 512. Louis, roi de Bourgogne, en fit une ville et la fortifia en 890. Elle appartint successivement aux rois de Bourgogne, aux ducs de Zæhringen et aux comtes de Savoie. Mais en 1475, elle fut arrachée à ces derniers par les confédérés, qui passèrent tous les habitants au fil de l'épée. C'est depuis lors qu'elle a été adjugée au canton de Fribourg.

— Quelle harmonie vient de traverser l'espace ! m'écriai-je tout à coup, surpris et charmé.

— C'est sans doute le jour de quelque fête religieuse ; et ce que tu as entendu, ce sont les orgues de Saint-Laurent, dues au fameux facteur d'orgues Aloys Mooser. Vois-tu, au moins pour des excursionnistes comme nous, l'inconvénient de ton bien-aimé chemin de fer ? Si nous eussions été à pied, nous nous fussions accordé une halte dans ce bosquet ombreux qui s'enfuit déjà loin de nous, et nous nous fussions abandonnés au charme délicieux d'une belle musique dans un site ravissant. Ah ! tant que tu garderas ton préjugé français contre la marche et les multiples plaisirs que celle-ci nous tient en réserve, tu ne connaîtras pas les émotions et les joies du vrai touriste et du véritable amateur de belle nature et de liberté.

— Qu'il y a loin de la théorie à la pratique ! me disais-je tout pensif, en regardant fuir derrière moi ce lac de Neuchâtel si pittoresque dans sa robe d'azur étincelante que pailletaient d'or les feux du couchant ; je suis absolument de l'avis de Morlot en principe, mais....

Et je songeais avec effroi à l'heure où il viendrait avant l'aube frapper à ma porte.

— Nous voici dans la vallée de la Broye, me dit mon ami, qui ne se doutait guère de la pensée mesquine qui m'occupait ; te figurerais-tu que nous sommes ici dans le lit d'un ancien lac dont l'eau s'est détournée ? Telles sont les surprises que nous gardent les révolutions incessantes de notre globe ; ce qui était hier Atlantide est aujourd'hui Méditerranée, ce qui fut jadis lac est aujourd'hui terrain fertile et cultivé.

— Et demain ? fis-je moitié riant, moitié sérieux.

> Oh ! demain c'est la grande chose,
> De quoi demain sera-t-il fait ?

me répondit-il en empruntant sa réponse aux vers du grand poète.

Mais l'église de Payerne découpait déjà sa silhouette hardie sur le ciel où pointait Vénus, si belle sous toutes les latitudes. Nous mîmes bientôt pied à terre, et, après avoir retenu nos chambres à l'hôtel de la gare pour ne point perdre de temps, nous profitâmes de ce long et charmant crépuscule des beaux jours pour aller porter notre pieux souvenir à l'église, qui date de cette ère de félicité « où la reine Berthe filait ». Hélas ! est-ce progrès ou décadence ? L'église est aujourd'hui transformée en halle au blé. Il est vrai qu'il s'en élève à côté une autre plus pimpante, plus conforme à l'art moderne.

— C'est fâcheux qu'il soit si tard, me dit mon ami, tu aurais visité avec intérêt ce qui reste de cet antique monument. L'extérieur et l'intérieur offrent encore bien des sculptures dignes d'attention, et l'on y voit des peintures qui contrastent étrangement avec la destination actuelle. Vois comme ce clocher est élégant ! Il porte bien la date de l'époque de sa création ; c'est du XV° siècle tout pur ! Toutefois, la flèche du couronnement a dû être restaurée en 1645. Regarde ce porche massif dont l'édifice est précédé : c'est ce que l'on appelle la tour Saint-Michel, et c'est là qu'en 1817, on organisa des fouilles destinées à retrouver le tombeau de la reine, qu'une vieille tradition plaçait dans les caveaux de l'ancienne église abbatiale.

— Qu'est-ce qui prouvait que c'était bien le sien ? demandai-je, poussé par cet esprit de scepticisme qui est de mode à Paris.

— On n'agit point à la légère, comme tu sembles le croire. Le sarcophage était taillé dans un bloc de grès qui avait parfaitement conservé les ossements de la veuve de Rodolphe. Le conseil d'Etat du canton de Vaud, après avoir examiné le procès-verbal de cette fouille, convaincu que ces ossements étaient bien ceux de la reine morte en 970, les fit transporter dans l'église paroissiale, et fit recouvrir le monument d'une table de marbre noir sur laquelle on lit cette inscription que j'ai bien souvent épelée dans mon enfance, quand j'en étais au *de Viris*, et dont la traduction est restée dans mon souvenir :

A la pieuse mémoire
De Berthe,
Très excellente épouse de Rodolphe II,
Roi de la petite Bourgogne,
Dont la mémoire est en bénédiction
Et la quenouille en exemple.
Elle fonda des églises, fortifia des châteaux,
Ouvrit des routes, cultiva des champs,
Nourrit les pauvres.
De la patrie transjurane
Mère et délices.
Après IX siècles,
Son sépulcre, ainsi qu'on nous l'a dit, ayant été retrouvé,
L'an de grâce MDDDXVIII,
Reconnaissants de ses bienfaits envers leurs aïeux,
Les fils le restaurèrent religieusement,
Le sénat et le peuple vaudois.

A cette même époque de latin naïf et d'école buissonnière, je me rappelle avoir admiré chez l'aubergiste une relique touchante et bien faite pour être citée en exemple, et que ce digne personnage exposait à la curiosité des voyageurs : c'était la selle de la reine retrouvée dans son sarcophage. Comme la reine ne restait jamais inactive, il existait dans cette selle un trou où, d'après la tradition, elle plantait la quenouille avec laquelle elle a filé sa renommée, et qui ne la quittait pas même lorsqu'elle parcourait son royaume pour y répandre ses bienfaits.

En rentrant, nous demandâmes à l'hôtelier ce qu'était devenue la selle de la reine Berthe. Il nous engagea fortement à ne point quitter Payerne sans avoir été la visiter dans l'église actuelle, dont, avec le tombeau, elle forme, nous dit-il, la *great attraction*.

— Oh! ces Anglais, ils mettent leur style de réclame jusque dans la bouche des simples et hospitaliers Vaudois.

Le lendemain, j'accusai mon ami de m'avoir traîtreusement hypnotisé; car, soit par suggestion personnelle ou autre, j'étais éveillé quand de Morlot entra dans ma chambre tout habillé, et je ne fus pas trop long à m'arracher à la douce béatitude de mon lit. Nous partîmes donc, devisant gaiement, allègres comme des écoliers de Tœpfer, et deux heures après nous arrivions à Avenches, où nous nous restaurâmes par un de ces déjeuners simples dont on n'apprécie bien la saveur parfaite qu'en Suisse.

Avenches, sous le nom d'*Aventicum*, était la capitale de l'Helvétie sous les Romains; elle couvrait alors un espace de terrain deux fois plus considérable que celui qu'elle occupe aujourd'hui. Les barques du lac Morat abordaient au pied de ses murs; elle avait un cirque où rugissaient les lions et où combattaient des esclaves; des bains, où des femmes du Niger et de l'Indus tressaient les cheveux parfumés des dames romaines, en les entremêlant de bandelettes blanches ou rouges, et un Capitole, où les vaincus rendaient grâces aux dieux des triomphes de leurs vainqueurs. Atteinte par une de ces révolutions romaines pareilles aux tremblements de terre qui vont du Vésuve, et par des conduits souterrains, renverser Foligno, les démêlés mortels de Galba et de Vitellius l'atteignirent. Ignorant la mort du premier, elle voulut lui rester attachée ; alors Albanus Cecina, gouverneur général de l'Helvétie, marcha contre elle à la tête d'une légion qui portait le nom de *terrible*. Maître d'*Aventicum*, il crut atteindre, dans un riche Romain nommé Julius Alpinus, le chef du parti vaincu, et, malgré les témoins qui attestèrent l'innocence du vieillard, malgré les pleurs de Julia sa fille, consacrée à Vesta et qu'on appelait la belle prêtresse, Alpinus fut mis à mort. Julia ne put survivre à son père. Un tombeau lui fut élevé, portant l'épitaphe suivante, qui consacrait cet amour filial :

> Julia Alpinula hic jacet,
> Infelicis patris infelix proles.
> Exorare patris necem non potui ;
> Male mori in fatis illi erat.
> Vixi annos XXII (1).

Alors *Aventicum* fut ruiné. *Vindonissa*, la Windisch (2) moderne, lui succéda, et l'ancienne capitale resta sans importance jusqu'au moment où Titus Flavius Sabinus, qui s'y était retiré après avoir exercé en Asie la charge de receveur des impôts, y étant mort et y ayant laissé une veuve et deux fils, le cadet de ces deux fils parvint à l'empire. C'était Vespasien.

A peine fut-il assis sur le trône romain, que, fils pieux, il se

---

(1) Ici repose Julia Alpunila, malheureuse fille d'un malheureux père. Je ne pus détourner le trépas de lui : il était dans ses destins de mourir d'une mort funeste. J'ai vécu vingt-deux ans.

(2) Petit bourg de l'Argovie.

souvint de l'humble ville maternelle qu'il avait laissée dans les montagnes de l'Helvétie. Il y revint un jour sans couronne et sans licteurs, descendit de son char à quelques stades de la ville, et, par un de ces chemins connus à son enfance, se rendit à la maison où il était né, se fit reconnaître des gens qui l'habitaient, et demanda la chambre qui, durant quinze ans, avait été la sienne. C'est de cette chambre, qui l'avait vu ignorant d'un si grand avenir, qu'il décréta la splendeur d'*Aventicum*. Tout s'anima soudain à cette parole puissante ; le cirque se releva et retentit de nouveau des rugissements et des plaintes qu'il avait oubliés. De nouveaux bains plus somptueux encore que les anciens sortirent des carrières de marbre de Crévola ; un temple à Neptune s'éleva majestueusement, et sur ses colonnes toscanes, surmontées d'une architrave, les chevaux marins d'Amphitrite et les fabuleuses sirènes d'Ulysse furent sculptés. Puis enfin, lorsque la ville se retrouva belle et parée, et que la coquette se mira de nouveau dans les eaux bleues du lac Morat, l'empereur lui donna, pour achever sa toilette féminine, une ceinture de murailles qu'il tira à grands frais des carrières de Narde-Nolez (1), et pour la seconde fois *Aventicum* devint la capitale du pays, *gentis caput*, titre qu'elle conserva jusqu'au règne de Constance-Chlore.

L'an 307 de Jésus-Christ, les Germains se jetèrent dans l'Helvétie et pénétrèrent dans *Aventicum*, où ils firent un immense butin. Aux cris des habitants qu'ils emmenaient en esclavage, l'empereur accourut avec son armée, repoussa les Germains au delà du Rhin, bâtit sur les bords de ce fleuve et d'un lac la ville de Constance, hérissa la chaîne de montagnes qui longe l'Argovie de forts et de soldats pour prévenir une seconde irruption. Mais le secours était arrivé trop tard pour *Aventicum;*

---

(1) Neuchâtel.

la ville était ruinée pour la seconde fois, et Ammien Marcellin, qui y passa vers l'an 355, c'est-à-dire quarante-huit ans après, la trouva déserte ; les monuments étaient à peu près détruits et les murailles renversées.

Elle resta ainsi mutilée et solitaire jusqu'en 607, époque à laquelle le comte Wilhelm (1) de Bourgogne bâtit son château roman sur les fondements du capitole de l'empereur Galba.

Peu de temps après (en 616), pendant la guerre entre Théode-Rik (2) et Théode-Bert (3), *Aventicum* fut pris de nouveau ; le château qu'on venait d'achever à peine, démoli, et la ville ruinée si complètement, que la contrée prit le nom d'*Echtland*, ou pays désert, et le conserva jusqu'en 1676, époque à laquelle Bonnard, évêque de Lausanne, fit bâtir la nouvelle ville avec les ruines de l'ancienne, et, du nom d'*Aventicum*, l'appela Avenches.

La ville moderne conserve encore, pour le voyageur qui l'interroge, son histoire passée sur des livres de pierre et de marbre. A l'aide d'une investigation un peu sérieuse, on reconnaît à ses débris celui de ses deux âges auquel ils appartiennent. L'amphithéâtre, qui est bâti sur un point élevé, à l'extrémité de la ville, conserve encore, creusé dans ses fondations, le souterrain où l'on enfermait les lions ; il est évidemment de la première époque, c'est-à-dire qu'il remonte au règne d'Auguste. Un Helvétien et un Romain, sculptés sur le mur d'enceinte, prouvent, en se donnant la main, qu'il a été bâti peu de temps après la pacification de l'Helvétie.

Les deux colonnes du temple à Neptune, qui sont encore debout, sont de marbre blanc, et datent du règne de Vespasien.

---

(1) Qui protège volontiers.
(2) **Noble et brave.**
(3) **Noble et brillant.**

C'est tout ce qui reste d'une espèce de Bourse élevée par la compagnie des Nautes (1) et à ses frais, ainsi que le prouve cette inscription gravée sur son fronton brisé :

> In honorem domus divinæ,
> Nautæ Avranii aramici
> Scolam de suo instruxerunt.
>
> —
>
> L. D. D. D.

A l'époque où nous visitâmes ces colonnes, une cigogne avait établi son nid sur la plus haute des deux, et y élevait ses petits sous la protection du gouvernement vaudois. L'amende de 70 fr. infligée à quiconque tue l'un de ces animaux lui donnait une telle confiance, que notre approche ne parut nullement la déranger dans les soins de son ménage, et qu'elle continua gravement de partager en deux, à l'aide de son bec et de ses pattes, une pauvre grenouille dont elle donna, avec une équité toute maternelle, un morceau à chacun de ses petits.

Les autres débris antiques dignes de quelque attention sont renfermés dans une tour attenante à l'amphithéâtre, situé sur une terrasse plantée d'arbres ; mais combien d'autres ont été dispersés au vent de l'indifférence à l'époque du moyen-âge, et, plus récemment encore ! Nous visitâmes le musée, où l'on a collectionné depuis quelques années les résultats des dernières fouilles : des amphores, des urnes funéraires, de petites statues de bronze et des quantités de médailles, une tête colossale d'Apollon, une tête de Jupiter et un lion en marbre.

La ville actuelle d'Avenches n'occupe plus qu'une partie infime de l'espace qu'occupait l'ancienne ville, ce qui est facile à reconnaître en suivant les vestiges des fortifications. L'enceinte

---

(1) Bateliers.

de cinq kilomètres de circonférence avait une forme presque octogone ; les murs reconstruits par Titus étaient flanqués à l'intérieur de tours semi-circulaires distantes de trente-trois mètres. Le lac, plus haut que de nos jours, baignait la muraille. Cette enceinte renferme, outre la ville moderne, des vergers, des champs, et un village nommé Donatyre, où l'on récolte deux mille boisseaux de blé, nous fut-il dit par le syndic, sur le sol occupé jadis par des palais, des bains et des jardins. En 607, un comte Burgonde construisit sur la colline un château d'une durée bien éphémère et dont il ne reste qu'une tour, appelée la « tour du désert ».

— Ne m'as-tu pas dit la raison qui avait fait donner ce nom d'*Aventicum* à cette ville ? Je voulais la noter sur mon carnet, et je ne l'y trouve pas.

— Je t'ai dit que déjà sous les Gaulois, Avenches était la capitale de l'Helvétie et qu'elle devait sa grande célébrité au temple d'Aventia, divinité des Gallo-Helvètes.

— Merci, je l'ai inscrit. Quelle est donc cette belle tour de marbre que j'aperçois là-bas ? A quel ordre appartient-elle, pour vous autres savants ?

— A l'ordre corinthien. Nous allons la voir de plus près. Aussi bien, pour nous rendre à Morat, nous passons devant ce qu'il y a de plus curieux. Cette tour, qu'on appelle *le cigognier*, n'est autre qu'un reste d'un temple d'Apollon.

— Quelle ampleur, quelle élégance, quelle somptuosité caractérisaient ces vieux monuments ! et que nous sommes loin de nos maîtres ! m'écriai-je involontairement.

— Attends, tu vas voir mieux encore !

En effet, sans égard pour les kilomètres que nous avions déjà dans les jambes, il nous fit faire un détour de près d'une demi-heure pour admirer une autre tour plus grande encore ; et enfin nous fîmes une dernière halte devant un vieux bâtiment où le gardien du musée, prévenu de notre visite, nous attendait pour nous faire voir une mosaïque conservée à l'endroit même où elle a été trouvée, ce qui est bien le meilleur moyen de jouir de l'effet de ces belles compositions qui font tant d'honneur à l'art antique.

Je m'aperçois que j'ai oublié de mentionner notre visite au château, qui cependant m'intéressa beaucoup, quoique l'école de commerce qu'on y a installée nuise un peu à la poésie du lieu. La tour de l'escalier et la voûte furent signalées à mon attention ; mais, plus connaisseur en sculpture qu'en architecture, je m'extasiai de préférence sur une certaine porte et un chambranle qui me paraissaient d'un fini admirable.

X.

Morat.

L'admiration est une belle chose, fort saine pour l'esprit et le cœur; mais, bien qu'elle puisse paraître nous communiquer des forces factices, nous sommes tout de même obligés d'avoir recours aux vulgaires moyens de donner satisfaction à messire Gaster, alors même que nous venons de savourer cette jouissance divine et de constater que *tout est bien.*

Je crois presque, ne vous en déplaise, que cela m'avait creusé l'estomac, et je dévorai presque sans songer à la fatigue les huit kilomètres qui nous séparaient de Morat, occupé que j'étais à soupirer après l'heure du déjeuner. Du reste, la route est splendide ; ce qui facilite toujours la marche. Peu de temps après avoir quitté Avenches, nous commençâmes à apercevoir à gauche le lac de Morat, qui devient de plus en plus distinct jusqu'à Faoug, où la route le joint et le longe.

— Nous voici dans le canton de Fribourg, remarqua de Morlot.

— Eh bien ! je dois convenir qu'il n'a rien à envier au canton de Vaud, m'écriai-je avec le plus sincère enthousiasme, la vue dont je jouissais m'ayant fait oublier jusqu'à la faim qui me talonnait.

Un peu en deçà de Meyriez, nous passâmes devant un obélisque de pierre à quatre faces, haut d'environ neuf mètres et portant gravée sur la face qui regarde la route l'inscription suivante :

VICTORIAM

XXII JUN. MCCCCLXXVI

PATRUM CONCORDIA

PARTAM

NOVO SIGNAT LAPIDE

RESPUBLICA FRIBURG.

MDCCCXXII (1).

— Cet obélisque a remplacé en 1822 le monument commémoratif élevé en 1480 par les Suisses et détruit en 1798 par les armées françaises, me dit de Morlot, ce à quoi je ne trouvai rien à répondre.

Nous arrivâmes à l'hôtel *de la Couronne,* où mon ami commanda un déjeuner auquel il me souvient d'avoir vraiment fait honneur pour un homme *presque* condamné et qui n'avait pas fait de cure d'eaux thermales !...

Tout en satisfaisant mes appétits.... je ne dirai pas gloutons, comme le lion de la fable, je prêtais une oreille attentive à tout ce que mon savant ami avait à me raconter de l'antiquité de Morat.

Il est positif que ce digne de Morlot parlait « comme un livre imprimé », à ce que remarqua l'hôte en un aparté assez peu

---

(1) La république fribourgeoise consacre par cette nouvelle pierre la victoire remportée le 22 juin 1476 par les efforts réunis de ses pères. 1822.

discret pour amener un sourire sur les lèvres de tous deux. Telle est la fierté naïve de ces bons Suisses, que l'histoire de leur pays avec laquelle ils furent bercés les charme toujours comme une nouveauté, et ils ont toujours assez d'instruction pour la comprendre et la goûter. Le propriétaire de l'hôtel *de la Couronne* ne faisait point exception à la règle,

— Cette petite ville, me disait de Morlot, reçut en 516 le nom de *Curtis Muratum*. Les cités, comme les individus, gagnent peu à une trop longue existence ; cela ne fait que laisser plus de place, non pour la félicité, mais pour les vicissitudes et les catastrophes. Morat fut ravagée successivement par les barbares et par l'empereur Conrad, dit le Salique, en 1034, et relevée de ses ruines en 1152 ou 1190 par Berthold IV ou V ; puis elle devint la propriété des ducs de Zæhringen, de la maison de Savoie, et du comte de Romont. En 1476, les confédérés s'en emparèrent et livrèrent sous ses murs la célèbre bataille qui a pris son nom. Depuis cette époque jusqu'en 1798, elle resta à Berne et à Fribourg ; mais la révolution de 1798 l'incorpora au canton de Fribourg.

Comme il finissait de me donner le détail dont voici le sommaire, je lui posai tout à coup une question qui depuis un instant était sur mes lèvres.

— As-tu remarqué, Henri, la teinte rougeâtre des eaux du lac ? Je voulais t'en faire l'observation ; et comme je l'ai oublié et que tu ne l'as peut-être pas remarquée, je crains que tu ne puisses m'en fournir l'explication.

— Pardon, mon cher ; la raison en est très simple : elle est produite par la floraison d'une plante du genre des oscillatoires.

— Monsieur n'a pas vu les poissons de notre lac ? demanda l'hôte, qui tenait à se mêler à notre conversation.

— Non, répondis-je ; sont-ils beaux ?

— J'ai une noce commandée pour demain, et l'on vient de

m'apporter un silure qui pèse au moins quarante kilogrammes. Si ces messieurs voulaient prendre la peine de venir le visiter. Car je ne puis leur offrir de le leur faire apporter, ajouta-t-il avec politesse.

Nous en convînmes en riant ; et bien qu'un poisson de cette taille ne fût pas une nouveauté pour de Morlot, nous allâmes l'admirer de compagnie.

— Quelles belles pièces renferment vos lacs! m'écriai-je avec une sincère admiration, qui me conquit les sympathies de notre hôte.

— Et monsieur sait-il comment on les pêche? me demanda celui-ci d'un air aimable.

— Vraiment non, répondis-je en réfléchissant; jamais ligne ne résisterait à un pareil poids.

— Aussi n'est-ce point à la ligne, monsieur, mais à coups de fusil.

Je tressaillis avec un peu d'humeur ; j'avais une vague idée que cet homme se moquait de moi.

— Si monsieur couchait à Morat ce soir, il pourrait s'en faire une idée.

Mais je ne pouvais accéder à cette suggestion qui témoignait de la bonne foi de l'hôte: nous devions être à Fribourg dans la soirée. Cette offre était bien tentante pourtant, surtout si l'on considère que je suis un pêcheur convaincu.

— Nous sommes attendus, répondis-je ; mais vous me ferez plaisir de me livrer le secret de ce genre de pêche.

— Voyez, monsieur, voilà tout mon appareil, répondit M. Braüner en m'entraînant vers une cour où étaient déposés des cordes, un fusil, un réchaud et des pommes de pin.

Ce réchaud et ces pommes de pin me faisaient rêver.

— Quand vient la nuit, je vais à mon bateau, celui-là même que vous voyez se balancer dans cette petite anse. Le compère Birochon, dit-il en désignant de la main un gros garçon joufflu qui nous dévisageait en riant — avec un air bête à faire envie, tant il approchait de la perfection ! — le compère Birochon prend les rames, et moi j'allume mon réchaud ; dès que la flamme brille et que l'endroit me paraît propice, je fais un signe....

— Au commandement : Halte ! je m'arrête, interrompit Birochon, qui brûlait d'envie de mettre son mot dans la conversation.

— Et que pourrais-tu faire autrement, imbécile ? lui demanda son patron avec un geste bien éloquent, sans doute, car il fit détaler le jeune gars, lequel, du reste, une minute après, était revenu s'accouder à la fenêtre et nous contemplait du dehors avec une intense satisfaction.

— Mais ensuite, que faites-vous, monsieur Braüner ? demandai-je.

— J'attends et je choisis.

— Quoi ?

— Mes victimes, continua triomphalement l'aubergiste, qui faisait durer le plaisir.

De Morlot eut pitié de mon impatience.

— M. Braüner veut dire que l'éclat de sa flamme, traversant les couches inférieures de l'eau, parvient dans les profondes retraites où le poisson s'est retiré.

Mais cela ne faisait pas le compte du brave homme, qui tenait à son petit effet.

— Réveillé en sursaut par cette clarté insolite, il accourt à la surface, et tourne curieusement autour du phénomène qui se produit. Rien n'est plus facile alors que de déterminer l'individu auquel on donnera la préférence ; on ajuste, on tire ; la bête disparaît un instant, emportée par les dernières convulsions de l'agonie, et reparaît morte et couchée sur le dos. On n'a plus qu'à la transférer de son élément dans le nôtre, où il n'est pas bon de la garder trop longtemps en cette saison.

— Ne connaissais-tu pas ce genre de pêche ?

— Non, car je crois qu'il est interdit en France. Mais j'ai vu, en plein jour, des pêcheurs faire la chasse aux truites de l'Ariège, ce premier affluent rapide et cristallin de la Garonne, et je sais quelle dextérité et quelle justesse de coup d'œil exige cette vivante cible.

— Il doit falloir une eau bien limpide pour cela, remarqua maître Birochon d'un air profond.

L'aubergiste le regarda de travers ; mais, comme je n'étais pas disposé à assister à une petite scène tout intime, je m'acheminai vers la porte, plutôt désappointé que charmé de ce que je venais d'apprendre, puisque ce n'était pas pratique en France.

Nous sortîmes de l'hôtel, et je fus de nouveau frappé de la couleur jaune des maisons en pierre de Neuchâtel. Morat se divise en deux villes : la ville haute et la ville basse, appelée *la rive*. C'est dans cette dernière que se concentre le commerce de l'endroit, qui est assez important, à ce que nous pûmes juger par les nombreux entrepôts de marchandises et les établissements industriels que nous rencontrâmes. Cependant c'est incontestablement la ville haute qui excita notre intérêt le plus vif. Il existe encore un certain nombre de vieilles rues à arcades, que nos pères, amateurs de promenades à l'ombre et à pied sec, construisaient presque partout. Le château où l'on a installé la préfecture nous retint quelques instants, et il en vaut la peine, car il date du xiiie siècle, où il fut construit par Pierre de Savoie, dans une de ces positions admirables que savaient si bien choisir les architectes du moyen-âge. On nous avait également conseillé de nous arrêter au Rathhaus, « maison de ville, » où nous vîmes des armes, des cuirasses et des heaumes dont l'état de vétusté nous surprit ; je ne pus m'empêcher d'en faire la remarque.

— Que cela ne te surprenne point, me dit de Morlot ; ce sont des objets que l'on trouve fréquemment, paraît-il, au bord du lac. Presque chaque fois qu'une tempête agite ses eaux un peu profondément, celles-ci rejettent encore sur le rivage des épaves de ce grand désastre où sombra la haute fortune de Charles le Téméraire.

Je m'expliquai naturellement la rouille et le mauvais état de certaines pièces comparées au reste des antiquités précieuses provenant de la guerre du duc de Bourgogne, qui composent la collection de l'Hôtel-de-Ville.

— Quel est donc ce vieil édifice qui semble le contemporain du château? demandai-je tout à coup, comme nous débouchions sur une place plantée d'arbres.

— C'est l'hôpital ; et tu ne te trompes guère. Il date de 1239 ; mais il fut reconstruit en 1817.

A ce moment, nous étions arrivés à la partie de la ville qui ne m'avait point frappé le matin, dans l'empressement où j'étais de me restaurer, mais que maintenant je m'arrêtai à considérer dans son vieux style noble et beau. Lorsque nous fûmes à quelque distance, je me retournai pour donner un coup d'œil d'adieu à la jolie petite ville, et j'y remarquai avec étonnement, dans les murailles qui l'entourent, des entailles profondes ; de Morlot m'affirma qu'elles avaient été volontairement respectées comme de glorieux souvenirs de ce 22 juin 1476, où la ville reçut maintes éclaboussures qui devaient l'illustrer. Nous descendîmes lentement vers le champ de bataille, car il faisait très chaud, et mon ami me montrait dans le lointain les principaux traits du paysage.

— Aperçois-tu ce pic épointé que surmonte une croix, me demanda-t-il, le Moléson, ce rival orgueilleux du Righi, qui se dresse à 6,167 pieds au-dessus de la mer? Si j'avais fait de toi, au lieu du Parisien un peu efféminé qui s'appuie à mon bras, un robuste montagnard comme je ne désespère pas d'y arriver, je t'aurais proposé cette première ascension pour te mettre en goût.

— C'est vrai; nous ne pouvons songer à débuter par le mont Blanc.

— Et puis, à dire vrai, on jouit de là d'un magnifique coup d'œil, l'un des plus splendides de la Suisse.

— Tu y es donc monté?

— Oui, la veille de soutenir ma thèse au doctorat. J'éprouve toujours le besoin de me lasser corporellement beaucoup, lorsque je veux obtenir de mon cerveau un surcroît de travail. La nature étant pour moi une des manifestations les plus sublimes de la Divinité, je ne m'en lasse jamais, et c'est dans un tête-à-tête complet, absolu, avec elle que je me repose de mes fatigues ou me prépare à de nouvelles luttes.

— On doit apercevoir le Léman du sommet du Moléson?

— Je crois bien qu'on le voit, ce beau lac bleu avec sa ceinture de vieilles cités, de villages coquets, de châteaux somptueux, de chalets pittoresques enfouis dans la verdure; et l'on en voit encore d'autres : le lac de Neuchâtel, celui-ci, puis le lac de Bienne qui réfléchit le ciel (1); puis, la Sarine et la Broye, semblables à d'immenses reptiles aux écailles argentées, sillonnent capricieusement le tapis de verdure étalé à vos pieds, et vont se perdre dans ces lointains bleuâtres qui font le charme magique des pays de montagnes. Enfin, pour terminer ce ravissant tableau, une forêt de pics couverts de neiges éblouissantes se dressent au midi et se dessinent vigoureusement sur l'azur foncé. Au milieu, le mont Blanc élève sa tête majestueuse et resplendit encore longtemps après que les ombres ont envahi les montagnes couchées à ses pieds.

— Il me semble que nous ne passons pas par le même chemin que ce matin, remarquai-je tout à coup.

---

(1) Du reste, tout porte à croire qu'à une époque très reculée, ces derniers n'en formaient qu'un seul, qui couvrait tout le territoire compris entre Avenches, Yverdun, Neuchâtel et Bienne. Ce fait s'est répété en 1816, à la suite de pluies prolongées.

— Non, et pour cause, me répondit de Morlot. Si l'on veut embrasser d'un coup d'œil le champ de bataille de Morat, il faut se placer à une centaine de pas de cet obélisque que tu as salué ce matin au passage d'un regard distrait, puisque tu ne m'as pas même demandé le moindre détail à son sujet ; et, comme il ne faut pas être plus sage que la sagesse des nations qui dit : « Ventre affamé n'a point d'oreilles, » je me suis abstenu.

— Ne m'as-tu pas dit que le monument actuel en a remplacé un ancien ? Tu vois que je t'ai bien écouté.

— Oui, mais tu ne m'as pas encouragé à te dire de quelle nature était le monument remplacé, ni quel intérêt pouvaient avoir les Français à détruire l'ancien.

— Non ; eh bien ?

— Figure-toi que le trophée élevé par la ville devant une de ses portes en commémoration de la victoire était un immense ossuaire composé avec les crânes et les ossements de huit mille Bourguignons.

— Huit mille ! m'écriai-je, frappé d'horreur.

— Oui, mon cher ; et trois siècles ce temple de la mort resta debout, montrant sur ses ossements blanchis la trace des grands coups d'épée qu'avaient frappés les vainqueurs, et portant au front cette inscription triomphale :

DEO OPT. MAX.
CAROLI INCLYTI ET FORTISSIMI
BURGUNDIÆ DUCIS EXERCITUS,
MURATUM OBSIDENS, AB HELVETIIS
CÆSUS, HOC SUI MONUMENTUM RELIQUIT
ANNO MCCCCLXXVI (1).

---

(1) A Dieu très bon et très grand. L'armée du très vaillant duc de Bourgogne, assiégeant Morat, détruite par les Suisses, a laissé ici ce monument de sa défaite, l'an 1476.

— Tu devines qui avait intérêt à faire disparaître ce triste monument. Ce fut un régiment bourguignon qui le détruisit en 1798, lors de l'invasion des Français en Suisse, et, pour effacer toute trace de la honte paternelle, il en jeta les ossements dans le lac ; mais comme si les restes de ces malheureux étaient condamnés à ne jamais goûter le repos, à chaque nouvelle tempête qui l'agite, le lac en rejette quelques-uns sur ses bords.

— Triste destinée ! m'écriai-je.

— Nous voilà bien placés pour reconstituer ce lugubre souvenir, dit de Morlot en s'arrêtant à l'ombre d'un vieil arbre.

En effet, nous avions en face de nous la ville, bâtie en amphithéâtre sur les bords du lac, où elle baigne ses pieds ; à droite, les hauteurs de Gurmels, derrière lesquelles coule la Sarine ; à gauche, le lac, que domine, en le séparant du lac de Neuchâtel, le mont Villy, tout couvert de vignes ; derrière nous, le petit village de Faoug ; enfin, sous nos pieds, le terrain même où se passa l'acte le plus sanglant de la trilogie funèbre du duc Charles, qui commença à Granson et finit à Nancy.

Alors, de Morlot commença en ces termes :

XI.

Bataille de Morat.

Longtemps Charles le Téméraire, duc de Bourgogne, s'était plu à entendre accompagner son nom des épithètes les plus flatteuses. La défaite de Granson avait dû lui prouver que s'il avait conservé le nom de Téméraire, il avait perdu celui d'Invincible. Il y avait dès lors à son blason ducal une tache qui ne pouvait se laver que dans le sang ; une seule pensée, pensée de vengeance, remplaçait chez lui la conviction de sa force ; son courage était toujours pareil, mais sa confiance n'était plus la même. On ne se fie à son armure que tant qu'elle n'a point été faussée. Néanmoins, il était poussé à sa destruction par la voix de son orgueil, et il allait dans la tempête comme un vaisseau perdu qui se brise à tous les rochers. Il avait, dans l'espace de trois mois, rassemblé une armée aussi nombreuse que celle qui avait été détruite ; mais les nouveaux soldats qui la composaient, tirés les uns de la Picardie, les autres de la Bourgogne, ceux-ci de la Flandre, ceux-là de l'Artois, étaient étrangers les uns aux autres et divisés entre eux. Dans un autre temps, la fortune constante du duc les eût réunis par une confiance commune ; mais les jours mauvais commençaient à luire, et ces hommes marchaient au combat avec indiscipline et murmure.

De leur côté, les Suisses s'étaient dispersés, selon leur habitude, aussitôt après la bataille de Granson. Chacun avait suivi sa bannière dans son canton, car la saison de l'*alpage* était arrivée, et les neiges, qui fondaient au soleil de mai, appelaient sur la montagne les soldats bergers et leurs troupeaux.

Lorsque le duc de Bourgogne vint asseoir son camp, le 10 juin 1476, au petit village de Faoug, situé vers l'extrémité occidentale du lac, la Suisse n'avait donc à lui opposer pour toute force qu'une garnison de douze cents hommes, et pour tout rempart que la petite ville de Morat. Aussi, dès que Berne, sa sœur, apprit que le duc de Bourgogne s'avançait avec toutes ses forces, des messagers partirent pour tous les cantons, des signaux de guerre s'allumèrent sur toutes les montagnes, et le cri : *Aux armes !* retentit dans toutes les vallées.

Adrien de Bubemberg, qui commandait la garnison de Morat, voyait s'avancer cette armée trente fois plus nombreuse que la sienne sans donner aucune marque de crainte : il rassembla les soldats et les habitants, leur exposa la nécessité où ils étaient de ne plus faire qu'une famille armée, afin qu'ils se prêtassent aide comme frères ; et, lorsqu'il les vit dans ces dispositions, il leur dicta le serment de s'ensevelir jusqu'au dernir sous les ruines de la ville. Trois mille voix jurèrent en même temps ; puis une seule voix jura à son tour de mettre à mort quiconque parlerait de se rendre : cette voix était celle d'Adrien de Bubemberg. Ces précautions prises, il écrivit aux Bernois :

« Le duc de Bourgogne est ici avec toute sa puissance, ses soudoyés italiens et quelques traîtres d'Allemands ; mais messieurs les avoyers, conseillers et bourgeois peuvent être sans crainte, ne point se presser et mettre l'esprit en repos à tous nos confédérés. Je défendrai Morat. »

Pendant ce temps, le duc enveloppait la ville avec les ailes de son armée, commandées par le grand bâtard de Bourgogne et le comte de Romont. Le premier s'étendait sur la route d'Avenches

Bataille de Morat.

et d'Estavayer ; le second, sur le chemin d'Arberg ; le duc formait le centre, et, du superbe logis de bois qu'il s'était fait bâtir sur les hauteurs de Courgevaux, il pouvait presser ou ralentir leurs mouvements, comme un homme qui ouvre ou ferme les bras. La ville était donc libre d'un seul côté : c'était celui du lac, dont les flots venaient baigner ses murs, et sur la surface duquel glissaient silencieusement chaque nuit des barques chargées d'hommes, de secours et de munitions de guerre.

De l'autre côté de la Sarine, et sur les derrières du duc, les Suisses organisaient non seulement la défense, mais encore l'attaque. Les petites villes de Laupen et de Gumenen avaient été mises en état de résister à un coup de main ; et, protégée par elles, Berne s'était fait le point de réunion des confédérés.

Le duc vit bien qu'il n'y avait pas de temps à perdre ; il fit sommer la ville de se rendre, et, sur le refus de son commandant, le comte de Romont fit démasquer soixante-dix grosses bombardes qui, au bout de deux heures, avaient abattu un pan de mur assez large pour donner l'assaut. Les Bourguignons, voyant crouler la muraille, marchèrent en avant en criant : *Ville gagnée;* mais ils trouvèrent sur la brèche une seconde muraille plus difficile à abattre que la première, muraille vivante, muraille de fer, contre laquelle les onze mille hommes du comte de Romont revinrent cinq fois se briser dans l'espace de huit heures. Sept cents soldats périrent dans ce premier assaut, et le chef de l'artillerie fut tué d'un coup d'arquebuse.

Le duc de Bourgogne se retourna comme un sanglier blessé, et se rua sur Laupen et Gumenen. Le choc retentit jusqu'à Berne, qui fut un instant en grande crainte, se voyant menacée de si près ; elle envoya ses bannières avec six mille hommes au secours des deux villes : ce renfort arriva pour voir battre en retraite le duc Charles.

La colère du Bourguignon était à son comble. Assiégé lui-même en quelque sorte entre les trois villes qu'il assiégeait, il semblait un lion se débattant dans un triangle de feu ; personne n'osait lui donner conseil ; ses chefs, lorsqu'il les appelait, s'approchaient de lui en hésitant, et la nuit, ceux qui veillaient à la porte de sa tente l'entendaient avec terreur pousser des cris et briser ses armes.

Pendant dix jours, l'artillerie tonna sans interruption, trouant les remparts et ruinant la ville, sans lasser un instant la constance des habitants ; deux assauts, conduits par le duc lui-même, furent repoussés ; deux fois le Téméraire atteignit le sommet de la brèche, et deux fois il en redescendit. Adrien de Bubemberg était partout, et semblait avoir fait passer son âme dans chacun de ses soldats ; puis, lorsqu'il avait employé toute la journée à repousser les attaques furieuses de son ennemi, il écrivait le soir à ses alliés :

« Ne vous pressez point et soyez tranquilles, messieurs ; tant qu'il nous restera une goutte de sang dans les veines, nous défendrons Morat. »

Cependant, les cantons s'étaient mis en route et se réunissaient. Déjà les hommes de l'Oberland, de Brienne, de l'Argovie, d'Uri et de l'Entlebuch, étaient arrivés ; le comte Oswald de Thiestein les avait rejoints, amenant ceux du pays de l'archiduc Sigismond ; le comte Louis d'Eptingen était campé sous les murs de Berne avec le contingent que Strasbourg s'était engagée à fournir, et qu'elle envoyait en alliée de parole ; enfin, le duc René de Lorraine avait fait son entrée dans la ville, à la tête de trois cents chevaux, ayant près de son cheval un ours monstrueux, merveilleusement apprivoisé, et auquel il donnait sa main à lécher comme il aurait fait à un chien.

On n'attendait plus que ceux de Zurich ; ils arrivèrent le 21 juin au soir. Ils étaient accompagnés des hommes de Thurgovie, de Baden et des bailliages libres.

C'était plus que n'espéraient les confédérés ; aussi la ville de Berne fut illuminée, et l'on dressa des tables devant les portes des maisons en l'honneur des arrivants. On leur donna deux heures de repos ; puis, le soir, toute l'armée confédérée, pleine d'espoir et de courage, se mit en marche, chaque canton chantant sa chanson de guerre.

Le matin, elle entendit les matines à Gumenen ; puis elle

étendit son ordre de bataille sur le revers de la montagne opposé à celui où le duc avait placé ses logis.

Hans de Hallewyl commandait l'avant-garde. C'était un noble et brave chevalier de l'Argovie, que Berne avait reçu au rang de ses bourgeois, pour le récompenser des hauts faits d'armes qu'il avait accomplis dans les armées du roi de Bohême et dans la dernière guerre de Hongrie contre les Turcs. Il avait sous ses ordres les montagnards de l'Oberland, de l'Entlebuch, des anciennes ligues, et quatre-vingts volontaires de Fribourg qui, pour se reconnaître dans la mêlée, avaient coupé des branches de tilleul et les avaient mises en guise de panaches sur leurs casques et leurs chapeaux.

Après eux venaient, commandant le corps de bataille, Hans Waldman, de Zurich, et Guillaume Herter, capitaine des gens de Strasbourg, auquel on avait donné cette part de commandement pour honorer en son nom les fidèles alliés qu'il avait amenés au secours de la confédération. Ils avaient sous leurs ordres tous les cantons rangés autour de leurs bannières, dont chacune était spécialement défendue par quatre-vingts hommes choisis parmi les vaillants, et armés de cuirasses, de piques et de haches d'armes. Enfin, l'arrière-garde était conduite par Gaspard Herstenstein, de Lucerne. Mille hommes jetés de chaque côté, à mille pas, sur les flancs de cette armée, éclairaient sa marche dans les bois qui couvraient la pente du coteau qu'elle suivait en s'étendant de Gumenen à Laupen.

Toute l'armée des confédérés réunis pouvait être de trente à trente-quatre mille hommes. Le duc de Bourgogne commandait à peu près un pareil nombre de soldats; mais son camp paraissait beaucoup plus considérable, à cause de la quantité de marchands qu'il traînait à sa suite.

La veille, il y avait eu alerte parmi cette multitude : le bruit s'était répandu que les Suisses avaient passé la Sarine. Le duc l'avait appris avec une grande joie ; toute son armée s'était mise soudain en mouvement, et il avait marché jusqu'à la crête de la montagne au-devant de l'ennemi ; mais la pluie était survenue, et chacun était rentré dans ses quartiers.

Le lendemain, le duc fit exécuter la même manœuvre. Cette fois, il put apercevoir sur l'autre côté de la colline ses ennemis retranchés dans la forêt. Le ciel était sombre et la pluie épaisse. Les Suisses, qui armaient en ce moment des chevaliers, ne faisaient aucun mouvement. Le duc, après deux ou trois heures d'attente, crut que c'était encore une journée perdue, et se retira dans sa tente. De leur côté, ses généraux, voyant la poudre mouillée, les cordes des arcs détendues et les hommes pliant de fatigue, donnèrent le signal de la retraite. C'était le moment qu'attendaient les confédérés. A peine virent-ils le mouvement que faisait l'armée du duc, que Hans de Hallewyl cria à son avant-garde :

— A genoux, enfants, et faisons notre prière !

Chacun lui obéit. Ce mouvement fut imité par le corps d'armée et l'arrière-garde, et la voix de trente-quatre mille hommes priant pour leur liberté et la patrie monta vers Dieu.

En ce moment, soit hasard, soit protection céleste, le rideau de nuages tendu sur le ciel se déchira pour laisser passer un rayon de soleil, qui alla se réfléchir sur les armes de toute cette multitude agenouillée. Alors Hans de Hallewyl se leva, tira son épée, et, tournant la tête du côté d'où venait la lumière, il s'écria :

— Braves gens, Dieu nous envoie la clarté de son soleil ; pensez à vos femmes et à vos enfants !

Toute cette armée se leva d'un seul mouvement, en criant d'une même voix :

— Granson ! Granson !

Et, se mettant en marche, elle parvint en assez bon ordre sur la crête de la colline occupée un instant auparavant par les soldats du duc. Là, une troupe de chiens de montagne qui marchaient devant l'armée rencontra une troupe de chiens de chasse qui appartenaient aux chevaliers bourguignons, et, comme si ces animaux eussent partagé la haine de leurs maîtres, ils se jetèrent les uns sur les autres ; les chiens des confédérés, habitués à tenir tête aux taureaux et aux ours, n'eurent point de peine à vaincre leurs ennemis, qui prirent la fuite vers le camp ; cela fut regardé par les confédérés comme une chose de bon présage.

Les Suisses se divisèrent en deux troupes pour tenter deux attaques. Dès la veille, mille ou douze cents hommes avaient été détachés du corps d'armée, et, traversant la Sarine un peu au-dessus de sa jonction avec l'Aar, s'étaient avancés en vue du comte de Romont, qu'ils devaient inquiéter et empêcher par ce moyen de porter secours au duc Charles. Hallewyl, qui commandait une de ces troupes réunies à son avant-garde, et Waldman, qui commandait l'autre, combinèrent leurs mouvements de manière à attaquer tous les deux en même temps ; et, partant du même point, ils s'ouvrirent comme un V et allèrent attaquer, Hallewyl la droite, et Waldman la gauche du camp, défendu dans toute sa circonvallation par des fossés et des retranchements, dans l'embrasure desquels on apercevait les bouches noircies d'une multitude de bombardes et de grosses couleuvrines. Cette ligne resta muette et sombre jusqu'au moment où les confédérés se trouvèrent à demi-portée de canon. Alors une raie enflammée sembla faire une ceinture au camp, et de grands cris poussés par les Suisses annoncèrent que des messagers de mort avaient sillonné leurs rangs.

Ce fut surtout la troupe de Hallewyl qui souffrit le plus de cette première décharge. René de Lorraine et ses trois cents chevaux accoururent à son secours. Au même moment, une porte du camp s'ouvrit, et une troupe de cavaliers bourguignons sortit et fondit sur eux la lance en arrêt. Comme ils n'étaient plus qu'à quatre longueurs de lance les uns des autres, un boulet tua le cheval de René de Lorraine ; le cavalier démonté roula dans la boue ; on le crut mort. Ce fut Hallewyl à son tour qui lui vint en aide et qui le sauva. Waldman, de son côté, s'était avancé jusqu'au bord du fossé ; mais il avait été forcé de reculer devant le feu de l'artillerie bourguignonne : il alla reformer sa troupe derrière un monticule, et marcha de nouveau à l'ennemi.

Ce fut alors que l'on courut dire au duc Charles que les Suisses attaquaient. Il croyait si peu à une telle audace, que les premières décharges ne l'avaient point fait sortir de son logis ; il pensait que l'on continuait de tirer sur la ville.

Le messager le trouva dans sa chambre, à moitié désarmé, sans épée au côté, la tête et les mains nues. Il ne voulut pas croire d'abord à la nouvelle qu'on lui annonçait, et lorsque le messager lui eut dit qu'il avait vu les Suisses de ses propres yeux attaquer le camp, il s'emporta en paroles furieuses et le frappa du poing.

Au même instant, un chevalier entra avec une blessure au front et son armure tout ensanglantée. Il fallut bien que le duc se rendît à l'évidence : il mit vivement son casque et ses gantelets, sauta sur son cheval de bataille, qui était resté tout sellé, et, lorsqu'on lui eut fait observer qu'il ne prenait pas son épée, il montra la lourde masse de fer qui pendait à l'arçon de sa selle, en disant qu'une telle arme était tout ce qu'il fallait pour frapper sur de pareils animaux. A ces mots, il mit son cheval au galop, gagna le point le plus élevé du camp, et de là, se dressant sur ses arçons, il embrassa d'un coup d'œil tout le champ de bataille.

A peine eut-on reconnu, à la bannière ducale qui le suivait, le point où l'on pouvait le trouver, que le duc de Sommerset, capitaine des Anglais, et le comte de Marle, fils aîné du connétable de Saint-Pol, accoururent près de lui et lui demandèrent ce qu'il fallait qu'ils fissent.

— Ce que vous allez me voir faire, répondit le duc en poussant son cheval vers un endroit du camp qui venait d'être forcé.

C'était encore Hallewyl avec son avant-garde : repoussé d'un côté, il avait continué de tourner les retranchements ; trouvant enfin un point plus faible, il l'avait enfoncé, et, dirigeant aussitôt les canons de l'ennemi contre l'ennemi lui-même, il foudroyait presque à bout portant les Bourguignons avec leur propre artillerie. C'était donc vers ce point que se dirigeait le duc, et cette action avait lieu sur l'emplacement même où passe aujourd'hui la route de Fribourg.

Charles tomba comme la foudre au milieu de cette mêlée ; son arme était bien une arme de boucher, et tous ceux qu'il en frappait roulaient à ses pieds comme des taureaux sous une masse. Le combat venait donc de se rétablir avec quelque apparence de fortune pour le duc, lorsqu'il entendit à son extrême droite de grands cris et un grand tumulte. Herstestein et son arrière-garde, ayant continué le mouvement circulaire indiqué à l'armée suisse par son plan de bataille, étaient parvenus à tourner le camp et l'attaquaient à l'endroit où il se réunissait au lac. C'était le point que défendait le grand bâtard : il fit courageusement face à l'assaut ; et peut-être l'eût-il repoussé, si un grand désordre ne s'était mis parmi ses gens d'armes. Adrien Bubemberg était sorti de la ville avec deux mille hommes et venait de le prendre entre deux feux.

Cependant le duc Charles n'avait pu reprendre son artillerie, qui était aux mains des Suisses : chaque décharge lui enlevait des rangs entiers. Mais comme l'élite de ses troupes était avec lui, nul ne pensait à reculer. C'étaient les archers à cheval, les gens de son hôtel et les Anglais ; peut-être eussent-ils tenu ainsi longtemps, si le duc René, qui s'était remonté, ne fût venu, escorté des comtes d'Eptingen, de Tierstein et de Gruyère, se jeter avec ses trois cents chevaux au milieu de cette boucherie. Le duc de Sommerset et le comte de Marle tombèrent sous le premier choc.

C'était surtout à la bannière du duc qu'en voulait René, son ennemi mortel ; trois fois il poussa son cheval si près d'elle, qu'il n'avait qu'à étendre la main pour la saisir, et trois fois il trouva entre elle et lui un chevalier nouveau qu'il fallut abattre. Enfin, il parvint à joindre Jacques de Maës, qui la portait, tua son cheval, et, tandis que le cavalier était pris sous l'animal mourant, et que, au lieu de se défendre, il serrait contre sa poitrine la bannière de son maître, René parvint à trouver, avec son épée à deux mains, le défaut de son armure, et, se laissant peser de toute sa force sur la poignée, cloua son ennemi contre terre.

Pendant ce temps, un homme de sa suite, se glissant entre les jambes des chevaux, arrachait des mains de Jacques de Maës la bannière, que le loyal chevalier ne lâcha qu'en expirant.

Dès lors, ce fut, comme à Granson, non plus une retraite, mais une déroute ; car Waldman, vainqueur aussi sur le point qu'il avait attaqué, vint encore augmenter le désordre. Le duc Charles et ce qui lui restait de soldats étaient entourés de tous côtés ; le comte de Romont, inquiété par ceux qu'on avait détachés contre lui, ignorant d'ailleurs ce qui se passait sur ses derrières, ne pouvait venir le dégager. Il n'y avait donc plus qu'un espoir : faire une trouée à travers ce mur vivant, dont on ne pouvait calculer l'épaisseur, et, arrivé de l'autre côté, fuir à grandes courses de chevaux vers Lausanne. Seize chevaliers entourèrent leur duc, et, mettant leurs lances en arrêt, traversèrent avec lui l'armée confédérée dans toute sa profondeur. Quatre tombèrent en route : ce furent les sires de Grimberges, de Rosimbos, de Mailly et de Montaigu. Les douze qui demeurèrent en selle gagnèrent Morgues avec leur maître, faisant en deux heures une course de douze lieues.

C'était tout ce qui restait au Téméraire de sa riche et puissante armée.

Du moment où le duc cessa de résister, rien ne résista plus. Les confédérés parcoururent le champ de bataille, frappant tout ce qui était debout, achevant tout ce qui était tombé ; aucune grâce ne fut faite. On poursuivit avec des barques les Bourguignons qui tentaient de fuir par le lac ; l'eau était chargée de corps morts et rouge de sang, et pendant longtemps les pêcheurs, en tirant leurs filets, amenèrent des fragments d'armure et des tronçons d'épée.

Le camp du duc de Bourgogne, avec tout ce qu'il contenait, tomba au pouvoir des Suisses : le logis du duc, avec ses étoffes, ses fourrures, les armes précieuses qu'il renfermait, fut donné par les vainqueurs au duc René de Lorraine, comme un témoignage d'admiration pour son courage pendant cette journée.

Les confédérés se partagèrent l'artillerie ; chaque canton qui avait envoyé des combattants en obtint quelques pièces comme trophée de bataille. Morat en eut douze. Nous avons vu ce matin dans l'endroit où on les conserve, ces vieux souvenirs de cette grande défaite. Ces canons ne sont point coulés tout d'une pièce, comme tu as pu le remarquer, mais se composent d'anneaux, alternativement saillants et rentrants, soudés les uns aux autres, mode de fabrication qui devait leur ôter beaucoup de leur solidité.

En 1828 et 1829, Morat demanda des canons à Fribourg, afin de célébrer bruyamment la fête de la Confédération : cette demande ne fut point accueillie par la métropole du canton, je ne sais pour quelle cause. Les jeunes gens se rappelèrent les canons du duc Charles, et les tirèrent de l'arsenal où ils dormaient depuis quatre siècles ; il leur paraissait digne d'eux de célébrer l'anniversaire de leur nouveau pacte de liberté avec les trophées de la victoire qu'ils devaient à leur vieille fédération. Ils les traînèrent donc avec de grands cris sur l'esplanade que nous avons laissée à notre gauche en entrant dans la ville ; mais, aux premiers coups, une couleuvrine et une bombarde éclatèrent, et cinq ou six des jeunes gens qui servaient ces pièces furent tués ou blessés ; ce qui dégoûta pour jamais de les arracher encore à leur long mutisme.

XII.

Berne.

Tandis que j'étais encore sous le charme du récit de mon ami, j'avais vu s'avancer une sorte de calèche antique, que j'avais distraitement suivie du regard, à cause de sa forme tant soit peu bizarre. Grand fut donc mon étonnement de la voir s'arrêter auprès de nous et d'entendre Henri me dire :

— Montons vite, Gaston ; nous n'avons pas un instant à perdre.

— Je croyais que nous allions à pied, remarquai-je dès que j'eus pris place dans le véhicule.

— Je suis enchanté de voir que tu en avais pris ton parti aussi philosophiquement, répondit mon ami avec son aimable sourire ; mais je ne suis pas exigeant. Tu as droit à une mention honorable pour la façon dont tu as enlevé ta première course pédestre. Comme je tiens à t'en faire venir le goût, j'agis prudemment en évitant de te surmener.

— C'était donc une surprise que tu m'avais ménagée? dis-je en tendant la main à de Morlot, pour le remercier de cette aimable attention ; car, somme toute, je n'étais pas fâché de l'occasion.

Par extraordinaire, les bêtes qui nous entraînaient étaient

Tour de l'Horloge de Berne.

jeunes et pleines de feu. Aussi eûmes-nous rapidement franchi les vingt-six kilomètres qui nous séparaient de Berne.

Il était de bonne heure quand nous approchâmes de cette ville, la plus importante de l'Helvétie depuis qu'en 1849 elle est devenue le siège du pouvoir fédéral suisse, qui se désigne dans le pays sous le nom de *Vosort*.

— Ce n'est plus la Suisse française, c'est la Suisse allemande avec ses vilains grands noms si durs, me dit de Morlot, comme nous nous engagions sous une magnifique avenue qui conduit à la porte de Morat et dont l'abord grandiose me frappa.

Sur la remarque que j'en fis, de Morlot m'affirma que toutes les entrées de Berne ont ce même cachet de majesté, les unes grâce au dôme verdoyant de leurs arbres séculaires, comme celle que nous suivions, les autres grâce à leurs ponts suspendus.

— Quelle est donc cette rivière que je vois miroiter là-bas aux feux du couchant? demandai-je, en promenant un regard charmé sur l'ensemble pittoresque qui s'offrait à ma vue.

— C'est l'Aar, me fut-il répondu. Il contourne la ville au nord, à l'est et au sud, en lui donnant la forme d'une longue presqu'île surélevée de plus de cent pieds au-dessus du niveau de la rivière. Demain, tu te rendras mieux compte de l'étrange cachet d'originalité que cette disposition particulière a conservée à la ville.

Déjà notre rustique équipage roulait dans les rues de Berne, remarquables par leur extrême propreté et traversées dans toute leur longueur par des ruisseaux d'eau vive, coulant dans de petits canaux en pierre de taille. Presque toutes ces rues étaient à arcades cintrées, et leurs maisons en pierre grise d'une demi-teinte si douce, si fondue, colorées en rose par les nuages empourprés qui flottaient dans l'azur du ciel, me firent une impression des plus agréables.

Nous nous fîmes conduire à un hôtel situé près de la Tour de l'Horloge, et avant même d'avoir eu le loisir de procéder à la réparation de notre toilette, faite le matin à la lumière, de Morlot m'appelait à la fenêtre.

— Viens vite, me dit-il; huit heures vont sonner, et il est juste que les quatre évangélistes puissent te souhaiter la bienvenue.

Je le regardais sans comprendre; mais au même instant le coq perché au sommet de la tour sembla s'animer; il battit des ailes et jeta trois fois de suite son champêtre refrain à la brise. A cet appel, les quatre évangélistes en personne — je comprenais enfin ! — sortirent un à un de leur niche et vinrent à tour de rôle frapper un quart d'heure sur une cloche avec le marteau qu'ils tenaient à la main. Puis l'heure tinta. Au premier coup, une petite porte, placée au-dessous du cadran, s'ouvrit, et une procession étrange, composée d'ours dans les postures les plus grotesques, commença à défiler devant une figure assise qui élève et abaisse son sceptre pour marquer le nombre d'heures qu'un homme cuirassé frappe sur la cloche avec un marteau. Après avoir dessiné une demi-courbe, la tête du cortège rentrait par une porte parallèle qui se ferma en même temps que le dernier coup sonnait, sur le dernier personnage paru.

Mais nous étions attendus pour le thé, et nous nous hâtâmes de nous acheminer vers la demeure du docteur Haller. L'accueil fut très cordial, et nous passâmes une soirée charmante dans cette excellente famille, dont tous les membres à l'envi s'empressaient de nous faire honneur. Après avoir longtemps parlé du sujet qui amenait notre ami commun à Berne comme conférencier, on se mit à causer de la ville elle-même ; on m'en énuméra les curiosités et l'on me parla entre autres de cette fameuse Tour de l'Horloge que je venais d'admirer.

— Elle est fort ancienne, me dit le docteur Haller ; elle fut bâtie en 1491 pour la défense des murailles extérieures ; et maintenant, comme vous avez pu en juger, elle est presque au centre de la ville. Son horloge est un véritable chef-d'œuvre en son genre. Elle indique non seulement l'heure, mais le jour, la semaine, le mois, les phases de la lune et les signes du zodiaque.

Et comme je me récriais sur le merveilleux mécanisme qui mettait en mouvement des rouages si divers :

— C'est pourtant à un artiste presque ignoré du xve siècle,

Gaspard Brunner, qu'il est dû. Il est vrai que dans ce temps-là un artiste consacrait sa vie entière, s'il le fallait, à la réalisation d'une semblable conception. Dans notre siècle à la vapeur, la persévérance n'est plus une vertu, et l'on n'apprécie que l'objet de production facile, rapide et multiple.

— Quelle impression notre bonne ville vous laissera-t-elle? me demanda Mme Haller avec cette grâce simple et partant si séduisante qui caractérise les Suissesses de la classe intermédiaire, — car la noblesse féminine a parfois, on le sait, une morgue qui la dépare.

— Je serais bien embarrassé de la formuler en toute franchise, madame; ce n'est pas lorsqu'on est reçu comme je le suis ce soir que l'on peut oser dire....

— Que l'on est dans une cité d'ours, conclut le docteur en riant. Allons, ne vous en cachez pas; vous trouvez que nous avons trop d'ours.

— Eh bien! oui, répondis-je en riant à mon tour; depuis la porte de Morat gardée par deux ours gigantesques, mais superbes d'allure....

— Je le crois bien, ils sont dus au ciseau du sculpteur Atbarth!... remarqua Mme Haller.

— J'ai vu partout, continuai-je, foisonner sous mes pas ces intéressants quadrupèdes, et je me suis demandé ce qui leur avait valu les prédilections de vos compatriotes, madame.

— C'est toute une histoire que vous demandez là, répondit cette dame.

— Si tu disais une tradition, une légende, cela rendrait mieux l'idée, reprit son mari; car j'ignore si c'est vraiment de l'histoire. Ce qui est incontestable, c'est que l'ours, en allemand *bær*, est le véritable parrain de la cité et lui a donné son nom.

— Vous avez prononcé un mot qui exerce un attrait bien puissant sur mon esprit, docteur.

— Lequel? lequel?

— Celui de légende.

— Et vous avez envie que je vous la raconte? A votre aise ; voici le fait : Les chroniques et diverses inscriptions s'accordent à assigner à l'origine de notre ville l'année 1191, et attribuent sa fondation au duc de Zæhringen, Berthold V, dont les Etats comprenaient alors tout le pays situé en deçà du Jura et du lac de Genève jusqu'à la Reuss. Puissant autant que valeureux, Berthold était surtout redoutable à la noblesse, qu'il contenait dans le devoir, en réprimant avec sévérité les vexations et les abus qu'elle se permettait envers ses sujets. Odieux par cette raison aux comtes et aux barons, ceux-ci profitèrent d'une absence qu'il fit dans l'année 1189, pour susciter des troubles qui devaient leur fournir l'occasion de ressaisir avec impunité un pouvoir arbitraire. A son retour, le duc trouva la plus grande partie de la Suisse livrée au désordre et à la rébellion, ce qui l'obligea à lever des troupes et à marcher contre les séditieux. Il parvint aisément à les faire rentrer dans le devoir, et, ayant fait prisonniers plusieurs vassaux félons, il fit exécuter les plus coupables à Burgdorf, où il résidait habituellement. La noblesse factieuse fut ainsi réduite à l'obéissance ; mais sa haine envers un suzerain aussi sévère s'accrut de jour en jour et finit par un acte de vengeance atroce. La femme et les deux fils de Berthold furent désignés pour victimes, et périrent tous trois par le poison.

Justement irrité, le père, qui voyait sa race s'éteindre avec lui, songea au moyen d'écraser ses ennemis et conçut l'idée de fonder une ville nouvelle, à laquelle il accorderait des institutions et des privilèges qui devaient nécessairement exciter la jalousie et créer une animosité entre les habitants et la noblesse des environs. Il possédait alors un château de chasse, appelé la Nydeck, qui se trouvait sur l'emplacement où l'on a élevé depuis une église du même nom. La position de ce château sur une éminence entourée par l'Aar, en rendait l'approche difficile, en même temps qu'elle le rendait propre à protéger la ville qui s'élèverait sous ses murs. Ce fut le plateau de cette colline que Berthold choisit pour l'exécution de son projet, dont il chargea un de ses vassaux, Cunon de Bubenberg.

— Mais tout cela, c'est de l'histoire, remarqua Mme Haller, et monsieur t'avait demandé de la légende.

— J'y viens, j'y viens, répondit le digne homme en essuyant ses lunettes et les reposant méthodiquement sur son nez ; voici : A peine la cité de Berne fut-elle achevée, ceinte de murailles et fermée de portes, que Berthold V s'occupa de chercher un nom pour la ville qu'il venait de bâtir, avec la même sollicitude qu'une mère en cherche un pour l'enfant qu'elle caresse avec amour. Malheureusement, il paraît que l'imagination n'était pas la partie brillante de l'esprit du noble seigneur ; car, ne pouvant venir à bout de trouver ce qu'il cherchait, il rassembla dans un grand dîner toute la noblesse des environs. Le dîner dura trois jours, au bout desquels rien n'était encore arrêté pour le baptême de l'enfant, lorsqu'un des convives proposa, pour en finir, de faire le lendemain une grande chasse dans les montagnes environnantes, et de donner à la ville le nom du premier animal qu'on tuerait. Cette proposition fut reçue par acclamation.

Le lendemain, on se mit en route au point du jour. Au bout d'une heure de chasse, de grands cris de victoire se firent entendre ; les chasseurs coururent vers l'endroit d'où ils partaient : un archer du duc venait d'abattre un cerf.

Berthold parut très désappointé que l'adresse d'un de ses gens se fût exercée sur un animal de cette espèce. Il déclara, en conséquence, qu'il ne donnerait pas à sa bonne et forte ville de guerre le nom d'une bête qui était le symbole de la timidité. Le coup de l'archer fut donc déclaré nul et non avenu, et l'on se remit en chasse.

Vers le soir, les chasseurs rencontrèrent un ours. Vive Dieu ! c'était là une bête dont le nom ne pouvait compromettre ni l'honneur d'un homme ni celui d'une ville. Le malheureux animal fut tué sans miséricorde, et donna à la capitale naissante le baptême avec son sang. Aujourd'hui encore, une pierre élevée à un quart de lieue de Berne, près de la porte du cimetière de Muri-Stalden, constate l'authenticité de cette étymologie par une courte mais précise inscription. La voici en vieux allemand : *Erst Bœr hier fam* (1).

Depuis ce temps les ours devinrent les armes de la ville, et l'on résolut non seulement de placer leur effigie dans le blason, sur les fontaines, dans les horloges et sur les monuments, mais encore de s'en procurer de vivants, qui seraient logés et nourris aux frais des habitants. Ce n'était pas chose difficile : on n'avait qu'à étendre la main vers la montagne et à choisir. Deux jeunes oursons furent pris et amenés à Berne, où bientôt ils devinrent, par leur grâce et leur gentillesse, un objet d'idolâtrie pour les bourgeois de la ville.

Sur ces entrefaites, une vieille fille fort riche et qui, vers les dernières années de sa vie, avait manifesté pour ces aimables animaux une affection toute particulière, mourut, ne laissant d'autres héritiers que des parents éloignés. Son testament fut ouvert avec les formalités d'usage, en présence de tous les intéressés. Elle laissait 60,000 livres de rente aux ours, et 1,000 écus une fois donnés à l'hôpital de Berne, pour y fonder un lit en faveur des membres de sa famille. Les ayants droit attaquèrent le testament, sous prétexte de captation ; un avocat d'office fut nommé aux défendeurs, et comme c'était un homme d'un grand talent, l'innocence des malheureux quadrupèdes, que l'on voulait spolier de leur héritage, fut publiquement reconnue,

---

(1) C'est ici que le premier ours a été pris.

le testament déclaré bon et valable, et les légataires furent autorisés à entrer immédiatement en jouissance.

La chose était facile ; la fortune de la donatrice consistait en argent comptant. Les 1,200,000 fr. de capital qui la composaient furent versés au trésor de Berne, que le gouvernement déclara responsable de ce dépôt, avec charge d'en compter les intérêts aux fondés de pouvoir des héritiers, considérés comme mineurs. On devine qu'un grand changement s'opéra dans le train de maison de ces derniers. Leurs tuteurs eurent une voiture et un hôtel ; ils donnèrent en leur nom des dîners parfaitement servis et des bals du meilleur goût. Quant à eux personnellement, leur gardien prit le titre de valet de chambre, et ne les battit plus qu'avec un jonc à pomme d'or.

Malheureusement, rien n'est stable dans les choses humaines. Quelques générations d'ours avaient joui à peine de ce bien-être inconnu jusqu'alors à leur espèce, quand la Révolution française éclata. L'histoire de nos héros ne se trouve pas liée d'une manière assez intime à cette grande catastrophe pour que nous remontions ici à toutes ses causes, ou que nous la suivions dans tous ses résultats ; nous ne nous occuperons que des événements dans lesquels ils ont joué un rôle.

La Suisse était trop près de la France pour ne pas éprouver quelque atteinte du grand tremblement de terre dont le volcan révolutionnaire secouait le monde ; elle voulut résister cependant à cette lave militaire qui sillonna l'Europe. Le canton de Vaud se déclara indépendant ; Berne rassembla ses troupes : victorieuses d'abord dans la rencontre de Neueneck, elles furent vaincues dans les combats de Straubrunn et de Grauholz, et les vainqueurs, commandés par les généraux Brune et Schaunbourg, firent leur entrée dans la capitale. Trois jours après, le trésor bernois fit sa sortie. Onze mulets chargés d'or prirent la route de Paris ; deux d'entre eux portaient la fortune des malheureux ours, qui, tout modérés qu'ils étaient dans leur opinion, se trouvaient compris sur la liste des aristocrates et traités en conséquence. Il leur restait bien l'hôtel de leurs fondés de pouvoir, que les Français n'avaient pu emporter; mais ceux-ci justifiaient du titre de propriété, de sorte que ce dernier débris de leur splendeur passée fut entraîné dans le naufrage de leur fortune.

Un grand exemple de philosophie fut alors donné aux hommes par ces nobles animaux; ils se montrèrent aussi dignes dans le malheur qu'ils s'étaient montrés humbles dans la prospérité, et ils traversèrent, respectés de tous les partis, les cinq années de révolution qui agitèrent la Suisse, depuis 1798 jusqu'en 1803.

Cependant la Suisse avait abaissé ses montagnes sous la main de Bonaparte, comme l'Océan ses vagues à la voix de Dieu. Le premier consul l'en récompensa en proclamant l'acte de médiation, et les dix-neuf cantons respirèrent, abrités sous l'aile que la France étendait sur eux.

A peine Berne fut-elle tranquille, qu'elle s'empressa de réparer les pertes faites par ses citoyens. Alors ce fut à qui solliciterait un emploi du gouvernement, réclamerait une indemnité au trésor, demanderait une récompense à la nation. Ceux-là seuls qui avaient le plus de droit pour tout obtenir dédaignèrent toute démarche et attendirent, dans le silence du droit, que la république pensât à eux.

La république justifia sa devise sublime : *Un pour tous, tous pour un*. Une souscription fut ouverte en faveur des ours; elle produisit 60,000 fr. Avec cette somme, si modique en comparaison de celle qu'ils avaient possédée, le conseil de la ville acheta un lot de terre qui rapportait 2,000 livres de rente. Les malheureuses bêtes, après avoir été millionnaires, n'étaient plus qu'éligibles (1).

---

(1) Le droit d'éligibilité est fixé, à Berne, à 9 fr.

Encore cette petite fortune se trouva-t-elle bientôt réduite de moitié par un nouvel accident, mais qui était, cette fois, en dehors de toute commotion politique.

La fosse qu'habitaient les ours était autrefois enfermée dans la ville et touchait aux murs de la prison. Une nuit, un détenu condamné à mort, étant parvenu à se procurer un poinçon de fer, se mit à percer un trou dans la muraille ; après deux ou trois heures de travail, il crut entendre que, du côté opposé du mur, on travaillait aussi à quelque chose de pareil ; cela lui donna un nouveau courage. Il pensa qu'un malheureux prisonnier comme lui habitait un cachot contigu, et il espéra que, une fois réuni à lui, leur fuite commune deviendrait plus facile, le travail étant partagé. Cet espoir ne faisait que croître à mesure que la besogne avançait ; le travailleur caché opérait avec une énergie qui paraissait lui faire négliger toute précaution ; les pierres détachées par lui roulaient bruyamment ; son souffle se faisait entendre avec force. Le condamné n'en sentit que mieux la nécessité de redoubler d'efforts, puisque l'imprudence de son compagnon pouvait, d'un moment à l'autre, trahir leur évasion. Heureusement il restait peu de chose à faire pour que le mur fût mis à jour. Une grosse pierre seulement résistait encore à toutes ses attaques, lorsqu'il la vit tout à coup s'ébranler ; indépendamment de ses efforts, cinq minutes après elle roula du côté opposé. La fraîcheur de l'air extérieur pénétra jusqu'à lui ; il vit que ce secours inespéré qu'il avait reçu venait du dehors, et, ne voulant pas perdre de temps, il se mit en devoir de passer par l'étroite ouverture qui lui était offerte d'une manière si inattendue. A moitié chemin, il rencontra un des ours qui faisait, de son côté, tous ses efforts pour pénétrer dans ce cachot. Il avait entendu le bruit que faisait le détenu à l'intérieur de la prison ; et, par l'instinct de destruction naturel aux animaux, il s'était mis à le seconder de son mieux.

Le condamné se trouvait entre deux chances : être pendu ou dévoré ; la première était sûre, la seconde était probable. Il choisit la seconde, qui lui réussit. L'ours, intimidé par la puissance qu'exerce toujours l'homme, même sur l'animal le plus féroce, le laissa fuir sans lui faire de mal. Le lendemain, le geôlier, en entrant dans la prison, trouva une étrange substitution de personne : l'ours était couché sur la paille du prisonnier. Le geôlier s'enfuit sans prendre le temps de refermer la porte ; l'ours le suivit gravement, et, trouvant toutes les issues ouvertes, arriva jusqu'à la rue et s'achemina tranquillement vers la place du marché aux herbes.

On devine l'effet que produisit sur la foule marchande l'aspect de ce nouvel amateur. En un instant la place se trouva vide, et bientôt l'arrivant put choisir, parmi les fruits et les légumes étalés, ceux qui étaient le plus à sa convenance. Il ne s'en fit pas faute, et, au lieu d'employer son temps à regagner la montagne, où personne ne l'aurait probablement empêché d'arriver, il se mit à faire fête de son mieux aux poires et aux pommes, fruits pour lesquels, comme chacun sait, cet animal a une grande prédilection. Sa gourmandise le perdit.

Deux maréchaux, dont la boutique donnait sur la place, avisèrent un moyen de reconduire le fugitif à sa fosse. Ils firent chauffer presque rouges deux grandes tenailles, et, s'approchant de chaque côté du maraudeur, au moment où il était le plus absorbé par l'attention qu'il portait à son repas, ils le pincèrent vigoureusement chacun par une oreille. L'ours sentit du premier abord qu'il était pris ; aussi ne tenta-t-il aucune résistance et suivit-il humblement ses conducteurs, sans protester autrement que par quelques cris plaintifs contre l'illégalité des moyens qu'on avait employés pour opérer son arrestation.

Cependant, comme on pensa qu'un pareil accident pourrait se renouveler, et ne finirait peut-être pas une seconde fois d'une manière aussi pacifique, le conseil de Berne décréta qu'on transporterait les ours hors de la ville, et qu'on leur bâtirait deux fosses dans les remparts.

Ce sont ces deux fosses qu'ils habitent aujourd'hui, et dont la construction est venue réduire de moitié leur capital, car elle coûta 30,000 fr. ; et, pour se procurer cette somme, il fallut qu'ils laissassent prendre une inscription de première hypothèque sur leur propriété.

On juge si le récit du charmant conteur me réconcilia avec les ours de Berne, et je fis vœu, séance tenante, de ne point quitter la ville sans avoir été leur présenter mes hommages.

— Demain, père, il te faudra te charger toi-même de faire les honneurs de notre bonne ville à M. de Merville, dit Mme Haller, qui avait suivi avec plaisir sur ma physionomie l'expression de mon intérêt.

— J'y compte bien, répondit celui-ci, et nous déjeunerons ensemble, afin que s'il me revient à l'esprit quelque autre légende, je puisse en faire bénéficier notre jeune ami.

— Comme, par exemple, celle de l'auberge qui a pour enseigne une botte, remarqua en riant le fils aîné du docteur.

— Ah! oui, je vous montrerai l'auberge demain. Quant à la tradition, la voici. Votre Henri IV avait envoyé, en 1602, Bassompierre à Berne, en qualité d'ambassadeur près des treize cantons, pour renouveler avec eux l'alliance déjà jurée en 1582 entre Henri III et la fédération. Bassompierre, par la franchise de son caractère et la loyauté de ses relations, réussit à aplanir les difficultés de cette négociation et à faire des Suisses des alliés et des amis fidèles de la France. Au moment de son départ, et comme il venait de monter à cheval à la porte de l'auberge, il vit s'avancer de son côté les treize députés des treize cantons, tenant chacun un énorme widercome à la main, et venant lui offrir le coup de l'étrier. Arrivés près de lui, ils l'entourèrent, levèrent ensemble les treize coupes qui contenaient chacune la valeur d'une bouteille, et, portant unanimement un toast à la France, ils avalèrent la liqueur d'un seul trait. Bassompierre, étourdi d'une telle politesse, ne vit qu'un moyen de la leur rendre. Il appela son domestique, lui fit mettre pied à terre, lui ordonna de tirer sa botte, la prit par l'éperon, fit vider treize bouteilles de vin dans ce vase improvisé ; puis, la levant à son tour pour rendre le toast qu'il venait de recevoir : « Aux treize cantons ! » fit-il. Et il avala les treize bouteilles.

— Ce coup de vaillance dut émerveiller les députés ? remarquai-je en riant.

— Oui. Les Suisses trouvèrent que la France était dignement représentée !

Nous nous séparâmes sur cette anecdote, car il était tard, et nous devions le lendemain nous réunir de bonne heure pour visiter la ville, tandis que de Morlot ferait quelques visites relatives à la cause qu'il venait d'embrasser et qu'il servait avec l'ardeur de sa nature généreuse et désintéressée.

XIII.

Berne *(Suite)*.

Les rayons d'un splendide soleil d'été m'éveillèrent le lendemain en venant se jouer à ma fenêtre. Je m'élançai de mon lit, et, ouvrant à ces aimables visiteurs, je donnai un coup d'œil à la scène animée que j'étais à même de contempler de mon balcon. C'était un dimanche ; une foule joyeuse, quoique recueillie, se pressait dans les rues. On m'avait, chez le docteur, prêté un ouvrage charmant dans lequel, avant de m'endormir la veille au soir, j'avais lu la description suivante d'une foule bernoise il y a quelque cinquante ans :

« Une des choses qui m'avaient le plus désappointé en Suisse était l'envahissement de nos modes, non seulement dans les hautes classes de la société, les premières toujours à abandonner les mœurs de leurs ancêtres, mais encore parmi le peuple, conservateur plus religieux des traditions paternelles. Je me trouvai certes bien dédommagé de ma longue attente par le hasard qui réunissait sous mes yeux, et dans toute leur coquetterie, les plus jolies paysannes des cantons voisins. C'était la Vaudoise aux cheveux courts, abritant ses joues roses sous son large chapeau de paille pointu ; la femme de Fribourg, qui tourne trois fois autour de sa tête nue les nattes de ses cheveux dont elle forme sa seule coiffure ; la Valaisane, qui vient par le mont Gemmi, avec son chignon de marquise et son petit chapeau bordé de velours noir, d'où pend jusque sur son épaule un large ruban brodé d'or. Enfin, au milieu est la plus gracieuse de toutes, la Bernoise elle-même, avec sa petite calotte de paille jaune, chargée de fleurs comme une corbeille, posée coquettement sur le côté de la tête, et d'où s'échappent par derrière deux longues tresses de cheveux blonds ; son nœud de velours noir au cou, sa chemise aux larges manches plissées et son corsage brodé d'argent. »

Hélas ! dans toutes ces demoiselles plus ou moins élégamment parées, au milieu de ces jupes à traîne balayant le trottoir, sous ces voilettes blanches, noires ou mouchetées, je cherchai vainement et la Valaisane et la Vaudoise. Quant à la Bernoise, j'avais toute liberté de supposer que je l'avais sous les yeux, mais il ne restait plus que les longues tresses de cheveux blonds — rares encore, car elles étaient relevées à la mode de Paris — pour rappeler les types des grand'mères qui faisaient l'ornement de Berne au commencement du siècle.

Néanmoins, comme j'entrais dans la voie d'une philosophie chagrine, mon attention fut attirée par des *aoh!* admiratifs. C'était une famille anglaise qui les exhalait en chœur, groupée qu'elle était devant une fontaine que je n'avais point encore remarquée. On y voyait une figure grotesque — un Saturne, peut-être — sur le point d'avaler un enfant, tandis que d'autres marmots, voués au même sort, lançaient au ciel des regards piteux, en s'évertuant à sortir de ses poches ou de sa ceinture, où il les a placés en réserve.

— Quel est donc ce Croquemitaine? demandai-je à Henri, qui entrait en sifflotant le *ranz des vaches*, l'air national de la Suisse.

— C'est ce que je viens de demander moi-même. On m'a répondu que c'était le *Kindlifresser*, ce que je traduirais volontiers par l'ogre ou le mangeur d'enfants. Mais viens, nous n'avons pas de temps à perdre; le docteur Haller nous attend en bas.

Je n'aurais voulu pour rien au monde faire attendre notre hôte aimable de la veille, devenu mon guide d'aujourd'hui, et je m'empressai de descendre. A peine eûmes-nous fait cinquante pas, qu'il me dit :

— Pas si vite, pas si vite, monsieur de Merville, donnez un regard à ce monument, et je verrai tout de suite si vous êtes devenu un amateur de notre genre de décoration.

C'était devant le grenier à blé que je recevais ce rappel à l'ordre. Ce bâtiment, où se faisait jadis la vente des céréales, est aujourd'hui affecté au musée des arts et métiers et à l'administration des Ambulances fédérales. Il présente en effet un fronton digne d'intérêt, sur lequel sont sculptés deux ours soutenant les armes de la ville comme deux licornes un blason féodal; de plus, l'un d'eux verse avec une corne d'abondance les trésors du commerce à un groupe de jeunes filles qui s'empressent de les recueillir; tandis que l'autre tend gracieusement et en signe d'alliance la patte à un guerrier vêtu en Romain du temps de Louis XV.

Tandis que j'admirais ce naïf échantillon de sculpture qui ne manque pas d'une certaine valeur intrinsèque, le docteur me disait :

— Avez-vous visité les caves de Champagne? Il y a ici de quoi rivaliser avec les plus riches. Si nous n'avions des projets qui contrecarrent toute idée de visite complète des curiosités de Berne, je vous engagerais à descendre cet escalier qui s'ouvre là-bas ; nous visiterions la grande cave qui renferme des foudres d'une capacité énorme.

Et comme j'écoutais d'un air très froid, il ajouta en s'échauffant :

— Savez-vous qu'il y en a un qui ne contient pas moins de 46,500 litres? Décidément, je vois que même ce chiffre, raisonnable pourtant, ne vous dit rien. Et ce fronton?

Cathédrale de Berne.

— Vous savez, docteur, que vous m'avez réconcilié avec les ours, répondis-je. Je suis disposé à les trouver bien partout.

— Alors, regardez par ici, fit-il sur le même ton enjoué.

Et nous fîmes halte devant une fontaine surmontée d'un ours, portant une bannière à la main, couvert d'une armure de chevalier, et ayant à ses pieds un ourson vêtu en page, marchant sur ses pattes de derrière, et mangeant une grappe de raisin à l'aide de ses pattes de devant.

— Il faut convenir que vous les avez mis à toutes les sauces.

— Je ne regrette qu'une chose : c'est que nous soyons en été ; autrement, j'aurais peut-être pu vous en faire goûter, dont vous eussiez gardé encore un meilleur souvenir.

— Goûter ? Est-ce que vous en mangeriez, par hasard ? Et de quelle manière ?

— En bifteck, mon cher, et des meilleurs !

— Vous me surprenez.

— Et pourquoi donc ? L'ours de nos régions est un herbivore très friand et à même, par conséquent, de se faire une chair tendre et succulente. C'est un régal pour nous, lorsque quelquefois, en hiver, un de ces animaux se laisse surprendre par le coup de fusil de nos adroits chasseurs. Mais nous voici à la cathédrale. Ce n'est pas l'heure de l'office divin ; nous avons le temps d'admirer. Faisons-en le tour, afin que vous puissiez vous faire une idée d'ensemble de son style gothique assez remarquable, comme vous voyez. Pendant ce temps, je vous en retracerai rapidement l'historique.

Elle fut construite de 1421 à 1661, sur l'emplacement d'une antique église en bois dédiée à saint Vincent.

Ce fut donc en 1421 que l'édifice fut commencé sur les plans de Mathias OEsinger — un des architectes du Münster de Strasbourg par parenthèse — qui avaient obtenu la préférence sur ceux de son compétiteur. Ce dernier dissimula le ressentiment qu'il éprouvait de cette humiliation, et, comme le bâtiment était déjà parvenu à une certaine hauteur, il demanda un jour à Mathias la permission de l'accompagner sur la plate-forme. Mathias, sans défiance, lui accorda cette demande avec une facilité qui faisait plus d'honneur à son amour-propre qu'à sa prudence, passa le premier, et commença à lui montrer dans tous leurs détails les travaux que son rival avait eu un instant l'espoir de diriger.

Celui-ci se répandit en éloges pompeux sur le talent de son confrère, qui, jaloux de lui prouver combien il les méritait, l'invita à le suivre dans les autres parties du monument, et lui montra le chemin le plus court en s'aventurant à soixante pieds du sol sur une planche portant par ses deux extrémités sur deux murs en retour et formant angle. Au même instant on entendit un grand cri : le malheureux architecte avait été précipité.

Nul ne fut témoin du malheur de Mathias, si ce n'est son rival. Celui-ci raconta que le poids du corps avait fait tourner la planche, mal d'aplomb sur deux murs qui n'étaient pas de niveau, et qu'il avait eu la douleur de voir tomber Mathias sans pouvoir lui porter secours. Huit jours après, il obtenait la survivance du défunt, auquel il fit élever à la place même de sa chute une magnifique statue, ce qui lui acquit dans toute la ville de Berne une grande réputation de modestie.

— Presque toutes ces vieilles cathédrales ont leur légende sombre et sanglante, remarquai-je, en me rappelant celles de Cologne, de Strasbourg et d'autres villes.

— Oui, car le droit d'attacher son nom à ces admirables monuments de la foi de nos pères était un honneur extrêmement envié, aussi envié qu'il était rare. Voyez, du reste, malgré la restauration faite en 1850, comme l'édifice offre bien, dans ses formes imposantes et surtout dans son ornementation, tous les caractères du gothique fleuri ou flamboyant de la fin du XVe siècle. Remarquez la hardiesse de ces ogives et cette multitude d'aiguilles de toutes formes qui couronnent les arcs-boutants et les piliers ; regardez ces clochetons : sont-ils assez légers, assez gracieux ! Et cette double galerie qui règne autour des combles, je vous la recommande.

En effet, la balustrade de pierre ajourée mérite un examen

attentif, car elle change de dessin à chaque arc-boutant.

Nous étions arrivés devant le grand portail, dont les sulptures sont vraiment admirables et datent de 1480. Elles sont attribuées à un artiste westphalien, Ehrard Küng ou Konig. Ce portail offre trois entrées, dont la principale est extérieurement fermée par une grille en fer décorée de nombreux écussons aux armes des familles bernoises. C'est au-dessus de ce portail que s'élève la tour inachevée, haute de 72 mètres et qui devait, paraît-il, en avoir le double de hauteur. Dans les deux tourelles à jour dont elle est flanquée, se trouvent les escaliers qui conduisent par 251 marches à l'habitation du guet, sur une galerie ; car il y a encore, nuit et jour, sur cette tour, un guet chargé de sonner les heures et de donner l'alarme en cas d'incendie, vieille coutume disparue en France, mais que l'Allemagne et la Suisse ont conservée, ainsi que les veilleurs de nuit et leur cri guttural : « Habitants, dormez en paix. »

J'aurais eu la fantaisie de monter sur ce poste élevé, car on y découvre, je le crois sans peine, une vue admirable, si le docteur ne m'eût dit que nous déjeunerions dans un endroit où nous jouirions d'un coup d'œil qui ne me laisserait rien à désirer. Comme je lui racontais l'impression que j'avais éprouvée à Lausanne en me trouvant saisi par les ondes sonores de la grosse cloche, le docteur me répondit :

— Que deviendriez-vous donc ici ? Nous avons neuf cloches, dont un bourdon qui date de 1611 et pèse 203 quintaux. C'est le plus énorme de la Suisse, et il ne faut pas moins de huit hommes pour le mettre en branle.

Nous fîmes encore quelques pas pour gagner le portail occidental, dont les sculptures sont vraiment de toute beauté. La partie supérieure représente le jugement dernier, tandis que les côtés sont occupés à droite par les apôtres et les prophètes, à gauche par les vierges folles et les vierges sages.

Après avoir longuement admiré l'extérieur de l'édifice, nous pénétrâmes à l'intérieur. Le docteur Haller me fit remarquer le long des murs dix plaques de marbre sur lesquelles sont gravés les noms des 18 officiers et des 683 soldats qui périrent pour la défense de la ville contre les Français en 1798. De chaque côté du chœur, séparé des nefs latérales par un mur, se dresse un mausolée. Le premier, à droite, est celui de Berthold V, le fondateur de la cité. On y lit une longue inscription latine pour célébrer sa mémoire. L'autre est celui de l'avoyer (1) Steiger, que la Révolution chassa de son poste. Sur un des pilastres du chœur, je remarquai les mêmes armes que sur le tombeau de Berthold V, et j'en conclus que c'étaient les armes des Zæhringen ; mais à côté, je vis une statue antique dont le piédestal repose sur deux frêles colonnes. L'inscription en lettres gothiques, que j'eus beaucoup de peine à déchiffrer, piqua ma curiosité. Je m'adressai au docteur pour la satisfaire.

— *Mach's na*, « imite-le », me dit-il. C'était la devise de l'architecte dont vous voyez ici la statue, et qu'il vous est loisible de prendre pour Mathias OEsinger, car ce fut un de ceux de la cathédrale. Mais venez me donner votre avis sur ces vitraux !

Je regardai longtemps cette composition naïve qui remonte à la fin du xv° siècle et dont j'ai gardé le souvenir, car je n'ai jamais contemplé sa pareille. On y voit le pape versant avec une pelle les quatre évangélistes dans un moulin duquel s'échappent une multitude d'hosties qu'un évêque reçoit dans une coupe surmontée d'un christ, tandis que le peuple, à genoux, semble tout ébahi du miracle.

---

(1) En allemand *vogt*, magistrat impérial chargé au moyen-âge de gouverner les cantons suisses. Ce nom est resté au premier magistrat de quelques villes, comme Lucerne. C'est encore aujourd'hui celui du président du conseil exécutif de Berne.

— Voici ce que nous appelons le moulin des hosties, me dit M. Haller avec son adorable bonhomie. Convenez que c'est d'une naïveté....

— Dont rien n'approche ! ne pus-je m'empêcher de m'écrier.

Il me regarda d'un air surpris. Je n'insistai pas, et je me promis de prodiguer mon admiration au prochain objet qu'il m'indiquerait comme en étant digne. Cela se trouva être les orgues, dont il me détailla les beautés. On y compte 66 registres et 3,294 tuyaux. Je regrettai que, comme à Lausanne, l'heure à laquelle ont lieu les concerts quotidiens me privât du plaisir d'y assister.

En sortant de la cathédrale, nous examinâmes la belle statue équestre de Rodolphe d'Erlach, qui la décore depuis 1829. Ce Rodolphe fut l'heureux vainqueur de Laupen (1) où, en 1339, il remporta une victoire décisive sur le comte de Nydau, général de l'empereur d'Autriche Albert Ier.

— Il n'eut tout de même pas un sort digne d'envie, remarqua le docteur. Trente ans après, il mourait assassiné par son gendre, Jost de Rudens.

— Ce qui n'empêche pas qu'il n'ait laissé une lignée digne de lui. Le nom d'Erlach est un des beaux noms de la Suisse

— C'est un de ses descendants qui fut chargé de la défense de Berne lors de l'invasion française, et il ne fut vaincu que par le nombre. Comme son ancêtre, il mourut assassiné, mais par ses soldats, qui se vengèrent sur lui de la capitulation forcée de Berne.

— Et toujours les indispensables ours, m'écriai-je en regardant les quatre ours de bronze qui complètent la décoration de ce monument, dû tout entier au sculpteur bernois Volmar.

Le docteur regarda sa montre.

---

(1) Laupen, petit village de Suisse à 18 kilomètres de Berne, au confluent de la Sarine et de la Singine.

— Il n'est point encore temps de rejoindre ces dames, dit-il; nous avons le loisir de visiter le musée, qui s'ouvrira devant nous malgré l'heure matinale.

Chemin faisant, nous passâmes devant le palais fédéral, monument byzantin de date récente (1857); ce qui amena le docteur à me dire deux mots du Grand Conseil et de son fonctionnement.

Le Grand Conseil est nommé pour quatre ans et renouvelé intégralement. Il peut être renouvelé extraordinairement, si la majorité des citoyens le décide : si huit mille citoyens en font la demande, cette question est soumise au peuple. La présence de quatre-vingts membres est nécessaire pour toute délibération et décision du Grand Conseil.

Celui-ci nomme un conseil d'État de neuf membres sachant les deux langues et il en élit le président. Il nomme les préfets de district sur une double présentation faite par les assemblées de district et par le Conseil exécutif. Il nomme pour huit ans un tribunal d'appel de quinze membres, renouvelés par moitié tous les quatre ans. Le jury est établi pour toutes les affaires criminelles, politiques ou de presse. Si le Grand Conseil le propose, ou si huit mille citoyens le demandent, le peuple est appelé à décider si la Constitution sera révisée, et si la révision aura lieu par une Constituante ou par le Grand Conseil.

Tel est le sommaire des renseignements que je consignai sur mon carnet de voyage. J'y lis aussi que la grande cour du palais fédéral renferme une jolie statue en bronze de la ville de Berne; mais comme je ne vois pas figurer d'ours dans la décoration de ce monument, je me demande si c'est omission de ma part ou de la part du sculpteur bernois, M. Christen.

— Voulez-vous donner un coup d'œil au musée d'antiquités d'abord ou au musée des beaux-arts? me demanda mon aimable guide.

— Au musée d'antiquités, répondis-je avec empressement.

— Vous avez raison, me dit-il ; vous autres Parisiens, qui avez la primeur de ce que le monde artistique offre de plus séduisant et de plus parfait, devez donner la préférence à ce que vous ne pouvez toujours avoir.

Et, en effet, il fit passer devant mes yeux des antiquités suisses des temps préhistoriques, des âges de pierre, de bronze et de fer, des habitations lacustres et des cavernes ; puis des antiquités romaines, vases de Nola et de Pompéi, mosaïques, etc. ; des antiquités du moyen-âge suisse et des pays étrangers, un splendide médailler, etc.

Enfin, nous vîmes une collection complète d'armes anciennes, offensives et défensives, les trônes des avoyers de Berne, les glaives des bourreaux, et des dépouilles prises par les confédérés à Charles le Téméraire dans les batailles de Granson et de Morat, tapisseries bourguignonnes, tentures, vêtements, prie-Dieu, entre autres l'autel de campagne du duc, décoré de sculptures avec des ornements d'or, etc.

Après tout ce que de Morlot m'avait raconté de cette grande épopée suisse, cette visite au musée de Berne m'offrait un double intérêt, on le conçoit.

De là, nous gagnâmes le musée d'histoire naturelle, où le docteur voulait me faire admirer la collection paléontologique qui renferme des pétrifications extrêmement rares. J'y remarquai le squelette de l'ours des cavernes et du cerf irlandais, dont les bois sont vraiment gigantesques, puis un chamois à trois cornes, et enfin la dépouille de *Barry*, ce noble chien du Saint-Bernard qui fut tué dans l'exercice de ses fonctions de sauveteur par un voyageur effrayé, après avoir arraché au linceul de neige de ses montagnes plus de trente personnes.

— Hélas ! ces chiens ne font-ils pas honte à notre pauvre humanité ! me disais-je, en comparant, par un retour involontaire, les résultats de la vie de ce chien avec les résultats de la mienne.

Bien entendu, cela se passait *in petto*. Ces bons mouvements de l'âme ne doivent jamais avoir de témoins.

Après avoir passé la revue sommaire de deux mille oiseaux, j'examinais avec le plus vif intérêt la collection de la faune helvétique, où figuraient cinq cents espèces de mammifères, sans compter les poissons et les reptiles, lorsque le docteur s'écria :

— Oh! monsieur de Merville, j'ai mangé la consigne! On doit nous attendre depuis un quart d'heure !

Cette perspective me consterna comme lui.

Nous nous hâtâmes donc de nous acheminer vers une porte située dans le bas de la ville, afin de gagner l'Altenberg, jolie colline chargée de délicieuses villas et de vignes, qui s'élève de l'autre côté de l'Aar, un peu au-dessus du niveau de la ville. Nous traversâmes l'Aar sur un petit pont suspendu, le pont de l'Altenberg, et nous arrivâmes à un restaurant situé dans une position ravissante où nous retrouvâmes la famille Haller et Henri de Morlot, arrivés les premiers au rendez-vous. Comme je m'excusais auprès de Mme Haller d'avoir retenu son mari, elle me dit avec sa grâce habituelle :

— Votre retard m'a enchantée, monsieur ; il m'a prouvé que notre chère ville avait trouvé le moyen de vous intéresser. Or, vous le savez, je suis Bernoise ; admirer ma ville natale est me faire le compliment le plus flatteur, me causer le plus sensible plaisir.

Cette simple profession de foi fut si gentiment proférée, avait un tel accent de sincérité, que j'en fus touché.

Presque tous les Suisses ont au cœur cet amour inné, profond, de la patrie. Celle-ci est pour eux l'incarnation de tout ce qu'il y a de plus doux et de plus cher au monde; présent, passé et avenir, et les souvenirs et les espérances, et les jouissances de l'art et de la nature, et les joies de la famille, tout s'y résume. Il peut y avoir ailleurs plus beau, plus grand, meilleur peut-être !... Ils le savent, mais qu'importe ! ce n'est pas la patrie !

Le déjeuner se passa gaiement. La vue dont nous jouissions était admirable. Après le déjeuner, nous nous engageâmes à la suite de la foule sur la promenade de l'Enge, qui occupe une presqu'île formée par l'Aar et plantée d'arbres séculaires dont l'ombrage est de toute beauté. Après une heure de marche, que le charme du site et l'aimable compagnie dans laquelle je me trouvais me firent trouver trop courte, nous arrivâmes au Reichenbach, château de la famille d'Erlach. Et tandis que nous savourions d'excellente bière, le docteur me parla ainsi :

— C'est là que le vieux Rodolphe d'Erlach se reposait de ses travaux guerriers et passait les derniers jours d'une vie si utile à sa patrie et si honorée de ses concitoyens. Un jour, son gendre Rudenz vint le voir, comme il avait l'habitude de le faire ; une discussion s'engagea entre le vieillard et le jeune homme sur la dot que le premier devait payer au second. Tout à coup, Rudenz s'emporte, saisit à la cheminée l'épée du vainqueur de Laupen, frappe le vieillard, qui expire sur le coup, et se sauve. Mais les deux chiens de Rodolphe, qui étaient à l'attache de chaque côté de la porte, brisent leur chaîne, poursuivent le fugitif et reviennent deux heures après couverts de sang. Quant à Rudenz, nul ne le revit jamais !

— C'est ainsi que chez nous, remarqua Mme Haller, il s'ajoute à tout souvenir historique une tradition poétique qui l'idéalise et la grave à jamais dans nos mémoires fidèles.

— Si nous revenions à Berne par Bremgarten, dont vous apercevez là-bas le château, je vous montrerais l'église qui renferme le tombeau de cette noble victime du sort. Mais, monsieur de Morlot, votre conférence étant pour sept heures, il ne faudrait pas nous mettre en retard, car vous savez combien je tiens à y assister, ne fût-ce que pour réfuter la théorie nouvelle que vous apportez dans nos murs.

— Ou pour y adhérer, si M. de Morlot arrive à te convaincre, père, riposta un des fils du docteur, qui était déjà plus d'à moitié gagné.

— Regagnons la ville par la Matte (1). Nous monterons à la Terrasse par l'escalier de 185 marches qui y conduit, et de là nous jouirons d'une vue qui, je ne crains pas de le dire, a une réputation européenne.

Ce qui fut dit fut fait. Deux heures après nous étions installés sur cette magnifique plate-forme, et nous savourions des glaces délicieuses. Il valait vraiment la peine de s'être essoufflé pour contempler ce coup d'œil grandiose et incomparable. A nos pieds s'étendaient comme un tapis bariolé les toits des maisons de la basse ville au milieu desquelles serpente l'Aar, rivière capricieuse et rapide, dont les eaux bleues prennent leur source dans les glaces du Finster-Aarhorn, et qui enceint de tous côtés Berne, ce vaste château fort dont les montagnes environnantes sont les ouvrages avancés.

Au second plan s'élève le Gürthen, colline de trois ou quatre mille pieds de haut, et qui sert de passage à la vue pour arriver à la grande chaîne de glaciers qui ferme l'horizon comme un mur de diamants, espèce de ceinture resplendissante, au delà de laquelle il semble que doit exister le monde des *Mille et une Nuits*.

Parmi les cimes on me signala le Witterhorn, le Schreckhorn, le Finster-Aarhorn, les Viescherhœrner, l'Eiger, le Mœnch, la Jungfrau, le Breithorn, le Fschingelhorn, le Gespaltenhorn, la Blümlisalp jusqu'au Wildstrubel.

Je n'avais réellement pas besoin de faire appel à mon désir d'être agréable à Mme Haller pour admirer de tout mon cœur ; et au contact de ces beautés naturelles, mon âme engourdie se reprenait à vivre.

---

(1) La basse ville porte ce nom de *la Matte,* la prairie.

— Avez-vous remarqué la statue qui est au centre de la plate-forme? me demanda Mme Haller, C'est celle du fondateur de la ville, Berthold V, duc de Zæhringen.

— Et les bas-reliefs ? Voyez, ils représentent des scènes de la fondation de Berne, dit un des jeunes gens.

— Vous n'avez pas montré à monsieur l'inscription allemande encastrée dans le parapet, interrompit une des fillettes. Elle est pourtant bien intéressante. Venez la voir, monsieur.

Et la jolie fillette aux grands yeux bleus vint me prendre par la main.

— Regardez comme c'est haut, me dit-elle en me contraignant doucement à me pencher. Papa dit qu'il y a cent huit pieds. Eh bien ! un jour, un cheval fougueux, que maîtrisait mal un jeune étudiant, arriva au galop sur la Terrasse ; il prit peur et sauta avant que son cavalier eût seulement songé à l'en empêcher. Le cheval se tua sur le coup ; mais ce qui est presque miraculeux, c'est que le jeune homme, quoique blessé grièvement, n'en est pas mort. Et voilà pourquoi on a mis cette inscription.

Et la blonde fillette se mit à me la traduire :

« Cette pierre fut érigée en l'honneur de la toute-puissance de Dieu, et pour en transmettre le souvenir à la postérité. — D'ici le sieur Théobald Veinzœpfli, le 25 mai 1654, sauta en bas avec son cheval. Après cet accident, il desservit trente ans l'église en qualité de pasteur, et mourut très vieux et en odeur de sainteté le 25 novembre 1694. »

— C'est une leçon qui a dû servir aux imprudents, remarquai-je.

— Oh ! non, me répondit l'enfant. Une pauvre femme, condamnée aux galères, a, depuis, tenté le même saut pour échapper aux soldats qui la poursuivaient ; mais, moins heureuse que Veinzœpfli, elle se brisa sur le pavé. Et il n'y a pas bien longtemps, en 1878, un barbier, nommé Jenny — il est vrai qu'il n'était pas très sain d'esprit, papa l'avait quitté à cause de cela — se précipita d'ici même. Heureusement, c'était en hiver ; une épaisse couche de neige amortit le coup. Il se démit le pied seulement, puis s'en alla à cloche-pied déjeuner au cabaret voisin. On en a assez parlé, je vous assure.

— Je le crois, répondis-je en regagnant ma place. A propos, docteur, quelle est donc cette tour avec une immense statue devant laquelle nous avons passé ce matin ?

— C'est la tour de Goliath, ainsi nommée parce qu'elle sert de niche à une statue colossale de saint Christophe.

— Vous dites ? m'écriai-je avec surprise.

— Je dis ce que je dis ; mais, comme je m'explique que cette dénomination ne vous paraisse pas beaucoup plus conséquente qu'elle ne le paraît en général à bien d'autres, je vais vous démontrer quelle analogie exista entre le guerrier philistin et le pacifique Israélite.

Vers la fin du XV⁰ siècle, un riche et religieux seigneur fit don à la cathédrale de Berne d'une somme considérable qui devait être employée à l'achat de vases sacrés. Cette disposition testamentaire s'exécuta religieusement, et un magnifique saint sacrement fut acheté et renfermé dans le tabernacle. Possesseurs de cette nouvelle richesse, les desservants de l'église pensèrent aussitôt au moyen de la mettre à l'abri de tout accident. On ne pouvait placer une garde humaine dans le sanctuaire ; on chercha parmi la milice céleste quel était le saint qui donnait le plus de garantie de vigilance et de dévouement. Saint Christophe, qui avait porté Notre-Seigneur sur ses épaules, et dont la taille gigantesque constatait la force, obtint, après une légère discussion, la préférence sur saint Michel, que l'on regardait comme trop jeune pour avoir la prudence nécessaire à l'emploi dont on voulait l'honorer. On chargea le plus habile sculpteur de Berne de modeler la statue, que l'on devait placer près de l'autel pour épouvanter les voleurs, comme on place un mannequin dans un champ de chènevis pour effrayer les oiseaux.

Sous ce rapport, lorsque l'œuvre fut achevée, elle dut certainement réunir tous les suffrages, et saint Christophe lui-même, si Dieu lui accorda la jouissance de voir du ciel le portrait qu'on avait fait de lui sur la terre, dut être fort émerveillé du caractère guerroyant qu'avait pris, sous le ciseau créateur de l'artiste, sa tranquille et pacifique personne. En effet, l'image sainte était haute de vingt-deux pieds, portant à la main une hallebarde, au côté une épée, et était peinte, de la tête aux pieds, en rouge et en bleu, ce qui lui donnait une apparence tout à fait formidable. Ce fut donc avec toutes ces chances de remplir fidèlement sa mission, et après avoir entendu un long discours sur l'honneur qui lui était accordé et sur les devoirs que cet honneur lui imposait, que le saint fut installé en grande pompe derrière le maître-autel, qu'il dépassait de toute la longueur du torse. Deux mois après, le saint sacrement était volé.

On devine quelle rumeur cet accident causa dans la paroisse, et la déconsidération qui en rejaillit sur le pauvre saint. Les plus exaspérés disaient qu'il s'était laissé corrompre; les plus modérés, qu'il s'était laissé intimider. Un troisième parti, plus fanatique que les deux autres, déblatérait aussi contre lui sans ménagement aucun : c'était le parti des Michelistes, qui, en minorité lors de la discussion, avait conservé sa rancune religieuse avec toute la fidélité d'une haine politique. Bref, à peine si une ou deux voix osèrent prendre la défense du gardien infidèle. Il fut donc ignominieusement exilé du sanctuaire qu'il avait si mal défendu; et, comme on était en guerre avec les Fribourgeois, on le chargea de protéger la tour de Lombach qui s'élevait hors de la ville, en avant de la porte de Fribourg. On lui tailla dans cette porte la niche qu'il habite encore de nos jours, on l'y plaça comme un soldat dans une guérite, avec l'injonction d'être plus vigilant cette fois qu'il ne l'avait été la première. Huit jours après, la tour de Lombach était prise.

Cette conduite inouïe changea la considération en mépris ; le malheureux saint fut dès lors regardé par les hommes les plus raisonnables, non seulement comme un lâche, mais encore comme un traître, et débaptisé d'un commun accord. On le dépouilla du nom respecté qu'il avait compromis, pour le flétrir d'un nom abominable : on le nomma Goliath.

En face de lui, et dans l'attitude de la menace, est une jolie petite statue de David, tenant une fronde à la main.

Je riais des vicissitudes qui avaient atteint cet infortuné saint Christophe, que sa situation de saint arrivé à la béatitude éternelle aurait dû, semble-t-il, en garantir à jamais, quand Henri, qui avait été à l'hôtel chercher quelques papiers, revint un télégramme à la main.

— Nous voici contraints de changer notre itinéraire, nous dit-il ; je reçois de Fribourg, où nous étions attendus demain, une dépêche par laquelle on me demande de remettre la conférence à mercredi, afin qu'il y ait un public plus choisi, qu'il s'agit de faire prévenir.

— Vous n'aviez pas l'intention de quitter notre canton sans une tournée dans l'Oberland ? demanda le docteur. C'eût été un crime de lèse-pittoresque.

— Nous ne disposerions pas de bien longtemps, dit de Morlot en hésitant.

— Qu'importe ! Trois jours, c'est assez pour vous en faire au moins une idée, et je vous offre de me constituer votre guide.

La proposition ainsi présentée était irrésistible, et il fut convenu que nous ferions de compagnie cette excursion tant vantée.

XIV.

L'Oberland.

Oberland signifie à proprement parler la terre d'en haut. Un homme d'infiniment d'esprit disait qu'il est pour Berne une terre promise comme l'étaient jadis Dieppe ou le Havre pour le petit bourgeois de Paris. On se fait fête un an ou deux d'avance, dans les familles, d'aller voir les glaciers, comme, avant que l'amour de l'inconnu pénétrât dans toutes les classes avec les voyages circulaires à prix réduit, on se réjouissait, rue Saint-Martin ou rue Saint-Denis, d'aller visiter la mer. La réputation de ce magnifique pays s'étend, du reste, bien au delà de ses limites, et elle n'est point usurpée ; car, s'il n'est pas la partie la plus curieuse de la Suisse, il en est assurément la plus brillante.

L'Oberland bernois comprend toute cette partie du canton de Berne qui, depuis Thun, embrasse la vallée supérieure de l'Aar et ses vallées latérales, surtout du côté du midi, et parmi lesquelles on remarque celles de Grindelwald, de Lauterbrünnen, de la Kander, de Frutigen, d'Adelboden, de la Simme et de

Sarnen. Les deux chaînes parties du Galenstock, angle N.-O. du Saint-Gothard, l'enceignent de tous côtés. L'une la sépare des cantons du Valais, de Vaud, de Fribourg ; l'autre, des cantons d'Uri, d'Unterwalden, de Lucerne et de l'Emmenthal. Ses parties les plus basses sont à plus de 620 mètres au-dessus de la mer. Mais la vigne se cultive encore sur les bords du lac de Thun et le noyer prospère aux environs d'Interlaken.

Au point de vue physique, la population de l'Oberland est une des plus remarquables de la Suisse. Ses habitants sont en général affables et se distinguent par un air de contentement et de dignité qui rend le type plus beau. Malgré la rudesse de la vie qu'ils mènent, ils conservent une remarquable égalité d'humeur et savent apprécier l'existence indépendante dont ils jouissent dans leurs Alpes.

Toutefois, comme toute vertu poussée à l'extrême devient un défaut, leur amour pour leur état présent les rend très récalcitrants envers toute idée nouvelle et les entretient dans une indolence nuisible à leur développement intellectuel, industriel et commercial.

D'aucuns prétendent pourtant qu'ils sont en progrès : les traditions populaires si fortement ancrées jadis et si poétiques dans leur naïveté s'éteignent une à une. On n'admet plus, par exemple, la présence possible au foyer de ces dignes Bergmænnlein (1) qui hantaient les monts et les vallées, mais séjournaient de préférence auprès des chalets. Ces êtres fantastiques, dont jadis on ne discutait pas l'existence, étaient les amis des bergers, auxquels ils témoignaient leur bienveillance par mille petits services, tantôt en leur ramenant leurs bestiaux égarés, tantôt en leur coupant leur bois, etc. Par exemple, gare si l'on avait oublié de leur faire au jour consacré la libation obligée ! Pendant la nuit, ils venaient mettre l'habitation sens dessus dessous, et la ménagère, en s'éveillant le lendemain, rece-

---

(1) Nains.

vait par ce bouleversement de ses habitudes, une leçon de piété envers ces bienfaisants génies un instant méconnus. Voilà le progrès. On n'y croit plus; mais l'humble habitation est plus fréquemment bouleversée, et c'est par une cause plus prosaïque. Le mari ne se contente plus des fromages faits avec le lait de ses troupeaux; il lui faut des spiritueux; il se grise et bat la femme et les enfants.... Tel est le résumé des notes que je retrouve dans mon carnet de voyage. Et maintenant je reprends la suite de notre excursion d'après les dates, ce qui me reporte au dimanche soir.

En sortant de la conférence de de Morlot, qui avait quelque peu ébranlé le scepticisme de notre ami le docteur, la fille aînée de celui-ci me prit sérieusement à partie sur mon manque de parole aux ours, qu'en effet je n'avais pas visités. Elle voulait me faire rester un jour de plus, m'énumérant d'ailleurs tout ce que j'avais encore à voir : toutes les églises, curieuses, disait-elle, l'arsenal avec sa double collection de vieilles armes et armures et sa collection moderne, la Monnaie, les greniers publics, le musée des beaux-arts avec sa collection, unique dans son genre, de 100 groupes suisses, dans les costumes du siècle dernier, l'hôpital, etc....

— Pourquoi donc Mlle Lina tient-elle à m'envoyer à l'hôpital? demandai-je malicieusement.

— Mais pour le voir, reprit la jeune fille intimidée.

— Qu'y a-t-il donc de si intéressant dans un hôpital? Des malades, des blessés, des misères de toutes sortes auxquelles le cœur répugne.

— Non, intervint Théophile, arrivant à la rescousse de sa sœur. C'est que notre hôpital est un de nos plus beaux monuments et que nous en sommes un peu vains. Vous être entrés en ville par la porte de Morat, ne l'avez-vous pas remarqué?

— Non, tant de choses sollicitent à la fois l'attention quand on arrive dans une ville inconnue, repris-je, pour atténuer ce tort.

— Il est vraiment d'une belle architecture, me dit Mme Haller, se mêlant à notre conversation. La grande entrée, fermée par une élégante grille de fer, est surmontée d'une plaque de marbre sur laquelle on lit ces mots de notre vénérable ancêtre : *Christo in pauperibus* (1). Elle ouvre sur une cour spacieuse, autour de laquelle règne une longue galerie couverte qui offre en tout temps une promenade salutaire aux convalescents et aux infirmes. Au milieu de la cour s'élève une belle fontaine ombragée d'arbrisseaux et entourée de fleurs. Du reste, vous connaissez notre goût pour les fontaines d'art, puisqu'on les compte par douzaines dans notre ville.

— Pardon, madame, interrompis-je, dès que je pus le faire décemment, quel est cet ancêtre dont vous venez de parler ?

— Albert Haller, me répondit-elle.

— Quoi ! le savant dont Berne s'enorgueillit à si juste titre ?

— Oui, intervint de Morlot. Je croyais te l'avoir dit. C'est ce même Haller que nous avons appris à vénérer dans notre adolescence, qui fut tout à la fois poète, orateur, philosophe, publiciste, magistrat, médecin et naturaliste, et dont le nom fut un de ceux qui illustrèrent le plus le XVIIIe siècle. Dans les annales de la science, il se place immédiatement après les Bacon, les Descartes, les Leïbnitz et les Buffon.

— Ce n'est pas le seul homme remarquable dont Berne ait à se glorifier, observa modestement le docteur.

— Assurément, mais c'est lui qui a éclipsé tous les autres. Aussi quel travailleur c'était (2) ! Il a laissé plus de deux cents

---

(1) Au Christ dans la personne des pauvres.

(2) Né à Berne en 1708, mort en 1777, il montra les plus brillantes dispositions pour l'étude. Dès l'âge de douze ans il écrivait également bien en grec et en latin ; vers quarante ans, l'Europe entière se le disputait ; sa réputation était telle, que le sénat de Berne déclara par un décret, jusqu'alors sans exemple, que Haller était mis en réquisition perpétuelle pour le service de la République et créa une charge exprès pour lui. Son œuvre a été colossale.

volumes, tous marqués au coin de l'érudition la plus étendue et la plus diverse.

A ce moment, Henri de Morlot tira sa montre.

— Onze heures ! s'écria-t-il en affectant une stupeur comique, et nous voulons emmener ce Parisien demain dès quatre heures !

— Allons, dit notre hôte, nous ferons bien de remettre le départ à sept ou huit heures.

— Non, non, s'écria de Morlot avec un accent tout spartiate ; ne gâtez pas mon œuvre ! Pas de concession à sa mollesse ! Détruisons en lui jusqu'au germe du sybaritisme !

Ce fut au milieu de la feinte sympathie que me témoignaient ses jeunes membres pour la dureté du joug que j'avais accepté, que nous prîmes congé de l'aimable famille.

Le lendemain, avant huit heures, nous étions à Thun, sans que j'eusse une seule fois consenti à profiter de la bienveillante prévenance du gouvernement helvétique.

En général, les chemins des cantons de Vaud, de Fribourg et de Berne sont admirablement tenus, et je dois une mention honorable au gouvernement de ces cantons, qui a fait placer de distance en distance des bancs comme sur une promenade, et près de ces bancs, une colonne tronquée sur laquelle les colporteurs peuvent déposer et recharger leur fardeau.

— Entre tous les gouvernements du monde, c'est bien le premier, que je sache, qui ait eu la pensée que les grandes routes sont faites non seulement pour les gens en voiture, mais aussi pour les modestes piétons.

C'était de Morlot qui exprimait cette opinion ; le docteur le reprit :

— Dites « de l'Europe » et non pas « du monde », mon cher de Morlot, car l'Asie nous avait dès longtemps prévenus dans cette voie.

— Vous dites ? m'écriai-je tout surpris.

— Vous avez raison, reprit de Morlot ; j'oubliais qu'en Chine, il y a des siècles de cela, on bâtissait de loin en loin, sur les routes, de petits reposoirs en forme de grottes où les voyageurs pouvaient se mettre à l'abri de la pluie, du froid ou de la chaleur.

— Je ne pensais pas à la Chine, mais bien à la route de Candy, dans l'île de Ceylan. Lorsque j'y passai, il y a quelque trente ans, je la trouvai superbe et parfaitement entretenue. Mais ce qui me frappa le plus, ce furent de distance en distance de petits toits de palmiers sous lesquels étaient placés, à la disposition des passants, de grands vases de terre remplis d'eau, et à côté, des coupes de coco.

— Votre gouvernement eût dû alors nous offrir des glaces pour le moins, remarquai-je.

Mais le docteur, occupé de son idée, continua :

— Une disposition non moins hospitalière et utile consiste en de petits hangars en pierre ouverts sur les côtés, couverts d'un toit et garnis de bancs, afin que les voyageurs puissent en profiter pour y passer la nuit. Ce serait superflu en Europe. Nous nous rendons à Interlaken.

— Nous embarquons-nous de suite ? demanda de Morlot.

— Oui ; c'est le moyen de faire reposer votre infatigable ami, répondit le docteur avec une douce raillerie.

En conséquence, nous arrêtâmes nos places sur le bateau à vapeur ; et sans même donner un regard aux anciens monuments de Thun, à son église paroissiale à laquelle on monte par un escalier couvert de 218 marches, et à ses terrasses où la vue est merveilleusement belle, nous mîmes le cap sur Interlaken.

Pendant quelques minutes, nous remontâmes l'Aar, qui descend du glacier du Finster-Aarhorn, se précipite aux rochers de la Handeck d'une hauteur de 300 pieds, et vient alimenter, en les traversant dans toute leur largeur, les deux lacs de Brientz et de Thun, séparés l'un de l'autre par le charmant village d'Interlaken, dont le nom seul indique la position.

— Quelle est donc cette colline couronnée par une tour si élevée ? demanda de Morlot.

— C'est le berceau de la famille des Strattlingen, qui parvint à la dignité royale vers la fin du IXe siècle.

— En la personne de ce Rodolphe devenu roi de la Bourgogne transjurane, interrompit de Morlot.

— Oui, et il existe une légende. Ah! monsieur Gaston, j'étais sûr de vous voir dresser l'oreille à ce seul mot.

— Je vous écoute, docteur.

— Le chef de cette maison, si l'on en croit la chronique d'Einigen, n'est autre qu'un Ptolémée, issu par sa mère du sang royal d'Alexandrie, et par son père d'une famille patricienne.

— Rien que cela! s'écria Henri.

— Pas plus! Mais vous n'êtes pas au bout de vos étonnements. Converti au christianisme par un miracle (il avait aperçu une croix entre les bois d'un cerf qu'il chassait), il prit à son baptême le nom de Théode-Rik, et, fuyant les persécutions de l'empereur Adrien, se présenta à la cour du duc de Bourgogne, alors en guerre avec le roi de France.

— Un roi de France au IIe siècle! se récria de Morlot, blessé dans ses entrailles d'historien.

— Si vous n'accordez rien à la légende..., fit le docteur.

Cette muette menace de silence me fit frémir.

— Dites, dites toujours, docteur; nous lui accordons *toutes* les licences, je réponds pour lui.

Bien; dans ces conditions, je continue. Lorsque les deux armées se trouvèrent en présence, il fut convenu entre les chefs qu'un combat singulier déciderait de la querelle; le duc de Bourgogne nomma Théode-Rik son champion, et le jour du combat fut fixé. Mais dans la nuit, le tenant du roi de France vit en rêve l'archange Michel combattant pour son adversaire. Cette vision lui inspira une telle épouvante, qu'en se réveillant, il se déclara vaincu. Le duc de Bourgogne, reconnaissant envers Théode-Rik d'une victoire où l'intervention divine s'était manifestée d'une manière si visible, lui donna en récompense sa fille

Denuït et le Hübsland, dot qui se composait de la Bourgogne et du lac Vandalique (1).

C'est au bord de ce lac, et dans la partie la plus pittoresque de la contrée, que le nouveau maître de ce beau pays fit bâtir le château de Strattlingen.

Mais ce n'est pas fini. Deux cents ans après ces événements, sir Arnold de Strattlingen, descendant de Théode-Rik, fonda, en l'honneur de l'assistance miraculeuse que saint Michel avait prêtée à son ancêtre, l'église de Paradis, qu'il dédia à ce saint. Au moment où les ouvriers venaient d'en poser la dernière pierre, une voix se fit entendre. Elle disait : « Ici se trouve un trésor si grand, que personne n'en pourrait payer la valeur. » On se mit aussitôt en quête de ce trésor, et l'on trouva dans le maître-autel une roue du char du prophète Elie et soixante-sept cheveux de la Vierge. La cavité avait été pratiquée dans l'autel pour y introduire les malades et les possédés, qui, les jours de grande fête, y obtinrent mainte fois leur entière guérison.

Après bien des révolutions successives dans les autres parties du monde, la petite Bourgogne, qui était toujours soumise aux seigneurs de la même race, fut érigée en royaume. Le roi Rodolphe et la reine Berthe, dont vous avez vu à Payerne la selle et le tombeau, y régnaient vers le xe siècle ; mais les mœurs simples et religieuses qui les avaient immortalisés firent bientôt place au luxe et à l'impiété. La contrée qui leur était soumise prit sous leurs successeurs le nom de *Zur Goldenen Lust* (séjour d'or et de plaisir), le et château de Spietz, qu'ils firent bâtir sur les rives du lac, celui de *Goldener Hof* (cour dorée).

Enfin, la licence et l'impiété furent portées à un tel degré, dans ce petit royaume, que la miséricorde céleste se lassa, et que sa perte fut résolue.

En conséquence. Ulric, le dernier seigneur de cette race,

---

(1) Le lac de Thun est désigné par les historiens du viiie siècle *lacus Vandalicus*.

ayant, le jour de son mariage, invité sa cour à une promenade sur le lac, Dieu suscita une tempête, et d'un seul coup de vent, fit chavirer toute cette petite flottille. Un instant le lac fut couvert de fleurs et de diamants, puis tout s'engloutit aussitôt, sans qu'une seule des personnes conviées à cette fête mortuaire obtînt grâce devant son juge. Le même jour, la roue du char et les soixante-sept cheveux de la Vierge disparurent. Oncques n'en entendit reparler depuis. Une inscription gravée sur le roc indique l'endroit du lac qui fut témoin de cet événement; mais on ne saurait la voir du bateau à vapeur.

Une discussion s'engagea entre le docteur et de Morlot, discussion à laquelle je m'abstins de prendre part. Ma fatigue du matin m'avait merveilleusement disposé à jouir du *far-niente* du bateau à vapeur. Je restais paresseusement accoudé, regardant le double étage de montagnes qui s'échelonnait à l'horizon, les dernières ayant l'air de se hausser du pied pour regarder curieusement au-dessus des premières. De temps en temps, ce premier plan s'ouvre et présente la gorge bleuâtre d'une vallée qui, des bords du lac, paraît large comme un fossé de citadelle, et qui, à son entrée, présenterait une ouverture d'une lieu.

— Quelle est donc cette cime majestueuse? demandai-je, en admirant un pic d'une blancheur virginale, dont l'éclat et les proportions élégantes m'attiraient entre tous.

— C'est la vierge des Alpes, la *Jungfrau*, me répondit le docteur, aujourd'hui débaptisée et que l'on n'appelle plus que la *Frau*.

— Et pourquoi donc?

— Jungfrau signifie jeune fille ou vierge. Elle le méritait : aucun être créé n'avait, depuis la formation du monde, souillé son manteau de glace, ni le pied du chamois ni la serre de l'aigle n'étaient parvenus à ces hautes régions où elle porte la tête. L'homme cependant résolut de lui faire perdre le titre qu'elle avait si longtemps et si religieusement gardé. Un chasseur de chamois, nommé Poumann, fit pour elle ce que Balmat avait fait pour le mont Blanc. Après plusieurs tentatives inutiles et dangereuses, il parvint à gravir sa pointe la plus élevée, et les montagnards émerveillés virent un matin un drapeau rouge flotter sur la tête de la vierge outragée. Depuis ce temps ils l'appellent la *Frau*. Dans leur idée, elle a perdu ses droits au titre de Jungfrau.

— Regarde, me dit de Morlot, ces deux autres montagnes posées sur sa puissante poitrine et que les géographes appellent les *Pointes d'argent*. C'est de celle qui regarde la vallée de Lauterbrünnen qu'un lammergeyer emporta un enfant de Grindelwald et le dévora, sans que ses parents, accourus à ses cris, pussent lui porter secours.

— Et là, à sa droite ?

— Le Finster-Aarhorn, où l'Aar prend sa source, qui est plus élevé.

— Et l'autre ?

— Le Blumlisalp....

— Qui a sa légende, interrompit le docteur.

— Voyons la légende, fis-je aussitôt.

— Blumlisalp signifie montagne de fleurs.

— Oh ! me récriai-je, à l'aspect sévère de la montagne qui ne justifiait en rien son nom.

— C'est que les Alpes n'ont pas toujours été sauvages comme elles le sont aujourd'hui, vous répondra la tradition populaire. Les fautes des hommes et les punitions de Dieu ont fait descendre les neiges sur nos montagnes et les glaciers dans nos vallées. Les troupeaux paissaient là où ni l'aigle ni le chamois n'osent parvenir aujourd'hui. Alors la Blumlisalp était comme ses sœurs et plus brillante qu'elles encore, sans doute, puisque seule entre elles, elle avait mérité le nom de montagne des fleurs.

C'était jadis le domaine d'un pâtre riche comme un roi, et qui possédait un magnifique troupeau ; dans ce troupeau, une génisse blanche était l'objet de son affection. Il avait fait bâtir pour cette favorite une étable qui ressemblait à un palais, et à laquelle on montait par un escalier de fromages.

Pendant un soir d'hiver, sa mère, qui était pauvre et qui habitait la vallée, vint pour le visiter; mais, n'ayant pu supporter les reproches qu'elle lui faisait sur sa prodigalité, il lui dit qu'il n'avait pas de place pour la loger cette nuit-là, et qu'il fallait qu'elle redescendît vers le village. Vainement elle lui demanda une place au coin du feu de la cuisine ou dans l'étable de sa génisse; impitoyable, il la fit prendre par ses bergers et la fit jeter dehors.

Une bise humide et glacée sifflait dans l'air, et la pauvre femme, misérablement vêtue comme elle l'était, fut promptement saisie par le froid; alors elle se mit à descendre vers la vallée en dévouant ce fils ingrat à toutes les vengeances célestes. A peine la malédiction fut-elle prononcée, que la pluie qui tombait se convertit en neige si épaisse, qu'au fur et à mesure que la mère descendait, et derrière le dernier pli de sa robe traînante, la montagne semblait se couvrir d'un linceul. Parvenue dans la vallée, elle tomba épuisée de froid, de fatigue et de faim. Le lendemain, on la trouva morte; et depuis ce temps, la montagne des fleurs est couverte de neige.

— Quelle est cette autre? demandai-je, espérant avoir encore la main heureuse.

— C'est le Wetterhorn ou pic du temps, ainsi nommé parce que, selon qu'il est couvert ou dégagé de nuages, on peut prédire le temps qu'il fera.

Je fis une moue significative.

— Il est friand de légende, s'écria de Morlot en riant, vous l'avez désappointé; mais la Vengenalp, là-bas, n'en a-t-elle pas une?

— Oui, vous m'y faites penser. Lorsqu'on arrive sur le point culminant de son arête, le touriste attentif remarque un cercle d'une trentaine de pas de circonférence, où le sol, partout ailleurs couvert de roses des Alpes, de gentiane purpurine ou d'aconit, est aride et nu comme un emplacement où le feu a passé récemment.

Voici l'explication qu'en donne la tradition.

Il y avait autrefois dans la vallée de Gadmin un homme téméraire très puissant en magie, et qui commandait aux animaux comme à des serviteurs intelligents. Toutes les nuits du samedi au dimanche, il les rassemblait sur les plus hautes montagnes, tantôt les ours, tantôt les aigles, tantôt les serpents ; et là, traçant avec sa baguette un cercle qu'ils ne pouvaient franchir, il les appelait en sifflant ; et lorsqu'ils étaient réunis, il leur donnait ses ordres, qu'ils allaient exécuter aussitôt aux quatre coins de l'Oberland. Une nuit qu'il avait rassemblé les dragons et les serpents, il leur commanda des choses telles, à ce qu'il paraît, qu'ils refusèrent leur service accoutumé. Le magicien entra dans une grande colère et eut recours à des charmes qu'il n'avait point encore employés, tant lui-même hésitait à avoir recours à des paroles qu'il savait toutes puissantes, mais aussi coupables que puissantes ; à peine les eut-il prononcées, qu'il vit deux dragons quitter la troupe des reptiles qui l'environnaient et se diriger vers une caverne voisine. Il crut qu'ils obéissaient enfin.

Mais bientôt ils reparurent, portant sur le dos un serpent énorme, dont les yeux brillaient comme deux escarboucles, et dont la tête était ceinte d'une petite couronne de diamants : c'était le roi des basilics. Ils s'approchèrent ainsi jusqu'au cercle qu'ils ne pouvaient dépasser ; mais, arrivés là, ils soulevèrent leur souverain sur leurs épaules et le lancèrent par-dessus la ligne magique qu'il franchit ainsi sans la toucher. Le magicien n'eut que le temps de faire le signe de la croix et de s'écrier : *Je suis perdu !* Le lendemain on le retrouva mort au milieu de son cercle infernal, sur lequel, depuis, aucune verdure n'a poussé.

J'avais de nouveau avisé un sommet.

— Quel est donc?..., commençai-je.

— Il est insatiable ! interrompit de Morlot en riant. Mais il tombe mal. Le Faulhorn (1) n'a pas de légende, je crois?

---

(1) La corne pourrie.

— Non, répondit le docteur. Il a seulement la prétention d'offrir aux amateurs l'occasion de coucher dans la plus haute habitation de l'Europe, c'est-à-dire à 8,121 pieds au-dessus du niveau de la mer ; 579 pieds plus haut que l'hospice du Saint-Bernard, dernière limite des neiges éternelles. Si vous en aviez le loisir, ce serait une ascension à faire, et vous vous y trouveriez en nombreuse compagnie; car il n'y a pas de jour qu'il n'y ait nombre d'excursionnistes pour admirer le lever ou le coucher du soleil.

En ce moment, le sifflement de la vapeur indiquait que nous touchions au port, situé à Dœrligen, à dix minutes de chemin de fer d'Interlaken, où nous allions déjeuner.

— Quel dommage de ne pouvoir pas planter sa tente ici ! m'écriai-je, lorsqu'après un repas substantiel, nous nous dirigeâmes lentement vers la grotte de saint Béat, le premier apôtre de l'Helvétie, que nous n'avions fait qu'apercevoir du bateau. Jamais aucun endroit n'a exercé sur moi une aussi irrésistible attraction.

— N'est-ce pas ? me dit le bon docteur en souriant de mon enthousiasme. On peut y rester un mois entier et faire chaque jour une excursion nouvelle et plus charmante que celle de la veille. Ses splendides montagnes et sa plaine non moins riche et pittoresque se combinent pour former les effets les plus inattendus et les plus séduisants.

Je retombai dans une muette admiration. Quand on est en présence de cette merveilleuse nature des Alpes, il est bon de se trouver avec des compagnons discrets, susceptibles d'éprouver, ou tout au moins de respecter la mystérieuse émotion qui s'empare de vous tout entier.

— A quelle époque vivait le digne saint dont nous allons visiter l'ermitage ? demandai-je tout à coup, quand, sortant de ma rêverie, je m'aperçus que mes compagnons de route devisaient de saint Béat.

— C'est au IIe siècle qu'il vint s'y établir, me répondit le docteur.

— Il y mourut en l'an 112, à l'âge de 90 ans, rectifia de Morlot.

— Il avait conquis lui-même sa grotte sur un dragon qui y faisait sa résidence, et auquel il ordonna de laisser la place libre, ce que le docile animal fit aussitôt.

— Peste ! s'écria de Morlot, quel miracle !

— Il en fit un autre, continua le narrateur, qui eut sur sa destinée des conséquences très grandes. La légende dit qu'il était originaire d'Angleterre et d'une illustre naissance. Avant d'être converti et baptisé à Rome sous l'empereur Claude, il se nommait Suétone. Il avait un cher compagnon de son exil volontaire, lorsqu'il résolut de venir prêcher le christianisme à l'Helvétie, et voici le miracle qui décupla le nombre de ses néophytes.

Un jour que des bateliers refusaient de le conduire de l'autre côté du lac, au village d'Einigen, où il était attendu par une grande foule de peuple, il étendit son manteau sur le lac, et, montant dessus, il fit sur cette frêle embarcation les deux lieues qui le séparaient du village : dès lors, vous le concevez, toute la contrée fut soumise à la parole de l'homme dont la mission céleste s'était manifestée par une telle merveille. Mais attention ! Nous voici dans l'étroit chemin qui donne accès à la grotte ; tâchons de ne point nous rompre le cou comme le fit, il y a bien des années, un infortuné dont on cite toujours l'exemple.

— Il se tua ? demandai-je avec un léger frémissement d'horreur à la vue des ravins abrupts qui coupent ou qui bordent le chemin.

— Non. Il regagnait son domicile à cheval, lorsqu'arrivé au Flocksgraben, ce ravin, là à droite, il tomba et se cassa les deux jambes.

— Oh ! le malheureux ! m'écriai-je involontairement.

— Il poussa de tels cris, qu'on l'entendit de l'autre côté du lac, quoique les rives fussent distantes d'une lieue ; dans l'attente du secours, mourant de soif, comme il arrive toujours dans les cas de fracture, et ne pouvant bouger de la place où il était tombé, il avait trempé le bout de son manteau dans le ruisseau qui coulait au-dessous de lui, et, l'avait ensuite sucé pour se désaltérer.

— Et il se rétablit ? demandai-je avec intérêt.

— Certainement ; il en fut quitte pour deux mois de repos. Nos montagnards ne sont pas pour rien saturés d'air pur. C'est ce qui les rend si robustes.

Nous étions arrivés sans encombre à l'orifice de la grotte ou plutôt des grottes, car la caverne a deux ouvertures. De la plus basse de ces deux voûtes sort la source du Beatenbach qui se précipite en grondant entre les rochers.

— C'est au bord de ce ruisseau que le saint expira, chargé de jours, reprit le docteur. Son crâne fut conservé dans la caverne voisine et offert jusqu'en 1428 à la vénération des fidèles. A cette époque seulement, deux députés du Grand Conseil de la ville de Berne furent chargés d'enlever cette relique et de la faire enterrer à Interlaken. Les catholiques n'en ayant pas moins continué leurs pèlerinages à la grotte, on en mura l'entrée en 1556 ; mais elle a été rouverte depuis, car elle vaut bien la peine d'être visitée. C'est une des plus remarquables de la Suisse par sa grandeur et ses stalactites.

— Quelle grandeur peut-elle avoir ? demandai-je.

— Pas moins de 30 pieds de profondeur sur 40 à 45 de largeur.

— Et cette autre ?

— On y a marché l'espace de 160 mètres, paraît-il, sans en atteindre l'extrémité. Mais contentons-nous de la vue qui nous attend à l'extérieur.

— Elle est vraiment suffisante pour compenser bien des fatigues, m'écriai-je, en promenant mon regard sur ce magnifique panorama.

XV.

L'Oberland *(Suite).*

Nous profitâmes de la voiture qui fait journellement le service pour revenir de Saint-Béat, et il fut décidé que c'était assez pour un jour. Nous passâmes donc tranquillement la soirée à écouter l'excellente musique du Kursaal, situé au milieu de la splendide chaussée du Hochweg qui réunit Interlaken au gros village d'Aarmühli.

Le lendemain, nous étions debout de bonne heure, ayant fait le projet de nous rendre à Lauterbrünnen, dont la principale curiosité est le Staubbach (1). De Morlot l'avait visité et m'en avait parlé de manière à me faire venir l'envie de le voir aussi, bien que le docteur prétendît, contrairement aux poètes et aux amateurs, qu'il a une réputation surfaite.

Cette cascade se précipite d'une paroi de rochers de 305 mètres de hauteur et avec une telle violence, qu'avant d'atteindre le sol,

---

(1) Ruisseau poussière.

elle se résout presque entièrement en une poussière irisée que la brise éparpille et emporte au loin pour fertiliser la campagne ; de telle sorte qu'à peine en parvient-il parfois quelques gouttes dans son bassin naturel. C'est à huit heures du matin, paraît-il, ou par le clair de lune, qu'il faut voir le Staubbach dans toute sa poésie. Je ne devais pas avoir cette chance. On verra pourquoi par la suite.

Le docteur m'avait raconté que jadis, en passant à Matten, petit village situé à un quart d'heure de marche d'Interlaken, il avait visité dans une maison particulière des vitraux peints qui datent de trois siècles, et dont l'un représentait un ours armé d'une massue et portant deux raves dans son ceinturon et une à sa patte. Mais l'heure était trop matinale pour que nous pussions essayer de voir cette peinture bizarre. Il se contenta donc de me raconter à quelle tradition elle se rapporte.

En 1250, l'empereur d'Allemagne fit un appel de guerre à ses peuples de l'Oberland, leur ordonnant d'envoyer à son armée le plus d'hommes qu'ils pourraient en mettre sous les armes. Trois géants forts et puissants habitaient alors à Iseltwald, sur les rives du lac de Brientz ; ils passaient leurs journées à la chasse et s'habillaient avec la peau des ours qu'ils étouffaient entre leurs bras. Les peuples de l'Oberland crurent avoir dignement fourni leur contingent en envoyant ces trois hommes.

Lorsque l'empereur les vit arriver, il se mit dans une grande colère ; car il avait compté sur un secours plus efficace. Les trois hommes qu'on lui envoyait n'étaient pas même armés.

Les trois géants dirent à l'empereur de ne point s'inquiéter de leur petit nombre, qu'ils lui promettaient de lui rendre à eux trois autant de services qu'une troupe entière ; que, quant à leurs armes, la première forêt venue leur en fournirait.

En effet, une heure avant le combat, ils entrèrent dans un bois qui s'élevait près du champ de bataille, et coupèrent chacun un hêtre, dont ils élaguèrent les branches. Ils s'en firent des massues, avec lesquelles ils revinrent se placer, l'un à l'aile droite, l'autre à l'aile gauche, et le troisième au centre du corps d'armée. L'issue de la bataille prouva qu'ils n'avaient point trop présumé de leur mérite : leurs énormes massues firent dans les rangs ennemis un ravage qui eut bientôt décidé la victoire. L'empereur, reconnaissant, dit alors :

— Demandez ce que vous voudrez, et vous l'aurez.

Les trois géants se consultèrent entre eux ; puis l'aîné, se retournant, dit :

— Nous demandons qu'il plaise à Votre Majesté de nous octroyer le droit d'arracher dans les plantages de Bomingen, sur le territoire de l'Empire, toutes les fois que nous nous promènerons sur les bords du lac, et que nous aurons soif, trois raves dont nous emporterons l'une à la main et les deux autres dans notre ceinturon.

Sa Majesté daigna leur accorder leur demande. Les trois géants, enchantés, revinrent à Iseltwald, où ils jouirent du privilège de manger des raves impériales tout le reste de leur vie.

Un quart de lieue après Matten, et à droite de la route, les ruines du château d'Unspunnen achèvent de s'écrouler ; il appartenait autrefois au seigneur de ce nom, qui était très considéré par le conseil de Berne. Il avait plusieurs fois tenté, en faisant des démarches près du vieux Walter de Waldenschwyl, de joindre la vallée d'Oberhasli, dont ce dernier était seigneur indépendant, au territoire de la ville. Pendant que le seigneur d'Unspunnen s'occupait de ce soin, le jeune Walter vit sa fille, la trouva à son goût et tenta, à son tour, près de son père une dernière démarche, qui n'eut pas plus de succès que les autres. Le seigneur d'Unspunnen, furieux, défendit aux jeunes gens de se revoir ; mais les jeunes gens, qui s'occupaient peu des affaires de leurs parents, disparurent un jour ensemble, laissant les vieillards démêler leurs intérêts et ceux de la ville de Berne.

Au bout d'un an le vieux Walter mourut.

Un soir que le châtelain d'Unspunnen pleurait, solitaire et

triste, la perte de sa fille unique, deux pèlerins venant de Rome demandèrent l'hospitalité à la porte de son château ; il les fit entrer. Tous deux alors vinrent à lui, s'agenouillèrent à ses pieds, et, relevant leur capuce, lui demandèrent la bénédiction paternelle, seule formalité qui manquât encore à leur mariage. Le vieillard voulut la leur refuser d'abord ; mais alors ils tirèrent de leur sein deux papiers qu'ils lui présentèrent : l'un était un pardon du pape, l'autre une donation au canton de Berne de la vallée d'Oberhasli. Le vieillard ne put tenir contre cette double attaque ; les fugitifs, d'ailleurs, l'avaient trop fait souffrir pour qu'il ne leur pardonnât point.

Au bout d'une demi-lieue, nous franchîmes le Saxetenbach, qui descend du Saxetenthal ; puis la vallée se rétrécit, et la route nous conduisait tantôt dans des prairies animées par les clochettes des troupeaux et les chants naïfs des bergers, tantôt dans des bois de sapins où la brise matinale emportait tous les bruits charmants des nids où s'ébattent de jeunes ailes et s'exercent de fraîches voix. Puis, après avoir franchi la Lutchine sur un pont qui n'a rien de monumental, nous côtoyâmes la Rothenfluh (1) et nous fîmes halte devant le Boesestein (2) ou Bruderstein (3), dont le dernier nom m'avait fait pressentir quelque antique tradition.

— Vous ne vous trompez pas, me dit le docteur. Ce pic rougeâtre, comme l'indique son nom, était autrefois couronné par un château fort appartenant à deux frères, Ulrich et Rodolphe. Ce fut une femme qui les désunit. Rodolphe, qui avait été dédaigné, cacha sa douleur et renferma quelque temps sa haine. La veille du jour où le mariage devait se faire, il proposa au fiancé une chasse dans la montagne. Celui-ci, sans défiance, accepta l'offre de son frère et partit avec lui. Arrivés au pied de

---

(1) Roche rouge.
(2) Mauvais rocher.
(3) Ou rocher des frères.

ce rocher, et voyant la profonde solitude qui régnait autour d'eux, Rodolphe frappa son frère d'un coup de poignard. Ulrich tomba. Alors, tirant des broussailles une bêche qu'il y avait cachée la veille, le meurtrier creusa une fosse, y déposa sa victime, la recouvrit de terre, et, s'apercevant qu'il était souillé de sang, il alla vers la Lutchine, que vous voyez à quelques pas du rocher. Lorsque les taches de sang dont son pourpoint était couvert eurent disparu, il se releva et jeta un dernier regard vers le théâtre du meurtre, pour voir si rien ne le dénonçait. Le cadavre d'Ulrich, qu'il venait d'enterrer, était couché sur le sable.

Rodolphe creusa une seconde fosse, y jeta une seconde fois son frère; mais il s'aperçut qu'au fur et à mesure qu'il le couvrait de terre, les traces de sang reparaissaient sur son pourpoint. La fosse comblée, l'assassin se retrouva tout sanglant. Doutant de lui-même, Rodolphe redescendit une seconde fois vers la rivière, dont les eaux limpides eurent bientôt fait disparaître de nouveau l'épouvantable prodige; puis, se retournant presque en délire vers le rocher, il jeta un cri épouvantable et s'enfuit. Le tombeau avait une deuxième fois rejeté le cadavre. Le soir, les gens d'Ulrich retrouvèrent le corps de leur maître et le rapportèrent au château. Rodolphe, n'osant demander l'hospitalité à personne, mourut de faim dans la montagne.

Et, en nous faisant faire un détour et en nous mettant en face de vieux caractères gravés dans le roc, mais à demi effacés, le docteur ajouta :

— Voici l'inscription qui constate la vérité du fait.

Il se mit à lire : « Ici le baron de Rothenfluh fut occis par son frère; obligé de fuir, le meurtrier termina sa vie dans l'exil et le désespoir et fut le dernier de sa race, jadis si riche et si puissante. »

Et comme nous le regardions, tout étonnés de le voir lire si couramment une inscription où nous ne déchiffrions rien :

— *Si non è vero*, nous dit-il, *è ben trovato*.

Ce qui nous fit rire tous les trois.

— Quel est donc ce colossal pendant de la Rothenfluh? demandai-je, enchanté de prolonger la halte.

— C'est le Scheinige Platte, qui, lui aussi, a sa légende. C'est de la cime de ce roc, qui domine la vallée d'une hauteur de deux mille soixante-dix mètres, que fut précipité par le génie de la montagne un chasseur de chamois, dont l'histoire va faire le bonheur de M. Gaston.

Naturellement je prêtai l'oreille.

— Ce chasseur, qui se livrait à sa profession avec toute l'ardeur qu'ont pour elle les hommes de la montagne, était un pauvre diable que la misère avait forcé d'abord de faire ce métier, devenu désormais pour lui un besoin. Son adresse était reconnue et sa réputation s'étendait d'une limite à l'autre de l'Oberland.

Un jour qu'il poursuivait une chamelle prête à mettre bas, la pauvre bête, ne pouvant traverser un précipice que dans tout autre temps elle eût franchi d'un bond, voyant la mort devant et derrière elle, se coucha au bord de l'abîme et, comme un cerf aux abois, se mit à pleurer. La vue des angoisses de la douce créature n'attendrit pas le chasseur, qui banda son arbalète, prit une flèche dans sa trousse et s'apprêta à la percer; mais, en reportant les yeux vers l'endroit où il venait de la voir seule un instant auparavant, il aperçut un vieillard assis, ayant à ses pieds la chamelle haletante qui lui léchait la main. Ce vieillard était le génie de la montagne. A cette vue, le chasseur baissa son arbalète, et le génie lui dit:

— Homme de la vallée, à qui Dieu a donné tous les dons qui enrichissent la plaine, pourquoi venez-vous tourmenter ainsi les habitants de la montagne? Je ne descends pas vers vous, moi, pour enlever les poules de vos basses-cours et les bœufs de vos étables. Pourquoi donc alors montez-vous vers moi pour tuer les chamois de mes rocs et les aigles de mes nuages?

— Parce que Dieu m'a fait pauvre, répondit le chasseur, et

qu'il ne m'a rien donné de ce qu'il donne aux autres hommes, excepté la faim. Alors, comme je n'avais ni poules ni vaches, je suis venu chercher l'œuf de l'aigle dans son aire et surprendre le chamois dans sa retraite. L'aigle et le chamois trouvent leur nourriture dans la montagne ; moi, je ne puis trouver la mienne dans la vallée.

Alors le vieillard réfléchit ; puis, ayant fait signe au chasseur de s'approcher, il se mit à traire la chamelle dans une petite coupe de bois. Le lait y prit aussitôt la forme et la consistance d'un fromage, le vieillard le donna au chasseur.

— Voilà, lui dit-il, de quoi apaiser à l'avenir ta faim. Quant à la soif, ma sueur fournit assez d'eau à la vallée pour que tu en prennes ta part. Ce fromage se retrouvera toujours dans ton sac ou dans ton armoire, pourvu que tu ne le consommes jamais entièrement ; je te le donne, à la condition que tu laisseras désormais tranquilles mes aigles et mes chamois.

Le chasseur promit de renoncer à son état, redescendit dans la plaine, accrocha son arbalète à sa cheminée et vécut un an du fromage miraculeux, qu'il retrouvait intact à chaque nouveau repas.

De leur côté, les chamois joyeux avaient repris confiance dans les hommes ; ils descendaient jusque dans la vallée, on les voyait bondir gracieusement à la rencontre des chèvres qui grimpaient dans la montagne.

Mais, un soir que le chasseur était à sa fenêtre, un chamois passa si près de sa maison, qu'il pouvait le tuer sans sortir de chez lui ; la tentation fut bien forte, trop forte pour le courage du chasseur. Il décrocha son arbalète, et, oubliant la promesse qu'il avait faite au génie, il ajusta avec son adresse ordinaire l'animal qui passait sans défiance, et le tua. Il courut aussitôt à l'endroit où la pauvre bête était tombée, la chargea sur ses épaules, et, l'ayant rapportée chez lui, il en prépara un morceau pour son souper. Lorsque ce morceau fut mangé, il songea à son fromage qui, cette fois, allait lui servir non de repas, mais de dessert. Il alla donc vers son armoire et l'ouvrit : il en sortit un gros chat noir qui avait les yeux et les mains d'un homme. Il tenait le fromage à sa gueule, et, sautant par la fenêtre qui était restée ouverte, il disparut avec lui. Le chasseur s'inquiéta peu de cet accident. Les chamois étaient redevenus si communs dans la vallée, que, pendant un an, il n'eut pas besoin de les aller chercher dans la montagne ; cependant, peu à peu, ils s'effarouchèrent, devinrent de plus en plus rares, puis enfin disparurent tout à fait.

Le chasseur, qui avait oublié l'apparition du vieillard, reprit ses anciennes courses dans les rocs et dans les glaciers. Un jour, il se trouva au même endroit où, trois ans auparavant, il avait lancé la blanche chamelle prête à mettre bas. Il frappa sur le buisson d'où elle était partie ; un chamois en sortit en bondissant. Le chasseur l'ajusta, et l'animal blessé alla tomber sur le bord du précipice où était apparu le vieillard.

Le chasseur l'y suivit ; mais il n'arriva pas assez à temps pour empêcher que, dans les mouvements de son agonie, l'animal qu'il poursuivait ne glissât sur la pente inclinée et ne se précipitât du haut en bas du rocher. Il se pencha alors sur le bord pour regarder où il était tombé. Le génie de la montagne était au fond du gouffre ; leurs yeux se rencontrèrent, et le chasseur ne put plus détacher les siens de ceux du vieillard. Alors il sentit un incroyable vertige s'emparer de tous ses sens. Il voulut fuir et ne le put. Le vieillard l'appela trois fois par son nom, et à la troisième fois le chasseur jeta un cri de détresse qui fut entendu dans toute la vallée, et se précipita dans l'abîme.

Tandis que je remerciais le docteur, dont la verve intarissable retrouvait toujours quelque souvenir pour me charmer, de Morlot s'écria :

— Dire pourtant que j'aurais eu besoin d'une petite ascension pour me remettre dans mon aplomb pour cette conférence de demain soir !

— Montons au Scheinige Platte, répondit vivement le docteur.

— Sans guide ? m'écriai-je effaré.

— Sans guide. C'est une ascension de quatre heures tout au plus, une bagatelle. Nous serons au sommet pour déjeuner.

— Il y a donc des vivres ? demandai-je.

— Et un excellent hôtel, l'hôtel de l'*Alpenrose*.

De Morlot me consultait du regard.

— Tu désires voir le Staubbach, et cela t'en priverait.

— Je verrai autre chose, répondis-je aussitôt, et je serai enchanté de faire mon apprentissage de grimpeur.

Sitôt dit, sitôt fait. Nous quittâmes la route de Lauterbrünnen. Nous franchîmes la Lutchine et nous traversâmes la prairie appelée Langmad, puis nous nous dirigeâmes vers G'steigwyler, village au delà duquel nous nous trouvâmes dans une splendide forêt de hêtres. Quel air pur et délicieux on respirait sous cette épaisse feuillée que les rayons du soleil traversaient à peine ! Quelles fleurs aux teintes délicates s'épanouissaient çà et là ! Et les échappées de vue donc ! Quel charme ! quelle splendeur ! quelle variété !

Nous nous reposâmes à 1,448 mètres d'altitude, au Schœnegg, dont la petite auberge nous offrit une bière fraîche et savoureuse, meilleure cent fois que celle que l'on boit sans soif dans les plus grandes brasseries de Paris.

Une heure après je commençais à être un peu las et à tirer la jambe, quand tout à coup, à un coude du chemin, je vis se dresser à l'improviste tout le massif de la Jungfrau dans sa majesté éblouissante, tandis que, loin au-dessous de moi, s'étalait coquettement dans sa verte parure la vallée de Lauterbrünnen jusqu'au Schmadribach et à la Sulegg. En un instant, fatigue, migraine, tout fut oublié. Je n'avais plus un corps frêle dont la débilité faisait parfois mon supplice ; le développement de mes facultés admiratives avait tout annihilé. Mais aussi que c'était beau ! Je fis sans y songer le chemin qui nous séparait de l'hôtel, situé à vingt minutes du sommet, et je ne voulus entendre parler d'aucun repos avant d'avoir embrassé le superbe panorama que me promettait ce que j'avais vu plus bas.

Je ne fus pas désappointé. Outre la vallée de Lauterbrünnen (1), ainsi nommée à cause de la beauté de ses eaux, le regard s'étendait sur la vallée de Grundelwald et, en remontant, se reposait sur les sommets de l'Eiger et de la Jungfrau, et se perdait dans le dédale que forment les innombrables pics et les glaciers bleuâtres qui ferment l'horizon du Wellhorn et du Wetterhorn jusqu'à la Blumlisalp et au Doldenhorn.

Malheureusement le temps pressait ; nous ne devions pas nous exposer à nous laisser surprendre par la nuit. Cependant, à l'hôtel, on m'avait dit qu'à moins d'une demi-heure de marche, nous trouverions l'Iseltenalp, un de ces rendez-vous de montagne où les vallées envoient leurs troupeaux pour les faire profiter des gras pâturages que ces quelques mois d'été y produisent en quantité ; je voulus à tout prix m'y rendre. De Morlot n'en croyait plus ses yeux.

— Te serais-tu douté d'être capable de supporter une telle fatigue ? me demandait-il parfois.

Et, ma parole ! je crois qu'il avait raison d'être fier et surpris du résultat de sa cure. Néanmoins, à dire vrai, j'étais bien las en arrivant à Interlaken, où nous étions obligés de revenir, y ayant laissé quelques bagages.

---

(1) Claire fontaine.

XVI.

Fribourg.

On discuta la route à prendre pour gagner Fribourg, et il fut arrêté que nous repasserions à Thun et que nous nous rendrions à destination par Schwarzenburg. C'était une affaire de cinq heures en voiture ; et cela nous permettait d'arriver à temps à Fribourg, où nous décidâmes le docteur à nous accompagner.

La route est pittoresque et accidentée. Je jouissais avec délices de cette promenade à travers un pays splendide et laissais mes compagnons discuter à fond les mystères de l'hypnotisme. Après le déjeuner, je sortis toutefois de cette demi-torpeur ; et comme nous approchions de Fribourg, je demandai quelques détails sur son origine.

— A en croire certaines traditions, me répondit le docteur, auquel de Morlot cédait toujours la parole avec déférence, quitte à rectifier, s'il se produisait une erreur dans ses assertions, à en croire certaines traditions, une grande partie du canton de

Fribourg était habitée avant notre ère par un peuple de même origine que les Celtes ou Galls, soumis à la théocratie druidique et qui prirent part à l'expédition dirigée par Divicon. Refoulés dans leurs montagnes par Jules César, ils virent les Romains s'y établir au commencement de notre ère.

Quelques siècles plus tard, quand les peuplades du Nord se ruèrent sur l'Europe, les barbares exercèrent de tels ravages dans tout ce pays, qu'il fut changé par eux en un vaste désert, couvert de forêts impénétrables dont les bêtes féroces troublaient seules le morne silence. Oedland, Uechtland ou Nuithonia, tels furent les noms sous lesquels il fut désigné jusqu'au xve siècle, alors même qu'il faisait dès longtemps partie du royaume de la petite Bourgogne.

— Mais la ville? insistai-je.

— Il est déjà question de Fribur (1) dans une charte de 1162, bien que sa fondation réelle par Berthold IV date seulement de 1179. La nouvelle ville, dotée de franchises qui y firent affluer les habitants, eut pourtant à subir maintes vicissitudes. Après avoir passé de la domination des Zæhringen à celle des Kybourg, Fribourg fut ensuite vendue à Rodolphe, le fondateur de la maison d'Autriche, pour une somme de 3,000 marcs.

Celui-ci confirma et étendit encore ses privilèges. Dès lors les Fribourgeois combattirent avec les Autrichiens contre Berne et les confédérés jusqu'en 1450, époque à laquelle le duc Albert d'Autriche, après les avoir indignement spoliés, les délia de leur serment de fidélité.

Des troubles intérieurs, des guerres malheureuses contre Berne et la Savoie, et plus encore la tyrannie et les vols de Thuring de Hallweil, gouverneur autrichien, ayant épuisé leurs ressources, le duc de Savoie réclama impérieusement 200,000 florins qui lui étaient dus; ne pouvant payer, Fribourg

---

(1) Frei-burg, ville libre.

se soumit à son créancier, le 10 juin 1432. Mais lorsque la guerre de Bourgogne éclata, Fribourg embrassa le parti des confédérés et fut reçue dans la confédération en 1481.

A l'époque de la Révolution française, en 1798, Berne et Fribourg s'unirent pour combattre le pays de Vaud et l'Argovie, qui réclamaient leur liberté, sous la protection des armes françaises. Mais dès le premier jour de la guerre....

— 2 mars, interrompit de Morlot, qui suivait avec intérêt.

— Fribourg fut prise par le général Brune, après deux heures de résistance.

Nous arrivions.

— La singulière ville! m'écriai-je en apercevant de loin la longue ligne de ses remparts crénelés, flanqués çà et là de tours féodales et de portes de fortifications anciennes parfaitement conservées. Comment donc est-elle bâtie ?

— Moitié en plaine, moitié sur la hauteur.

— Voyez : on peut dire que Fribourg est assise sur un massif de rochers entouré de trois côtés par la Sarine, dont les falaises couronnées d'édifices et de verdure descendent presque perpendiculairement dans la rivière.

— Pour citer l'opinion d'un homme d'esprit, Fribourg tout entière semble le résultat d'une gageure faite par un architecte fantasque à la suite d'un dîner copieux.

Je n'en revenais pas.

— Tu en verras bien d'autres à l'intérieur.

En effet, à peine avions-nous dépassé la porte, que nous mîmes pied à terre devant un escalier de vingt-cinq ou trente marches et que nous nous trouvâmes dans un petit vallon pavé et bordé de maisons de deux côtés. Nous prîmes nos chambres dans un hôtel de la rue Grande-Fontaine, d'où nous recevions toute la fumée des maisons de la rue Court-Chemin, les toitures de la seconde étant au niveau du pavé de la première. Je raffolais de ces rues tortueuses, de ces longs escaliers, des vieilles maisons à pignon, des tourelles, des voûtes en ogive qui surgissaient de toutes parts. C'était à se croire en plein moyen-âge.

Sitôt que nous eûmes fait la toilette sommaire du voyageur qui n'a que peu d'instants à perdre, nous allâmes nous promener par la ville et nous nous dirigeâmes vers la cathédrale. Une fontaine de conception naïve attira mon attention.

— C'est un monument du xve siècle, m'expliqua le docteur; et, comme vous le voyez, cela représente Samson — en armure romaine — terrassant un lion.

Certes, il n'y avait pas à s'y méprendre : l'Hercule juif portait à son côté, passée dans un ceinturon, sa mâchoire d'âne en guise d'épée.

— O temps des croyances primitives ! m'écriai-je involontairement.

— Ce qui n'excluait pas les dévouements sublimes, protesta de Morlot, comme en témoigne cet arbre séculaire.

Je me demandais ce qui pouvait bien avoir illustré ce vieil arbre dont les branches décrépites sont soutenues par des piliers de pierre. Le docteur ne me fit pas languir.

— Votre ami vous a naturellement parlé des quatre-vingts jeunes gens que Fribourg avait envoyés à la bataille de Morat.

— Ceux qui avaient, pour se reconnaître entre eux pendant la mêlée, orné leurs couvre-chefs de branches de tilleul ? m'écriai-je aussitôt.

— Parfaitement. Dès que le chef qui commandait ce petit corps de frères eut vu la bataille gagnée, il dépêcha un de ses soldats vers Fribourg pour y porter cette heureuse nouvelle. Le jeune Suisse, comme le Grec de Marathon, fit la course tout d'une traite, et, comme lui, arriva mourant sur la place publique, où il tomba en criant : Victoire ! et en agitant de sa main mourante la branche de tilleul qui lui avait servi de panache. Ce fut cette branche qui, plantée religieusement par les Fribourgeois à la place même où leur compatriote était tombé, produisit l'arbre colossal que vous avez sous les yeux.

— Est-il permis d'en emporter un souvenir ? demandai-je en

cueillant pieusement un tout petit rameau, que je mis sécher dans mon portefeuille.

Nous étions arrivés devant la cathédrale, vieille basilique gothique dont le grand portail mérite une mention particulière.

Cathédrale de Fribourg.

C'est un des plus ouvragés que j'aie vus en Suisse. Il représente le jugement dernier dans tous ses détails : Dieu punissant ou récompensant les hommes, que la trompette du jugement réveille, que les anges séparent en deux troupes, et qui entrent, séance tenante, la troupe des élus dans un château qui représente le paradis, la troupe des damnés dans la gueule d'un serpent qui simule l'enfer. Au-dessous du bas-relief, on lit une inscription qui indique que l'église est sous le vocable de saint Nicolas, et témoigne de la foi que les Fribourgeois ont dans l'intercession du saint qu'ils ont choisi, et du crédit dont ils pensent que leur nation jouit dans le ciel. La voici : *Protegam hanc urbem et salvabo eam propter Nicolaum servum meum* (1).

Cette cathédrale, commencée en 1183, ne fut terminée qu'en 1500. D'innombrables clochetons, d'un goût et d'un travail exquis, décorent la tour qui la domine et se profilent gracieusement à l'horizon. Elle venait d'être restaurée. J'y remarquai une chaire gothique en pierre sculptée d'un assez beau travail, les fonts baptismaux et le monument, surmonté par son buste en marbre blanc, élevé à Aloys Moser, le célèbre facteur d'orgues du siècle dernier, auquel est dû d'ailleurs l'orgue de Fribourg, qu'il ne put achever.

En fait d'orgues, je crois que la Suisse mérite une mention toute spéciale. Ces instruments sont d'une grande beauté. Celui de Fribourg passe pour l'œuvre la plus parfaite qui existe en ce genre, et l'on comprendra combien il est vaste et puissant, quand j'aurai dit qu'il compte 67 registres et 7,800 tuyaux, dont quelques-uns ont dix mètres de longueur. Partout les amateurs affluent aux concerts religieux qui sont donnés trois ou quatre fois par semaine, et à Fribourg deux fois par jour.

Nous remîmes au lendemain l'excursion que nous voulions faire à l'ermitage de Sainte-Madeleine, et pour le reste de la soirée, nous nous absorbâmes dans des pensées d'un ordre tout différent.

Le matin suivant, je ne me ressentais plus de ma fatigue de la surveille. Henri de Morlot avait une lettre d'introduction pour un savant de Lucerne, où l'on désirait qu'il allât faire connaître les nouveaux services promis par l'hypnotisme, et nous devions

---

(1) Je protégerai et sauverai cette ville à cause de mon serviteur Nicolas.

nous séparer du bon docteur que ses affaires rappelaient à Berne.

Nous avions donc résolu de profiter de notre mieux des quelques heures qui nous restaient à passer ensemble, et nous partîmes gaiement comme des écoliers en vacances. J'étais en disposition d'être charmé de tout, même quand nous commençâmes à descendre une *rue de 120 marches* qui devait nous conduire à un pont jeté sur la Sarine. Ce fut bien autre chose lorsque, arrivés au milieu de ce pont, le docteur me conseilla de me retourner pour donner un coup d'œil à l'antique cité, restée antique malgré les progrès de la civilisation qui en ont modernisé tant d'autres.

De là, Fribourg est bien la cité gothique créée pour la guerre et jetée par le caprice hardi de son fondateur comme l'aire d'un oiseau de proie sur la cime escarpée destinée plutôt à servir de retraite aux chamois que de demeure à l'homme. C'est au delà de la Sarine et sur la montagne opposée à la ville, au-dessus d'une espèce de faubourg bâti en amphithéâtre, qu'on découvre la porte Bourguillon, car la ville se divise en quatre quartiers, reliés entre eux par cinq ponts.

Le monument le plus remarquable de Fribourg est sans contredit le pont de fil de fer, qui n'a pas moins de 900 pieds de longueur. Rien de plus hardi, de plus gracieux que cette voie aérienne, chef-d'œuvre de l'industrie humaine, suspendue sur un abîme de 174 pieds de profondeur. De loin on croit voir un fil léger, un sillon lumineux qui traverse l'espace. Deux beaux portiques d'ordre dorique et de 26 mètres d'élévation le terminent et en soutiennent les fils suspenseurs. Le pont du Gotteron est au moins aussi pittoresque.

Nous étions arrivés au charmant endroit dit des Neigles. Nous nous découvrîmes pieusement devant le monument élevé par les Fribourgeois aux soldats français morts sur leur territoire en 1871. C'est une pyramide en molasse, surmontée d'une croix et posée sur un piédestal que supporte un socle en marbre gris.

Honneur à ceux qui savent ainsi rendre hommage au courage même malheureux! Il y a tant de gens aux yeux desquels le victorieux seul trouve grâce!

Tout en exprimant les pensées que la vue de ce monument avait fait naître dans mon cœur, nous avions gagné la chapelle de Notre-Dame de Lorette, dans les niches de laquelle on a placé extérieurement quatorze statues de saints qui portent la date de 1650, et dont quelques-unes sont assez remarquables.

— Entrons, nous dit Henri ; je vous montrerai un *ex-voto* dont j'ai conservé le souvenir.

En effet, il nous conduisit devant une peinture d'une naïveté charmante, représentant un enfant qui tombe dans un précipice et dont les ailes d'un ange amortissent la chute, et je lus avec un sourire l'inscription non moins naïve que je transcris ici : « Le 26 jully 1799 et tombé depuis le heau du roch de la maison des frères Bourger, en montant à Mouttorge jusque dans la Sarine, Joseph, fils de Jeao Veinsant Kolly, bourgeoit de Fribourg, âgé de cinq ans, préservé de Dieu et de la sainte Vierge, sans auqu'un mal. »

On me montra plus tard l'endroit où cette chute eut lieu ; l'enfant est tombé d'une hauteur de cent quatre-vingts pieds à peu près.

Et je compris que cette préservation eût paru miraculeuse à un cœur de mère.

Un quart d'heure plus tard, nous nous trouvions en présence de l'ouvrage le plus merveilleux qu'ait accompli peut-être depuis le commencement des siècles la patience d'un homme. En 1760, un paysan de Gruyère, nommé Jean Dupré, prit la résolution de se faire ermite et de se creuser lui-même un ermitage comme jamais les pères du désert n'avaient eu l'idée de s'en créer un. Après avoir cherché longtemps dans le pays environnant une place convenable, il crut avoir trouvé une masse de rochers à la fois assez solide et assez friable pour pouvoir mettre son projet à exécution. Cette masse, recouverte à son sommet d'une terre végétale sur laquelle s'élèvent des arbres magnifiques, présente au midi l'une de ses faces coupée à pic, et domine, à la hauteur de deux cents pieds à peu près, la vallée de Gotteron.

Dupré attaqua cette masse, non pas pour s'y creuser une simple grotte, mais pour s'y tailler une habitation complète avec toutes ses dépendances, s'imposant en outre pour pénitence de

Une vue de Fribourg.

ne manger que du pain et de ne boire que de l'eau tout le temps que durerait sa tâche.

— Et il entreprit sans aide ce gigantesque travail? demandai-je, effrayé à cette seule pensée.

— D'aucuns disent qu'il s'adjoignit un compagnon, mais cela n'est pas prouvé. Toujours est-il que son œuvre n'était point encore achevée au bout de vingt ans, lorsqu'elle fut interrompue par la mort tragique du pauvre anachorète. Voici comment : la singularité du vœu, la persévérance que Dupré apportait à son accomplissement, la hardiesse de cette fouille à l'intérieur de la montagne, attiraient à la Madeleine nombre de visiteurs ; et comme, des deux chemins qui y conduisaient, celui de la vallée de Gotteron que nous venons de parcourir était le plus court et le plus pittoresque, c'était celui que préféraient les curieux.

Il y avait bien un petit inconvénient : une fois au pied de l'ermitage, il fallait traverser la Sarine, et il n'y avait pas de pont ; mais on a beau être ermite, il reste encore un tantinet d'orgueil au fond du cœur, orgueil qui est délicatement chatouillé par l'admiration du public. Dupré n'était point insensible à celle de ses compatriotes ; aussi se chargea-t-il lui-même de lever la difficulté. Il se procura une barque et, sans murmure, quittait la pioche pour la rame chaque fois qu'une nouvelle société désirait visiter son ermitage. Ce fut ce qui le perdit. Un jour, une bande de jeunes étudiants vint à son tour réclamer l'office du pieux batelier ; et comme ils étaient avec lui au milieu de la rivière, l'un d'eux, riant de la teneur d'un de ses camarades, posa, malgré les remontrances de l'ermite, ses pieds sur les deux bords de la barque et lui imprima, en se laissant peser tantôt à babord, tantôt à tribord, un mouvement si brusque, qu'il la fit chavirer. Les étudiants, qui étaient jeunes et vigoureux, gagnèrent la rive, malgré le courant rapide de la rivière. Le vieillard seul se noya, et l'ermitage resta inachevé.

— Je suis vraiment curieux de voir le résultat de ces efforts persévérants, bien qu'ils eussent pu être dirigés vers un but plus utile.

— C'est facile, me dit le docteur en se levant et en nous montrant le chemin.

Nous parvînmes à cette grotte en descendant quatre ou cinq marches, par une espèce de poterne qui traverse un roc de huit pieds d'épaisseur. Cette poterne nous conduisit sur une terrasse taillée dans la pierre même qui surplombe au-dessus d'elle, à peu près comme le font certaines maisons gothiques dont les différents étages avancent successivement sur la rue.

Une porte s'ouvrait à notre droite ; nous entrâmes. Nous nous trouvâmes dans la chapelle de l'ermitage, longue de 40 pieds, large de 30, haute de 20. J'y remarquai quelques bancs de bois, quelques images saintes.

— Que cela ne vous surprenne pas, me dit le docteur. Deux fois par an un prêtre de Fribourg vient y dire la messe, et alors cette église souterraine, qui rappelle les catacombes où les chrétiens célébrèrent leurs premiers mystères, se remplit de la population de la ville et des villages voisins ; car, avec son apparence moyen-âge, Fribourg a gardé le fanatisme religieux dont elle se faisait honneur il y a trois ou quatre siècles.

— Où mène ceci ? demandai-je curieusement, en m'approchant d'une des portes creusées de chaque côté du maître-autel.

— Entrez, vous le verrez.

Et je me trouvai dans la sacristie, petite chambre carrée d'une dizaine de pieds de large et de haut.

— Et l'autre ?

— Au clocher. Venez admirer ce clocher bizarre, aux prétentions modestes. Contrairement aux habitudes dominatrices de ses confrères, il n'a jamais ambitionné que d'effleurer la surface du sol.

— D'en bas il ressemble à une cheminée, m'écriai-je en riant.

— Et d'en haut à un puits, me répondit de Morlot. Nous irons lui rendre visite. Sa cloche est suspendue au milieu des arbres qui couronnent la montagne, à quatre ou cinq pieds au-dessus du sol, tandis que le tuyau du clocher par lequel on la met en branle a soixante-dix pieds de long.

Presque en face de l'autel se trouve une porte qui conduit à une chambre. Dans cette chambre est un escalier de dix-huit marches qui mène à un petit jardin. Cette chambre ouvre également sur un bûcher, et du bûcher on arrive dans la cuisine.

On serait tenté de supposer que, vu la maigre chère à laquelle s'était condamné l'anachorète, il avait pu négliger cette partie de son petit domaine. Il n'en est rien. C'est peut-être la portion de son ermitage à laquelle, par une prédilection bien innocente et bien désintéressée, il paraît avoir donné le plus de soin.

De là nous gagnâmes un corridor long de 80 pieds et large de 14, dont nous eûmes du mal à nous expliquer la destination. Le digne homme eût bien pu s'épargner toute la peine qu'il lui a coûtée.

Ce corridor était éclairé par quatre fenêtres percées comme des meurtrières, dans une plus ou moins grande épaisseur, selon les saillies extérieures que faisait le rocher. Il nous mena dans la chambre de l'ermite, qui forme la dernière pièce de ce bizarre appartement. Son lit de bois vermoulu, sur lequel étaient posés un matelas et une couverture, sert encore, dit-on, au gardien de l'ermitage, passé ermite par le seul fait de la solitude presque absolue dans laquelle s'écoule sa vie.

La longueur de la trouée faite dans le roc par Jean Dupré est de trois cent soixante-cinq pieds : il s'est arrêté à ce chiffre en mémoire des jours de l'année. La voûte a partout quatorze pieds de hauteur.

En revenant par la chambre contiguë à la chapelle, nous descendîmes les 18 marches de l'escalier qui nous conduisit au jardin où poussent de maigres légumes, fruits de l'industrie du gardien.

Celui-ci, qui nous avait rejoints pour ne pas perdre ses droits au pourboire sur lequel il comptait, nous montra une excavation du rocher qu'il désigna sous l'appellation caractéristique de *cave de l'ermite*. C'est l'entrée d'une source excellente où nous nous désaltérâmes longuement, tant à notre santé qu'à celle de ce digne Jean Dupré de persévérante mémoire.

Hélas ! les meilleurs moments sont éphémères. Déjà le docteur, qui prenait le train avant nous, avait tiré deux fois sa montre. Le soleil montait à l'horizon, il fallait s'arracher à ce site charmant et surtout laisser derrière nous cet aimable compagnon que je connaissais depuis quelques jours à peine et que j'aimais déjà comme un père.

Nous devisions moins gaiement en regagnant Fribourg, et en arrivant à la gare nous ne causions plus du tout ; ce que voyant le bon docteur, qui était par tempérament ennemi de la tristesse, nous donna rendez-vous à la prochaine *fête de voisinage* qu'il y aurait à Fribourg.

— Qu'est-ce donc que cette fête ? Je n'en ai jamais entendu parler.

— Une réunion d'un genre tout particulier, me répondit-il, où tous les rangs de la société sont volontairement confondus de la manière la plus piquante et la plus fraternelle. La fête se compose d'une grand'messe, d'un festin et d'un bal, où chaque homme du voisinage doit conduire la femme jeune ou vieille que le sort lui donne en partage.

— Je vous promets d'y venir, pourvu que Mme Haller et ses charmantes filles vous accompagnent, répondis-je.

— Assurément, je n'y viendrai pas sans elles ; mais à quoi cela servira-t-il ? me répondit le docteur en souriant. Le sort n'a pas de ces complaisances que vous semblez espérer. C'est absolument une loterie qui donne naissance aux rapprochements les plus bizarres.

— A quand le rendez-vous ?

— Ces fêtes ne sont point à époque fixe ; s'il y en a une d'ici à peu de temps, vous pouvez compter sur moi pour vous prévenir.

— Et sur moi pour profiter d'une aussi bonne occasion de vous revoir.

XVII.

Lucerne.

Une heure après le départ de M. Haller, de Morlot et moi nous reprenions la route de Thun, mais en passant cette fois par Gurnigel, où il pensait trouver quelqu'un qu'il ne rencontra pas d'ailleurs. De là, nous comptions rejoindre à pied Gümligel pour nous diriger sur Lucerne ; cela allongeait un peu, mais cela variait délicieusement le paysage.

Nous couchâmes le soir à la station thermale de Gurnigel, située sur la montagne du même nom, près d'une vaste forêt de sapins, à 1,153 mètres d'altitude. Le climat nous saisit comme étant bien rude et bien froid pour la saison, mais que l'air y était pur et sain ! La poitrine s'y dilatait comme à plaisir.

Le lendemain, nous descendimes à Gümligel par des routes charmantes, où chaque tournant nous réservait une surprise et m'arrachait un cri d'admiration. Dans l'après-midi, nous arrivions à Lucerne. Peu d'instants avant d'entrer en gare, je lisais cette page qui m'est restée dans la mémoire :

« En face de moi, au fond de son petit golfe, s'élevait Lucerne, entourée de fortifications qui remontent au xvie siècle et qui donnent un aspect étrange à cette ville, dans un pays où les véritables remparts sont bâtis de la main de Dieu et s'élèvent à 14,000 pieds de hauteur ; à sa droite et à sa gauche, comme deux sentinelles, comme deux géants, comme le génie du bien

Une vue de Lucerne.

et du mal, s'élèvent le Righi (1), cette reine des montagnes, revêtu de son manteau de verdure, brodé de villages et de chalets, et le Pilate, squelette osseux et décharné, couronné de nuages où donnent les tempêtes. Jamais contraste plus complet que celui qu'offrent ces deux montagnes n'a été embrassé d'un

---

(1) *Mons rigidus*, le mont sauvage, et non pas, comme on l'a dit, *regina montium*, la reine des monts.

coup d'œil. L'une, couverte de végétation de sa base à son sommet, abrite 150 chalets et nourrit 3,000 vaches. L'autre, comme un mendiant, vêtue à peine de quelques lambeaux de verdure sombre qui laissent apercevoir ses flancs nus et déchirés, n'est habitée que par les orages et les aigles, les nuages et les vautours. La première n'a que des traditions riantes, la seconde ne rappelle que des légendes infernales. »

On juge si j'étais pressé de contempler une cité qui m'était annoncée avec une telle magnificence. Je ne fus pas désappointé. Malgré ce que j'ai dit du charme et du pittoresque des autres villes que j'avais déjà visitées, Lucerne les dépasse toutes, car sa position est unique peut-être : dans une contrée ravissante, au bord d'un lac admirable, en face des Alpes, de Schwitz, d'Uri, d'Unterwalden et d'Engelberg !

Comme nous avions à passer la Reuss, nous nous engageâmes sur le pont dit Kapellbrücke, et mon étonnement fut grand, je vous assure, en me trouvant au milieu. Il faut vous dire que ce pont remonte à 1303 ; aussi a-t-il des allures très primitives. Les pièces de bois qui supportent le toit sont ornées de 154 tableaux. Le côté que nous suivions représentait la vie et les principales actions de saint Léger et de saint Maurice, patrons de Lucerne ; mais en revenant, nous prîmes l'autre côté, et nous vîmes que les sujets de ces peintures naïves étaient empruntés à l'histoire nationale.

— Veux-tu voir, me dit de Morlot, à quoi Lucerne doit son nom ?

Et il fit halte au milieu du pont, devant une tour pittoresque formant jadis un des anneaux de la chaîne des fortifications féodales de la ville. Je le regardais avec surprise.

— Tu ne comprends pas ? reprit-il en réponse à mon regard ; cette tour servait autrefois de fanal ou de phare (*lucerna*) aux barques qui entraient dans la Reuss, et c'est de son ancien nom qu'on a fait Lucerne.

Notre hôtel se trouvait situé sur le quai Schweizerhof, et des fenêtres de ma chambre, on jouissait d'une vue charmante. Je voyais le Righi à l'est et le Pilate au sud, et entre ces deux montagnes les rochers escarpés du Burgenstock, en avant duquel apparaissait scintillant aux feux du couchant le lac des Quatre-Cantons, encadré entre ses rives verdoyantes.

Le lendemain matin, j'accompagnai de Morlot chez la personne avec laquelle il venait s'entendre, et je l'attendis dans un jardin où il m'avait dit que je trouverais la principale curiosité de la ville, le lion de Lucerne. Je le cherchais en l'air sur un piédestal et m'étonnais de ne le point trouver, quand je fus rejoint par Henri.

— N'est-ce pas qu'il est beau ? me dit-il.

J'osais à peine convenir que je ne l'avais pas vu. Il le devina sans doute, car il m'entraîna vers une grotte peu profonde creusée dans une paroi de rocher verticale que couronnent des plantes grimpantes arrosées par un délicieux jet d'eau. Et là, je vis un lion colossal, long de neuf mètres et haut de six, qui, percé d'une lance, expire en couvrant de son corps un bouclier fleurdelisé.

— Que rappelle cette magistrale composition ? demandai-je à Morlot.

— Quoi ! tu l'ignores ? Ce monument a été élevé à la mémoire des 760 soldats et des 26 officiers qui, le 10 août 1792, moururent à leur poste en défendant Louis XVI et sa famille, ou qui furent massacrés les 2 et 3 septembre de la même année. Vois ici leurs noms et l'inscription qui rappelle leur dévouement :

Helvetiorum fidei ac virtuti, die 10 aug., 2 et 3 sept. 1792. Hæc sunt nomina eorum qui, ne sacramenti fidem fallerent, fortissime pugnantes ceciderunt (1).

— C'est vraiment beau ! ajoutai-je, en revenant sur mes pas pour revoir encore l'admirable proportion de formes du noble

---

(1) A la fidélité et à la vertu des Helvétiens, 10 août, 2 et 3 septembre 1792. Voici les noms de ceux qui, pour ne pas faillir à leur serment, tombèrent en combattant vaillamment.

animal, dont le regard, prêt à s'éteindre pour jamais, semble menacer encore et dont la face majestueuse offre l'image d'une mâle douleur et d'un courage tranquille et résigné.

— Ce monument est dû au fameux sculpteur Thorwaldsen, et fut exécuté par un artiste de Constance, nommé Ahorn, qui était bien jeune alors.

A quelques pas du monument s'élève une petite chapelle, surmontée de l'inscription : *Pax invictis* (1), où se trouvent les armoiries des officiers. L'autel est couvert d'une nappe de soie brodée de la main de la duchesse d'Angoulême, fille de Louis XVI.

— Pour quand ta conférence? demandai-je quelques instants plus tard à mon ami.

— Pour demain soir.

— Et qu'allons-nous faire d'ici-là ?

— Que dirais-tu d'une ascension au Righi ?

— En aurions-nous le temps ? demandai-je enchanté.

— Comment ! on y monte en chemin de fer et en deux heures.

Je tombais des nues.

— En chemin de fer ! mais pas jusqu'au sommet ?

— Jusqu'au point culminant, au contraire, situé à 1,800 mètres; c'est une innovation de 1873.

— Je voudrais bien voir cela, m'écriai-je.

— C'est facile ! Rentrons déjeuner, puis nous partirons.

Une heure après, nous prenions place dans le train formé d'un seul vagon contenant neuf banquettes à six places, et qu'une légère toiture abrite seule du soleil ou de la pluie, afin de laisser de toutes parts la vue libre aux voyageurs. Une petite locomotive poussait notre vagon à la montée et devait sans doute le retenir à la descente. Et comme je m'inquiétais de ce que devenait la chaudière sur une pente qui varie de 20 à 25 0/0, de Morlot me fit voir comment elle est inclinée sur le penchant de la loco-

---

(1) Paix aux invaincus.

motive, de telle sorte que dans ces pentes que je redoutais, elle se trouve toujours placée verticalement.

— Et puisque tu t'intéresses à cette création vraiment originale, examine les rails. Tu ne vois d'abord que les deux rails ordinaires ; mais regarde, et tu distingueras deux autres rails peu écartés l'un de l'autre, reliés entre eux par des espèces d'échelons très rapprochés, formant une crémaillère et dans lesquels viennent s'engrener des roues dentées qui sont placées entre les roues ordinaires du vagon et de la locomotive.

— Quel avantage cela présente-t-il donc ?

— Un très grand : c'est que, par ce système, le train peut s'arrêter instantanément.

Mais le charme du paysage détournait forcément notre attention de cette idée merveilleuse de faire une ascension en chemin de fer. Au tiers du chemin environ, notre train s'engloutit dans un tunnel de quelque importance, et immédiatement après, alors que l'œil était encore blessé de la vive lumière du jour, il s'engagea sur un viaduc courbe en tôle, qui s'élève à 23 mètres au-dessus du torrent de Schnurtobel, et repose sur deux tréteaux en tôle d'inégale grandeur. Heureusement qu'on ne le voit pas d'avance, car on aurait peur, tant le tout est d'une légèreté vraiment effrayante.

Plus nous montions, et plus la vue sur le lac des Quatre-Cantons, qui passe généralement pour le plus beau lac de la Suisse, devenait étendue. Il est certain que le caprice de ses formes tourmentées donne à ses différentes perspectives beaucoup d'inattendu.

Une fois au sommet, nous mîmes pied à terre sur un espace de terrain assez irrégulier et tout couvert de gazon. J'y remarquai un échafaudage en bois qui sert de signal, de point de mire pour les mesures trigonométriques et de belvédère aux voyageurs. Nous y montâmes comme si trois ou quatre mètres d'élévation de plus devaient compter pour grand'chose à la hauteur où nous étions déjà parvenus. Nous embrassions le lac de Zug, le lac d'Egeri, le lac de Lowerz, le lac de Lucerne, le lac Sempach, de Kussnach, de Balldegg, de Hallwyl, et enfin celui des Quatre-Cantons, plus vaste à lui seul que tous les autres ensemble. On apercevait en outre une quantité de villes et de villages nichés dans une riche verdure. Cette vue merveilleuse me causa un éblouissement qui m'est, je crois, resté dans le regard. Dès que j'y songe et que je ferme les yeux, ce splendide coup d'œil se retrace devant moi, tel que je l'embrassai ce jour-là.

Je demandai à descendre à pied. Je commençais sincèrement à trouver plus de plaisir, malgré la fatigue, à pouvoir me détourner pour aller voir telle ou telle chose qui flattait ma curiosité.

C'est ainsi qu'ayant traversé un espace bouleversé que je n'avais pas remarqué en chemin de fer, je flairai quelque chose d'insolite, peut-être quelque légende ; je m'informai et j'appris que c'était la conséquence d'un fait malheureusement trop réel. Naturellement je n'en avais jamais ouï parler et je demandai des détails. Voici ce que l'on me raconta :

L'été de 1806 avait été très pluvieux ; le 1er et le 2 septembre en particulier, la pluie ne cessa pas un seul instant ; on remarqua sur les flancs du Rossberg des crevasses qu'on n'y avait jamais aperçues, et dans l'intérieur on entendit un craquement sourd qui porta la terreur dans l'âme de ceux qui le surprirent. Des fragments de rochers détachés commençaient à glisser le long de la montagne.

Le 2 septembre, à deux heures de l'après-midi, un énorme rocher tomba dans la vallée et souleva un nuage de poussière noire. Vers la partie inférieure de la montagne, le terrain semblait pressé par la couche supérieure, et, lorsqu'on y enfonçait un pieu ou une bêche, ces objets se mouvaient d'eux-mêmes.

Bientôt on remarqua une crevasse plus large que toutes les autres et qui allait en s'agrandissant peu à peu ; soudain, toutes les sources s'arrêtèrent comme d'un commun accord ; les oiseaux

Chemin de fer du Righi.

s'envolèrent en poussant de grands cris ; toute la surface de la montagne sembla glisser dans la vallée, qu'elle couvrit d'un chaos de roches énormes et de terre.

— Quelle catastrophe ! m'écriai-je. Et ce fut important ?

— La partie de la montagne qui s'était éboulée avait environ cinq kilomètres de longueur, sur trois cent vingt-quatre mètres de largeur et trente-deux mètres d'épaisseur ; en cinq minutes, une des plus belles vallées de la Suisse venait d'être transformée en un affreux désert.

Quatre villages entiers, Goldau, Roethen, Ober et Unter-Bussingen, six églises, cent vingt maisons, deux cents étables ou chalets, quatre cent cinquante-sept habitants, deux cent vingt-cinq têtes de bétail, cent onze arpents de terrain, dont un tiers en magnifiques prairies, étaient ensevelis, écrasés sous les ruines du Rossberg.

— Quel malheur et quelle perte !

— On évalue cette dernière à plus de deux millions de francs. Il n'est resté de Goldau qu'une cloche de son église, trouvée à un kilomètre de là.

— Qu'est-ce que tu appelles le Rossberg ? demandai-je en parcourant de l'œil cette forêt de pics qui répondent à des centaines de noms.

— Vois-tu ce chaînon des Alpes en face de nous, et par conséquent du Righi ? Il sépare le canton de Schwitz des lacs de Zug et d'Egeri ; c'est ce que l'on nomme le Rossberg.

— A quelle cause attribue-t-on ce déplacement de la montagne ?

— A une cause fort simple, mais qui a longtemps échappé à la sagacité de nos savants : c'est que la partie supérieure de cette montagne est formée d'une espèce de poudingue appelée *nagelfluh*, et reposant sur des couches argileuses qui, lorsqu'elles sont ramollies par les eaux, permettent aux terrains supérieurs de glisser sur leurs pentes. Déjà en 1795, il y avait eu une première éruption ; vois dans cet espace aride et couleur de rouille.

Je cherchai quelque trace de volcan éteint ou en activité et n'aperçus rien.

— Quelle éruption? fis-je naïvement.

— Oh! une éruption bizarre qui menaça un instant les habitants du Wegghis du même sort que ceux d'Herculanum ; seulement, au lieu d'être engloutis par la lave, ils faillirent l'être par la boue. Le 16 octobre 1795, au point du jour, les habitants, qui toute la nuit avaient été tenus sur pied par des bruits dont ils ignoraient la cause, virent se former des crevasses transversales au tiers de la hauteur, à l'endroit où les couches de brèche du Rossberg, échancrées par la vallée de Goldau, viennent s'appuyer aux couches calcaires du Righi. De ces crevasses sortit un courant de vase d'une teinte ferrugineuse, qui descendit comme une large nappe de fange d'un quart de lieue de largeur et de dix à vingt pieds de hauteur, suivant les inégalités du terrain, et s'avançant avec assez de lenteur pour donner aux habitants le loisir d'enlever ce qu'ils avaient de plus précieux ; pareille en tout point à la lave, excepté que sa fusion n'était point produite par la chaleur, cette boue s'amoncelait à la partie des objets qui lui faisaient obstacle, et passait par-dessus quand elle ne les poussait pas devant elle.

L'éruption dura ainsi sept jours ; et partout où elle passa, la fraîche verdure du Righi disparut sous une teinte ferrugineuse qui, vue du lac, forme encore une dartre immense aux flancs de la montagne.

Au reste, l'industrie des habitants a déjà reconquis à la végétation une partie de ce désert, et finira par le recouvrir entièrement. Alors, comme les pêcheurs de Torre del Greco et de Résina, ils dormiront de nouveau couchés à la base d'un volcan tout aussi dangereux que celui de Naples.

— Il n'y a pourtant pas de feux souterrains, on n'en voit nulle trace? demandai-je.

— Non ; le phénomène dont ils ont manqué d'être victimes vers la fin du siècle dernier est causé par l'infiltration des eaux qui pénètrent des sommets du Righi dans l'intérieur de la montagne, trouvant une couche de terre entre deux couches de rochers et lui ôtant sa consistance, de sorte que, cédant à la pression de la masse supérieure, cette terre délayée s'échappe à l'état de boue.

— Ces symptômes me paraissent d'autant plus alarmants, que ce sont les mêmes qui amenèrent la chute du Rossberg dont tu me parlais tout à l'heure.

— Oui ; mais cette fois ce ne serait plus une couche de la montagne qui se précipiterait dans la vallée, mais la montagne tout entière qui glisserait sur sa base, comme le vaisseau sur le chantier en planches où on l'a construit, et qui, comblant le lac de Lucerne, inonderait tout le pays environnant.

Je fus distrait des tristes pensées que ces présages lugubres avaient fait naître en moi, par la vue d'une sorte d'arc triomphal naturel. Il est formé par quatre blocs de rochers qui se sont dressés les uns contre les autres, ce que l'on explique difficilement, quoiqu'il soit évident que la main des hommes n'est pour rien dans ce capricieux incident de la nature, attribué au diable, comme bien vous le pensez.

Le soleil couchant empourprait alors le sommet du Pilate, sans pouvoir, malgré la magie des rayonnements dont il le pailletait, lui enlever rien de son austère nudité.

— Et sur le Pilate, demandai-je, n'as-tu rien à me dire ? D'où lui vient donc son nom ?

— Du mot latin *pilateus*, qui veut dire coiffé ; parce que, ayant toujours des nuages à sa cime, il a l'air d'avoir la tête couverte, ce qui est prouvé par ce dicton :

> Quand Pilate aura mis son chapeau,
> Le temps sera serein et beau.

— Tu me désappointes ; je croyais à quelque chose de mieux.

— Oh ! si tu y tiens, je te ferai dire la tradition par quelque paysan.

— Si j'y tiens ! mais tout de suite, mon cher.

Quelques minutes après, de Morlot accostait un brave homme, en apparence fort occupé à regarder couler l'eau au fond d'un petit ravin escarpé.

— Mon ami, lui dit-il poliment, pourriez-vous nous dire le nom de cette montagne ?

— De celle-là, rouge et décharnée, qui a trois sommets en souvenir des trois croix du calvaire ?

— Précisément.

— C'est le Pilate, messieurs, qui sert de tombe à celui qui condamna le Christ.

— A Ponce Pilate ?

— Voyons, contez-nous ça, mon brave.

— Avec plaisir, messieurs. Pour lors, comme vous le savez, le bourreau de Notre-Seigneur ayant été appelé de Jérusalem à Rome par l'empereur Tibère....

Je regardai mon ami, qui mordillait sa moustache avec un sourire. Le paysan continua sans broncher :

— Voyant qu'il allait être condamné à mort pour son crime, il se pendit aux barreaux de sa prison ; de sorte que, lorsqu'on vint pour l'exécuter, on le trouva mort. Mécontent de voir sa besogne faite, le bourreau lui mit une pierre au cou et jeta le cadavre dans le Tibre. Mais à peine y fut-il, que le Tibre cessa de couler vers la mer, et que, refluant à sa source, il couvrit les campagnes et inonda Rome. En même temps, des tempêtes affreuses vinrent éclater sur la ville ; la pluie et la grêle battirent les maisons ; la foudre tomba et tua un esclave qui portait la litière de l'empereur Auguste, lequel eut une telle peur, qu'il fit vœu de bâtir un temple à Jupiter Tonnant. Si vous allez à Rome, vous le verrez, il y est encore. Mais, comme ce vœu n'arrêtait pas le carillon, on consulta l'oracle : celui-ci répondit que tant qu'on n'aurait pas repêché le corps de Ponce Pilate, la désolation de l'abomination continuerait. Il n'y avait rien à dire. On convoqua les bateliers et on les mit en réquisition ; mais pas un ne se souciait de plonger pour aller chercher le farceur qui faisait un pareil sabbat au fond de l'eau. Enfin on fut obligé d'offrir la vie à un condamné à mort, s'il réussissait dans l'entreprise. Le condamné accepta. On lui mit une corde autour du corps ; il plongea deux fois dans le Tibre, mais inutilement ; à la troisième, voyant qu'il ne remontait pas, on tira la corde ; alors il remonta à la surface de l'eau, tenant Ponce Pilate par la barbe. Le plongeur était mort ; mais, dans son agonie, ses doigts crispés n'avaient point lâché le maudit. On sépara les deux cadavres l'un de l'autre ; on enterra magnifiquement le condamné, et l'on décida qu'on emporterait l'ex-proconsul de Judée à Naples, et qu'on le jetterait dans le Vésuve. Mais à peine le corps fut-il dans le cratère, que toute la montagne mugit, que la terre trembla ; les cendres jaillirent, les laves coulèrent ; Naples fut renversée, Herculanum ensevelie et Pompéia détruite.

Je regardai encore Morlot, et nous échangeâmes un sourire.

— Enfin, comme on se douta que tous ces bouleversements venaient encore du fait de Ponce Pilate, on proposa une grande récompense à celui qui le tirerait de sa nouvelle tombe. Un citoyen dévoué se présenta, et, un jour que la montagne était un peu plus calme, il prit congé de ses amis et partit pour tenter l'entreprise, défendant que personne le suivît, afin de n'exposer que lui seul. La nuit qui suivit son départ, tout le monde veilla ; mais nul bruit ne se fit entendre : le ciel resta pur, et le soleil se leva magnifique ; et comme on ne l'avait pas vu depuis longtemps, alors on alla en procession sur la montagne, et l'on trouva le corps de Ponce Pilate au bord du cratère ; mais de celui qui l'en avait tiré, jamais, au grand jamais, on n'en entendit parler. Alors, comme on n'osait plus jeter Pilate dans le Tibre, à cause des inondations ; comme on ne pouvait le pousser dans le Vésuve, à cause des tremblements de terre, on le mit dans une barque, que l'on conduisit hors du port de Naples, et qu'on abandonna au milieu de la mer, afin qu'il s'en allât, puisqu'il était si difficile, choisir lui-même la sépulture qui lui conviendrait. Le vent venait de l'orient, la barque marcha donc vers l'occident; mais, après huit ou dix jours, il changea, et, comme il tourna au midi, la barque navigua vers le nord. Enfin elle entra dans le golfe de Lyon, trouva une des bouches du Rhône, remonta le fleuve jusqu'à ce que, rencontrant près de Vienne, en Dauphiné, l'arche d'un ancien pont caché par l'eau, l'embarcation chavira.

Alors, les mêmes prodiges recommencèrent : le Rhône s'émut, le fleuve se gonfla, et l'eau couvrit les terres basses ; la grêle coupa les moissons et les vignes des terres hautes, et le tonnerre tomba sur les habitations des hommes. Les Viennois, qui ne savaient à quoi attribuer ce changement dans l'atmosphère, bâtirent des temples, firent des pèlerinages, s'adressèrent aux plus savants devins de France et d'Italie ; mais nul ne put dire la cause de tous les malheurs qui affligeaient la contrée. Enfin la désolation dura ainsi près de deux cents ans. Au bout de ce temps, on entendit dire que le Juif errant allait passer par la ville, et, comme c'était un homme fort savant, attendu que, ne pouvant mourir, il avait toute la science des temps passés, les bourgeois résolurent de guetter son passage et de le consulter sur les désastres dont ils ignoraient la cause. Donc, un jour l'ayant aperçu à son entrée dans la ville, ils le prièrent de les débarrasser de cette peste ; le Juif errant y consentit ; les bourgeois le remercièrent et voulurent lui donner à dîner ; mais, comme vous le savez, il ne pouvait pas s'arrêter plus de cinq minutes au même endroit, et, comme il y en avait déjà quatre qu'il causait avec les bourgeois de Vienne, il descendit vers le Rhône, s'y jeta tout habillé, et reparut au bout d'un instant, portant Ponce Pilate sur ses épaules ; les bourgeois le suivirent quelque temps en le comblant de bénédictions. Mais comme il marchait trop vite, ils l'abandonnèrent à deux lieues de la ville, en lui disant que si jamais ses cinq sous venaient à lui manquer, ils lui en feraient la rente viagère.

Le Juif errant les remercia et continua son chemin, assez embarrassé de ce qu'il allait faire de son ancienne connaissance Ponce Pilate. Il fit ainsi le tour du monde, tout en pensant où il pourrait le mettre, et cela sans jamais trouver une place convenable, car partout il pouvait renouveler les malheurs qu'il avait déjà causés. Enfin, en traversant la montagne que vous voyez, qui, à cette époque, s'appelait Fracmont (1), il crut avoir trouvé son affaire. En effet, presque à sa cime, au milieu d'un désert horrible, et sur un lit de rochers, s'étend un petit lac qui ne nourrit aucune créature vivante ; ses bords sont sans roseaux et ses rivages sans arbres. Le Juif errant monta sur le sommet de l'Esel, que vous voyez d'ici, le plus pointu des trois pics, et d'où l'on découvre, par le beau temps, la cathédrale de Strasbourg, et de là jeta Ponce Pilate dans le lac.

A peine y fut-il, qu'on entendit à Lucerne un carillon auquel on n'était pas habitué. On eût dit que tous les lions d'Afrique, tous les ours de la Sibérie et tous les loups de la forêt Noire rugissaient dans la montagne. A compter de ce jour-là, les nuages, qui ordinairement passaient au-dessus de sa tête, s'y arrêtèrent ; ils arrivaient de tous les côtés du ciel, comme s'ils s'y étaient donné rendez-vous ; cela faisait, au reste, que toutes les tempêtes éclataient sur le Fracmont et laissaient assez tranquille le reste du pays.

Ça dura comme ça mille ans à peu près. Ponce Pilate faisait toujours les cent dix-neuf coups ; mais, comme la montagne est à trois ou quatre lieues de la ville, il n'y avait pas grand inconvénient, et on le laissait faire. Seulement, toutes les fois qu'un paysan ou une paysanne se hasardait dans la montagne sans être en état de grâce, c'était autant de flambé ; Ponce Pilate leur mettait la main dessus, et bonsoir.

---

(1) *Mons fractus.*

Enfin, un jour, c'était au commencement de la réforme, en 1525 ou 1530, je ne sais plus bien l'année, un frère rose-croix, Espagnol de nation, qui venait de visiter la terre sainte et qui cherchait des aventures, entendit parler de Ponce Pilate, et vint à Lucerne dans l'intention de mettre le païen à la raison. Il demanda à l'avoyer de lui laisser tenter l'entreprise, et, comme la proposition était agréable à tout le monde, on l'accepta avec reconnaissance. La veille du jour fixé pour l'expédition, le frère rose-croix communia, passa la nuit en prières, et, le premier vendredi du mois de mai 1531, je me le rappelle maintenant, il se mit en route pour la montagne, accompagné jusqu'à Steinbach, ce petit village à notre droite, par toute la ville ; quelques-uns plus hardis s'avancèrent même jusqu'à Nergiswil ; mais là le chevalier fut abandonné de tout le monde et continua sa route, seul, ayant son épée pour toute arme.

A peine fut-il dans la montagne, qu'il trouva un torrent furieux qui lui barrait le chemin ; il le sonda avec une branche d'arbre ; mais il vit qu'il était trop profond pour être traversé à gué ; il chercha de tous côtés un passage et n'en put trouver ; enfin, se confiant en Dieu, il fit sa prière, résolu de le franchir, quelque chose qui pût arriver, et, lorsque sa prière fut finie, il releva la tête et reporta les yeux sur l'obstacle qui l'avait arrêté. Un pont magnifique était jeté d'un bord à l'autre ; le chevalier vit bien que c'était la main du Seigneur qui l'avait bâti, et s'y engagea hardiment. A peine avait-il fait quelques pas sur l'autre rive, qu'il se retourna pour voir encore une fois l'ouvrage miraculeux ; mais le pont avait disparu.

Une lieue plus avant, et comme il venait de s'engager dans une gorge étroite et rapide qui conduisait au plateau de la montagne où se trouve le lac, il entendit un bruit effroyable au-dessus de sa tête ; au même moment la masse de granit sembla chanceler sur sa base, et il vit venir à lui une avalanche qui, se précipitant pareille à la foudre, remplissait toute la gorge et roulait bondissante comme un fleuve de neige ; le rose-croix n'eut que le temps de mettre un genou en terre et de dire : « Mon Dieu, Seigneur ! ayez pitié de moi ! » Mais à peine avait-il prononcé ces paroles, que le flot immense se partagea devant lui, passant à ses côtés avec un fracas affreux, et, le laissant isolé comme une île, alla s'engloutir dans les abîmes de la montagne.

Enfin, comme il mettait le pied sur la plate-forme, un dernier obstacle, et le plus terrible de tous, vint s'opposer à sa marche. C'était Pilate lui-même, en tenue de guerre, et tenant pour arme à la main un pin dégarni de ses branches, dont il s'était fait une massue. La rencontre fut terrible ; si vous montiez sur la montagne, vous pourriez voir encore l'endroit où les deux adversaires se joignirent. Tout un jour et toute une nuit ils combattirent et luttèrent ; et le rocher a conservé l'empreinte de leurs pieds. Enfin, le champion de Dieu fut vainqueur, et, généreux dans sa victoire, il offrit à Pilate une capitulation qui fut acceptée : le vaincu s'engagea à rester six jours tranquille dans son lac, à la condition que le septième, qui serait un vendredi, il lui serait permis d'en faire trois fois le tour en robe de juge ; et, comme ce traité fut juré sur un morceau de la vraie croix, Pilate fut forcé de l'exécuter de point en point. Quant au vainqueur, il redescendit de la montagne et ne retrouva plus ni l'avalanche ni le torrent, qui étaient des œuvres du démon, et qui avaient disparu avec sa puissance.

Alors, le conseil de Lucerne prit une décision : ce fut d'interdire l'ascension du Pilate le vendredi ; car, ce jour, la montagne appartenait au maudit, et le rose-croix avait prévu que ceux qui le rencontreraient mourraient dans l'année. Pendant trois cents ans cette coutume fut observée : aucun étranger ne pouvait gravir le Pilate sans permission ; ces permissions étaient accordées par l'avoyer pour tous les jours de la semaine, excepté le vendredi ; et chaque semaine, les pâtres prêtaient serment de n'y conduire personne pendant l'interdiction ; cette coutume dura jusqu'à la guerre des Français en 1799. Depuis ce temps, va qui veut et quand il veut au Pilate. Mais il y a plusieurs exemples que le bourreau du Christ n'a pas renoncé à ses droits.

Nous glissâmes une pièce blanche dans les mains du narrateur, qui avait parlé pour parler, et qui ne s'attendait pas à une rémunération quelconque ; dans sa joie, il jeta la pièce en l'air trois fois et la rattrapa le plus adroitement du monde en fredonnant le ranz des vaches, tandis que, satisfaits d'avoir causé tant de plaisir à si peu de frais, nous regagnâmes notre hôtel tout contents.

— Il est sur le Pilate un endroit appelé la Blündlisalp, me racontait de Morlot en dinant, où l'on remarque un merveilleux écho ; mais pour en tirer des sons, il faut être doué d'une poitrine robuste. Les bergers habitués à le faire retentir se placent vis-à-vis de la paroi du rocher et, se tournant lentement en demi-cercle, émettent par intervalles des sons, qui, mille fois répétés par toutes les anfractuosités des rochers, produisent une musique harmonieuse dont tu ne saurais te figurer le charme pendant le calme des belles soirées.

— Quel dommage que notre temps soit si limité ! m'écriai-je. Mais je n'y pouvais rien ; l'idée ne me vint même pas que je pouvais rester au delà des quelques jours qui restaient à Henri.

— Que ferons-nous de notre journée de demain ? demandai-je au moment de nous séparer.

— Je me le suis déjà demandé ; que dirais-tu d'une excursion au lac de Sarnen ?

— Il y a un souvenir historique ? répondis-je.

Et, sur l'affirmative, nous fîmes nos préparatifs de départ.

XVIII.

Un jour de pluie.

Mais, hélas ! on ne jouit pas de tous les plaisirs. Nous avions admiré le Pilate inondé des feux du couchant, sans nous préoccuper du proverbe. Le Pilate était décoiffé : il ne pouvait pas faire beau. Pendant la nuit un orage épouvantable éclata sur la ville : pluie, vent, grêle, se déchaînèrent à l'envi. Aussi, le lendemain, le temps était-il pris et bien pris. Il fallut renoncer à l'exécution projetée. J'en avais horriblement gros cœur, car les paysages de montagnes privés des sourires du soleil sont vraiment bien tristes.

— Dis-moi au moins quel souvenir historique se rapporte à cette petite ville que nous devions aller voir.

— C'est là que s'est joué le premier acte du drame sanglant de nos libertés ; c'est la colline du Laudenberg, qui domine Sarnen, que je voulais te montrer. Elle doit son nom à un vieux château où l'empereur Albert d'Autriche, fils de Rodolphe de Habsbourg, avait établi comme bailli le chevalier Beringen de Laudenberg, qui s'illustra de si triste façon.

Un laboureur de Melchthal, Henri an der Halden, ayant été condamné, pour une faute légère, à perdre un bel attelage de bœufs, un valet du bailli vint détacher les bœufs de la charrue, en disant : « Quand le paysan voudra manger du pain, il devra s'atteler lui-même à la charrue. »

Cette insulte directe et grossière irrita le fils du paysan, qui, incapable de contenir sa colère, frappa le valet d'un coup de son aiguillon, puis s'enfuit dans les montagnes.

Plainte fut portée par le blessé, et, par une horrible vengeance, Laudenberg condamna Henri an der Halden à avoir les yeux crevés. Cet acte de cruauté révolta tout le bailliage. Le premier jour de l'an 1308, les paysans s'assemblèrent et enlevèrent le château par surprise. Laudenberg, qui avait pris la fuite, fut rejoint ; mais, plus nobles dans leurs sentiments que le noble seigneur, ils lui laissèrent la vie sauve et se contentèrent de lui faire jurer, ainsi qu'à tous ses gens, de quitter à jamais les cantons forestiers.

A partir de cette époque, les habitants de l'Unterwalden restèrent indépendants et combattirent au premier rang dans presque toutes les guerres des confédérés avec l'Autriche. On les vit à Morgarten, à Laupen, à Sempach, à Saint-Jacques, partout. En 1798, ils résistèrent héroïquement aux armées françaises, mais ils furent vaincus. La lutte fut désespérée ; cependant, les femmes et les enfants y firent des prodiges de valeur. Cent vingt-trois de ces derniers y périrent.

Mais le fils Arnold était un des conjurés, il avait juré de venger son père.

Il existe à Sarnen un vieux tableau que l'on va voir, représentant l'exécution du paysan, ainsi qu'un portrait de Nicolas de Flüe.

— Quel est ce personnage à moi inconnu ? demandai-je.

— Quoi ! n'as-tu jamais entendu parler de ce pieux solitaire, Nicolas Lœvenbrugger, surnommé de Flüe, parce qu'il demeurait sur un rocher près de Sachseln, sur le Ranft, celui dont l'intervention fut toute puissante pour l'admission dans la confédération, de Fribourg et de Soleure, que l'on s'accordait à repousser? L'église de son village natal, situé à trois kilomètres de Sarnen, renferme tout ce qui a trait à ce saint, en grande vénération dans la contrée.

— Tu viens de me parler de Sempach, de Saint-Jacques. Que rappellent ces batailles?

— Sempach est dans le voisinage de Lucerne, à quatorze kilomètres à peine. Nous eussions pu nous y rendre; car, comme à Sarnen, il y a un lac dont les eaux sont d'un beau vert clair, qui nourrit d'excellents poissons et qui est encadré par un délicieux paysage formé de collines en amphithéâtre et couvertes de forêts et de prairies. Mais le village lui-même est insignifiant. Voici ce qui s'y est passé.

Léopold, duc d'Autriche, fils du duc du même nom battu soixante et onze ans auparavant à Morgarten, s'avançait avec une armée formidable contre les Suisses des cantons forestiers. Marchant de Baden, par l'Argovie et par Sursee, sur Lucerne, il arriva le 9 juillet 1386 à Sempach, où la petite armée des Suisses, qui comptait à peine mille hommes....

— Mille hommes! répétai-je avec surprise, comparant dans ma pensée cet effectif insignifiant avec les effectifs de nos armées actuelles.

— Oui; aussi était-ce le temps où la valeur personnelle était tout et suffisait à décider du succès d'une bataille, comme te le prouvera le fait d'armes qu'il me reste à te raconter. Ces mille hommes occupaient donc une colline devant la ville, ils n'avaient d'autres armes qu'une épée et une courte hallebarde; au lieu de boucliers, ils portaient au bras une petite fascine ou une planche de sapin. Tous se jetèrent à genoux, levant les mains au ciel et adressant une prière fervente au Tout-Puissant.

Le duc fit mettre pied à terre aux chevaliers et les fit avancer, la lance basse, contre les Suisses. Ceux-ci ne pouvaient entamer la troupe ennemie, et déjà soixante d'entre eux avaient succombé quand Arnold Struthan de Winkelried, chevalier d'Unterwalden, s'écrie : « Amis, prenez soin de ma femme et de mes enfants, je vais vous frayer un chemin. » Il se précipite sur les lances, en embrasse le plus qu'il peut, les enfonce dans sa poitrine et tombe en les entraînant avec lui. Les confédérés s'élancèrent par-dessus son corps dans la trouée qu'il avait faite, et une affreuse mêlée s'ensuivit. Le duc fut tué par un homme de Schwitz (1), et ses soldats, saisis d'une terreur panique, se débandèrent. Les confédérés s'emparèrent de quinze bannières. Ils avaient perdu deux cents hommes, et entre autres Gundoldingen, l'avoyer de Lucerne.

— Quel brillant fait d'armes ! m'écriai-je enthousiasmé. Je comprends que ce soit un souvenir dont on puisse être fier !

— Aussi n'a-t-on pas manqué d'élever une chapelle commémorative sur le champ de bataille. Elle porte pour toute inscription la date du 9 juillet 1386.

— Elle est assez glorieuse pour suppléer à toute autre.

— Au centre se voit un crucifix, continua mon ami, qui savait sa Suisse par cœur, des deux côtés duquel Léopold et Gundoldingen sont représentés dans l'attitude de la prière. Les murs intérieurs offrent pour tout ornement les noms et les écussons des comtes et des chevaliers, ainsi que les noms des guerriers des Quatre-Cantons qui périrent sur le champ de bataille. Un mauvais tableau représente l'acte héroïque d'Arnold de Winkelried. On y lit les paroles mêmes de la chanson de Sempach improvisée après la victoire par Hans Suter, de Lucerne, mais que j'ai oubliées.

— Je le regrette, j'eusse aimé les consigner dans mes notes. Et la bataille de Saint-Jacques rappelle-t-elle le souvenir d'un aussi pur patriotisme ?

— Assurément. Juges-en plutôt. L'an 1444, les confédérés

---

(1) On prétend qu'un coffre dans lequel on avait apporté des cordes pour lier les Suisses lui servit de cercueil.

assiégeaient Zurich, qui s'était alliée à l'Autriche. Sur la demande de l'empereur Frédéric V, qui ne pouvait secourir cette ville, le roi de France Charles VII lui envoya 30,000 hommes de bandes d'Armagnacs, sous le commandement de ce dauphin qui devait avoir plus tard nom Louis XI. Cette armée arriva devant Bâle pendant que les Soleurois, aidés des troupes de Berne, de Lucerne et de Bâle, assiégeaient la forteresse de Farusburg. Quinze cents Suisses, dont six cents envoyés comme renfort par les assiégeants de Zurich, reçurent l'ordre de se jeter dans Bâle à tous risques, et le lendemain, 26 août, ils rencontrèrent l'ennemi à Saint-Jacques.

La bataille dura dix heures, et la victoire fut sanglante pour les Armagnacs, qui demeurèrent maîtres du champ de bataille, l'emportant par le nombre et non par la valeur. On évalue leur perte à 6 ou 8,000 hommes.

Quatorze cent cinquante d'entre les Suisses moururent les armes à la main, trente-six guérirent de leurs blessures, et douze seulement sauvèrent leurs jours par la fuite et furent notés d'infamie.

Le dauphin, frappé par tant de vaillance et jugeant de la résistance qu'opposeraient les Suisses réunis par celle du petit nombre qu'il avait vaincu avec tant de peine, ne crut pas devoir aller plus avant. Au lieu de combattre les confédérés, qui, de Zurich, marchaient contre lui avec toutes leurs forces, il traita avec eux à Ensisheim, et, plein de respect pour la bravoure des Suisses, il voulut les avoir pour alliés.

Longtemps après, quand Charles le Téméraire, refusant tout accommodement, s'avançait vers Granson, Louis disait à ses courtisans : « Mon cousin Charles ne sait pas encore comme moi à quel ennemi il aura affaire. »

Ce lieu a été surnommé les Thermopyles helvétiques depuis cette bataille, que rappelle un monument de pierre élevé en 1824.

— Seulement? m'écriai-je.

— Oui. C'est une petite tourelle gothique semblable à celles qui entourent la flèche de la cathédrale. Le champ de bataille est presque perdu au milieu de vignobles qui produisent un assez bon vin rouge. Par cette tendance aux fictions poétiques qui caractérise les masses, on l'appelle le Schweizerblutt (ou sang suisse).

Mais, le déjeuner passé, le temps ne s'était point relevé, et je me retrouvai bâillant et m'étirant derrière ma vitre ruisselante.

— Tu as bien dû faire quelque ascension intéressante dans cette région. Raconte-la-moi, au moins ; en t'écoutant parler, je croirai la faire avec toi, et cela me désennuiera.

— Dans cette région ? Non pas précisément, répondit Henri en réfléchissant. Le seul massif considérable que j'aie exploré, c'est celui où se trouve la Furca.

— La source du Rhône ?

— Oui ; la Furca est une des montagnes les plus nues et les plus tristes de toute la Suisse. Les habitants attribuent son aridité au choix que fit le Juif errant de ce passage pour se rendre de France en Italie, car la tradition raconte que la première fois que le réprouvé franchit cette montagne, il la trouva couverte de moissons ; la seconde fois de sapins, la troisième fois de neige.

— Heureusement qu'il n'accomplit pas son tour du monde en 80 jours, m'écriai-je.

— Seulement, continua de Morlot, à l'inverse de ce qui a lieu d'ordinaire, plus on approche du sommet, moins cette neige est immaculée.

— Ah ! par exemple ! fis-je, soudainement intéressé.

— On la voit se moucheter de taches rouges comme un immense tapis tigré.

— Et ces taches rouges ?

— Proviennent de sources ferrugineuses que l'on voit sourdre à la surface de la terre et s'infiltrer dans la couche glacée.

— Je comptais sur une explication moins rationnelle, dis-je en souriant.

— Et pour ne pas te désappointer, je m'en vais te donner celle qui me fut donnée par mon guide, lorsque, arrivé au sommet, je le vis se planter sur la crête la plus élevée de la montagne et commencer une sorte d'exorcisme qui piqua ma curiosité.

— Voyons.

— Une fois pour ainsi dire à cheval sur la crête la plus élevée de la montagne, il fit deux fois le signe de la croix, une fois tourné vers l'occident et l'autre fois vers l'orient ; puis, versant du vin dans le creux de sa main, il jeta en l'air le liquide, qui retomba autour de lui comme une pluie dont chaque goutte faisait sur la neige une petite tache rouge, assez pareille pour la couleur aux grandes taches dont je venais de découvrir la cause. Quand il eut fini : « C'est par ici, me dit-il, que passent les vins qui descendent du Saint-Gothard, et qu'on envoie en Suisse, en France ou en Allemagne. » Ces vins sont renfermés dans des barriques et conduits par des muletiers italiens, qui presque tous sont des ivrognes. Comme la Furca est la montagne la plus fatigante qu'ils aient à gravir pendant tout le chemin, c'est aussi pendant cette montée que le démon de l'ivrognerie les tente et arrive ordinairement à son but en leur faisant percer les tonneaux qui leur sont confiés, et qui, de cette manière, parviennent rarement pleins à leur destination. Or, on conçoit que de pareils hommes, dépositaires infidèles pendant leur vie, ne peuvent entrer dans le séjour des honnêtes gens après leur mort. Leurs âmes en peine reviennent donc errer la nuit dans l'endroit même où la tentation les a vaincues. Ce sont elles qui, tout imbibées encore du vin dérobé, font, en se posant sur la neige, ces taches rouges éparses de tous côtés ; ce sont elles qui, pour se distraire, poursuivent le voyageur avec la tempête, font glisser son pied au bord du précipice, ou l'égarent le soir par des lueurs trompeuses.

Eh bien ! comprenez-vous que l'on éprouve le besoin de se rendre ces âmes favorables ? Le moyen, on l'a trouvé, et vous me l'avez vu employer. C'est de leur jeter, en faisant le signe de la croix, quelques gouttes de ce vin qu'elles ont tant aimé pendant leur vie, qu'il a été pour elles une cause de damnation éternelle après leur mort.

— J'aime encore mieux l'explication de ton guide que la tienne, répondis-je en riant.

— Puisque cela t'amuse, parlons un peu du pont du Diable que je visitai à peu de distance. Je ne sais si tu as entendu parler d'Andermatt, où il est question d'installer une station hygiénique d'hiver (1).

Ce pauvre petit village fut cruellement éprouvé pendant la guerre de 1799. Il fut pillé deux fois et réduit à un quart de sa population. Il est dominé par un splendide glacier, celui de Sainte-Anne, et je me rappelle que l'on me montra deux poteaux de terre assez grossiers, en me disant que c'était le gibet du pays à l'époque où la vallée d'Urseren était une république.

— Tu étais à pied ?

— Oui. C'était à un des endroits les plus curieux de la route : au défilé formé par le Galenstock et le Crispalt, rempli entièrement par les eaux de la Reuss, que l'on voit naître la veille au sommet de la Furca et qui, cinq lieues plus loin, mérite déjà, par l'accroissement qu'elle a pris, le nom de Géante qu'on lui a donné. Arrivée à cet endroit, la route s'est donc heurtée contre la base granitique du Crispalt, et il a fallu creuser le roc pour qu'elle pût passer d'une vallée à l'autre. Cette galerie souterraine, longue de cent quatre-vingts pieds et éclairée par des ouvertures qui donnent sur la Reuss, est vulgairement appelée le trou d'Uri.

C'est presque en sortant de cette galerie qu'on se trouve en face de l'ancien pont du Diable ; car il y en a deux, également d'une seule arche. Celle du vieux pont n'a que 45 pieds de haut sur 22 de large ; ce n'en est pas le moins effrayant à traverser,

---

(1) Projet accompli en 1882.

car il n'a pas de parapet. La tradition à laquelle il doit son nom est peut-être une des plus curieuses de toute la Suisse.

— Ah! nous y voici enfin ; avec une légende en perspective, je me sens réconcilié avec la naïve philosophie de la chanson : « Il faut laisser pleuvoir. »

— La Reuss, qui coule dans un lit creusé à soixante pieds de profondeur entre des rochers coupés à pic, interceptait toute communication entre les habitants du val Cornera et ceux de la vallée de Goschenen, c'est-à-dire entre les Grisons et les gens d'Uri. Cette solution de continuité causait un tel dommage aux deux cantons limitrophes, qu'ils rassemblèrent leurs plus habiles architectes ; à frais communs, plusieurs ponts furent bâtis d'une rive à l'autre, mais jamais assez solides pour qu'ils résistassent plus d'un an à la tempête, à la crue des eaux ou à la chute des avalanches. Une dernière tentative de ce genre avait été faite vers la fin du XIVe siècle, et, l'hiver presque fini, donnait l'espoir que, cette fois, le pont résisterait à toutes ces attaques, lorsqu'un matin on vint dire au bailli de Goschenen que le passage était de nouveau intercepté.

— Il n'y a que le diable, s'écria le bailli, qui puisse nous en bâtir un.

Il n'avait pas achevé ces paroles, qu'un domestique annonça messire Satan.

— Faites entrer, dit le bailli.

Le domestique se retira et fit place à un homme de trente-cinq à trente-six ans, vêtu à la manière allemande, portant un pantalon collant de couleur rouge, un justaucorps fendu aux articulations des bras, dont les crevés laissaient voir une doublure couleur de feu. Sa tête était couverte d'une toque noire, coiffure à laquelle une grande plume rouge donnait par ses ondulations une grâce toute particulière. Quant à ses souliers, anticipant sur la mode, ils étaient arrondis du bout, comme ils le furent cent ans plus tard, sous le règne de Louis XII, et un grand ergot, pareil à celui d'un coq, et qui adhérait visiblement à sa jambe, paraissait destiné à lui servir d'éperon, lorsque son bon plaisir était de voyager à cheval.

Après les compliments d'usage, le bailli s'assit dans un fauteuil, et le diable dans un autre ; le bailli mit ses pieds sur les chenets, le diable posa tout bonnement les siens sur la braise.

— Eh bien ! mon brave ami, dit Satan, vous avez donc besoin de moi ?

— J'avoue, monseigneur, répondit le bailli, que votre aide ne nous serait pas inutile.

— Pour ce maudit pont, n'est-ce pas ?

— Eh bien ?

— Il vous est donc bien nécessaire ?

— Nous ne pouvons nous en passer.

— Ah ! ah ! fit Satan.

— Tenez, soyez bon diable, reprit le bailli après un moment de silence, faites-nous-en un.

— Je venais vous le proposer.

— Eh bien ! il ne s'agit donc que de s'entendre.... sur....

Le bailli hésita.

— Sur le prix, continua Satan, en regardant son interlocuteur avec une singulière expression de malice.

— Oui, répondit le bailli, sentant que c'était là que l'affaire allait s'embrouiller.

— Oh ! d'abord, continua Satan en se balançant sur les pieds de derrière de sa chaise et en affilant ses griffes avec le canif du bailli, je serai de bonne composition sur ce point.

— Eh bien ! cela me rassure, dit le bailli ; le dernier nous a coûté 60 marcs d'or ; nous doublerons cette somme pour le nouveau : c'est tout ce que nous pouvons faire.

— Eh ! quel besoin ai-je de votre or ? reprit Satan ; j'en fais quand je veux. Tenez.

Il prit un charbon tout rouge au milieu du feu, comme il eût pris une praline dans une bonbonnière.

— Tendez la main, dit-il au bailli.

Le bailli hésitait.

— N'ayez pas peur, continua Satan.

Et il lui mit entre les doigts un lingot d'or le plus pur, et aussi froid que s'il fût sorti de la mine.

Le bailli le tourna et le retourna en tous sens; puis il voulut le lui rendre.

— Non, non, gardez, reprit Satan en passant d'un air suffisant une jambe sur l'autre ; c'est un cadeau que je vous fais.

— Je comprends, dit le bailli en mettant le lingot dans son escarcelle, que, si l'or ne vous coûte pas plus de peine à faire, vous aimiez autant qu'on vous paye avec une autre monnaie ; mais comme je ne sais pas celle qui peut vous être agréable, je vous prierai de faire vos conditions vous-même.

Satan réfléchit un instant.

— Je désire que l'âme du premier individu qui passera sur ce pont m'appartienne, répondit-il.

— Soit, dit le bailli.

— Rédigeons l'acte, continua Satan.

— Dictez vous-même.

Le bailli prit une plume, de l'encre et du papier, et se prépara à écrire.

Cinq minutes après, un sous-seing en bonne forme, *fait double et de bonne foi*, était signé par Satan en son propre nom, et par le bailli au nom et comme fondé de pouvoirs de ses paroissiens. Le diable s'engageait formellement, par cet acte, à bâtir dans la nuit un pont assez solide pour durer *cinq cents ans;* et le magistrat, de son côté, concédait, en payement de ce pont, l'âme du premier individu que le hasard ou la nécessité forcerait à traverser la Reuss sur le passage diabolique que Satan devait improviser.

Le lendemain, au point du jour, le pont était bâti.

Bientôt le bailli parut sur le chemin de Goschenen ; il venait vérifier si le diable avait accompli sa promesse. Il vit le pont, qu'il trouva fort convenable, et, à l'extrémité opposée par laquelle il s'avançait, il aperçut Satan assis sur une borne et attendant le prix de son travail nocturne.

— Vous voyez que je suis homme de parole, dit Satan.

— Et moi aussi, répondit le bailli.

— Comment! mon cher Curtius, reprit le diable stupéfait, vous vous dévoueriez pour le salut de vos administrés?

— Pas précisément, continua le bailli en déposant à l'entrée du pont un sac qu'il avait apporté sur son épaule, et dont il se mit incontinent à dénouer les cordons.

— Qu'est-ce? dit Satan, essayant de deviner ce qui allait se passer.

— Pititiooooou! dit le bailli.

Et un chien, traînant une poêle à sa queue, sortit tout épouvanté du sac, et, traversant le pont, alla en hurlant tomber aux pieds de Satan.

— Eh! dit le bailli, voilà votre âme qui se sauve; courez donc après, monseigneur.

Satan était furieux; il avait compté sur l'âme d'un homme, et il était forcé de se contenter de celle d'un chien. Il y aurait eu de quoi se damner si la chose n'eût pas été faite. Cependant, comme il était de bonne compagnie, il eut l'air de trouver le tour très drôle, et fit semblant de rire tant que le bailli fut là; mais à peine le magistrat eut-il le dos tourné, que Satan commença à s'escrimer des pieds et des mains pour démolir le pont qu'il avait bâti; il avait fait la chose tellement en conscience, qu'il se retourna les ongles et se déchaussa les dents avant d'en avoir pu arracher le plus petit caillou.

— J'ai été un bien grand sot, dit Satan.

Puis, cette réflexion faite, il mit ses mains dans ses poches et descendit les rives de la Reuss, regardant à droite et à gauche, comme aurait pu le faire un amant de la belle nature. Cependant, il n'avait pas renoncé à son projet de vengeance. Ce qu'il cherchait des yeux, c'était un rocher d'une forme et d'une grosseur convenables, afin de le transporter sur la montagne qui domine la vallée, et de le laisser tomber de cinq cents pieds de haut sur le pont que lui avait escamoté le bailli de Goschenen.

Il n'avait pas fait trois lieues, qu'il avait trouvé son affaire. C'était un joli rocher, gros comme une des tours de Notre-Dame. Satan l'arracha de terre avec autant de facilité qu'un enfant aurait fait d'une rave, le chargea sur son épaule, et, prenant le sentier qui conduisait au haut de la montagne, il se mit en route, tirant la langue en signe de joie et jouissant d'avance de la désolation du bailli, quand il trouverait le lendemain son pont effondré.

Lorsqu'il eut fait une lieue, Satan crut distinguer sur le pont un grand concours de populace ; il posa son rocher par terre, grimpa dessus et aperçut distinctement le clergé de Goschenen, croix en tête et bannière déployée, qui venait de bénir l'œuvre satanique et consacrer à Dieu le pont du Diable.

Satan vit bien qu'il n'y avait rien de bon à faire pour lui ; il descendit tristement, et, rencontrant une pauvre vache qui n'en pouvait mais, il la tira par la queue et la fit tomber dans un précipice.

Quant au bailli de Goschenen, il n'entendit jamais reparler de l'architecte infernal ; seulement, la première fois qu'il fouilla à son escarcelle, il se brûla vigoureusement les doigts : c'était le lingot qui était redevenu charbon.

Le pont subsista cinq cents ans, comme l'avait promis le diable.

— Enfin, à qui revient en réalité l'honneur de l'érection de ce pont ?

— A Gérald, abbé d'Einsiedeln, qui l'aurait fait construire en 1118.

— Pardon, encore une question. D'où viennent, à ton avis, toutes ces légendes où le diable joue un si grand rôle ?

— En ce qui concerne des constructions, comme celle qui nous occupe, par exemple, je crois que ce sont les travaux des Romains qui leur donnèrent naissance.

— Explique-toi ; je ne saisis pas bien.

— C'est bien simple, cependant. Lorsque les barbares inondèrent les colonies romaines et se trouvèrent en présence des ouvrages merveilleux par lesquels les maîtres du monde avaient signalé leur présence, ils durent être frappés d'étonnement. Or, incapables de produire des choses pareilles, leur orgueil se révolta à l'idée que d'autres hommes avaient pu les produire, et toute œuvre qui leur parut au-dessus de leurs forces ou de leur talent fut attribuée par eux à la complaisante coopération de l'ennemi des hommes, que ceux-ci avaient dû nécessairement payer au prix de leurs corps ou de leurs âmes. De là toutes les légendes merveilleuses dont le moyen-âge hérita et qu'il a léguées à ses enfants.

Le temps s'était un peu éclairci. Je laissai mon ami à la préparation de sa conférence et je me rendis au musée historique de Lucerne, où je vis, au milieu des trophées de la valeur des Suisses : la bannière jaune de l'Autriche, que le duc Léopold cependant avait recueillie de la main expirante de son porte-enseigne et ne lâcha lui-même qu'avec sa vie ; des éperons des chevaliers et des nobles pris à la bataille de Sempach ; la cotte de mailles du duc ; le collier de fer, garni de pointes aiguës, que les Autrichiens destinaient à Gundoldengen, l'avoyer et le général de Lucerne ; la bannière de la ville, encore tachée du sang de ce héros, etc.

Puis, j'entrai dans l'église abbatiale ou cathédrale de Saint-Léger, le patron de la ville, et tandis que je m'attardais devant une Descente de croix qui la décore, je fus surpris par des sons harmonieux. C'était l'*Angelus* du samedi soir, que joue une sonnerie vraiment remarquable et que je regrettai lorsqu'elle s'arrêta.

J'étais en retard ; je courus rejoindre Henri à l'hôtel, et le lendemain nous nous embarquâmes sur le lac pour gagner le Grütli, de Morlot désirant suivre pas à pas la grande épopée à laquelle la Suisse doit son indépendance.

XIX.

Le Grütli.

Le lac des Quatre-Cantons forestiers, ainsi appelé des cantons d'Uri, d'Unterwalden, de Schwitz et de Lucerne, auxquels il appartient, est formé par la Reuss, qui y entre près de Seedorf et en sort près de Lucerne. Sa forme, très irrégulière, est à peu près celle d'une ligne brisée, terminée par une croix. On nomme Kreutz-Arichter la partie où se réunissent les trois baies de Kussnacht, d'Alpnach et de Lucerne, car toutes les baies portent le nom de la ville ou du village principal situé sur leurs bords.

Dépeindre ce délicieux paysage, retracer autrement que par la mémoire ce que fut cette promenade est impossible, elle laisse à l'âme des souvenirs ineffaçables. Qu'on se figure un lac d'azur, pailleté des mille rayons d'un soleil d'été, un cadre verdoyant et varié, des collines couvertes de demeures agrestes, d'antiques églises, de vieilles tours féodales, et dominées elles-mêmes par le Burgenstock, le Rotzberg et le Lopperberg, au-dessus desquels s'aperçoivent les glaces de la Blumalp, du Titlis, du Wetterhorn, du Schreckhorn, de l'Eiger, du Mœnch et de la Jungfrau. A mesure qu'on pénètre dans les golfes divers qui découpent ses bords, on voit pour ainsi dire à chaque coup de rame changer les formes des montagnes, et les scènes les plus douces et les plus romantiques succéder aux sites les plus sauvages et les plus grandioses.

C'est ainsi que deux caps rocheux formés par le Vitznauerstock d'un côté et le Burgenstock de l'autre, et appelés les Nasen, semblent fermer le lac au sud ; mais bientôt on découvre entre ces deux caps un détroit large à peine d'un kilomètre.

Au delà de ce détroit, on entre dans un autre bassin ovale appelé lac de Buochs et séparé par de hautes montagnes de ceux avec lesquels il communique. C'est là que nous saluâmes le charmant village de Gersau, qui fut jusqu'en 1798 *la plus petite république de l'univers*. A cette époque, il fut incorporé au canton des Waldstætten et de là à celui de Schwitz, et ses efforts pour reconquérir son indépendance sont restés vains. Il faut convenir que c'était la lutte du pot de terre contre le pot de fer, le village comptant à peine 1,500 habitants.

A quelque distance de là, Henri me signala Brünnen, charmant petit bourg que ses vergers seuls eussent recommandé à mon attention.

— C'est là, me dit-il, qu'après la bataille de Morgarten, les Waldstætten contractèrent, le 9 décembre 1315, l'alliance perpétuelle à laquelle la Suisse a dû son existence. Depuis lors les chefs des cantons s'y rassemblèrent souvent, surtout pendant les premiers siècles de la Confédération, pour leurs diètes et autres conférences politiques. En 1799 et en 1800, vous autres Français y avez livré plusieurs combats, tant aux habitants du canton de Schwitz qu'aux Autrichiens.

Au delà de Brünnen, le lac des Quatre-Cantons, qui prend le nom de lac d'Uri, change encore une fois de direction, de caractère et d'aspect. Il se dirige du nord au sud, bordé presque partout de rochers à pic. Je me laissais aller à la rêverie à laquelle me portait le mouvement insensible du bateau sur cette surface unie, si belle, si calme, quoiqu'elle puisse, paraît-il, devenir tourmentée au point de faire courir de véritables dangers, lorsque Henri posa sa main sur mon bras.

— Regarde, dit-il.

En effet, j'aperçus un rocher semblable à un obélisque, sur lequel se lit cette inscription en lettres dorées : « Au chantre de Tell, Frédéric Schiller, les cantons primitifs, 1859. »

Nous entrions dans la région consacrée où vit et palpite encore dans tous les cœurs la mémoire de Guillaume Tell. Vingt minutes plus loin, nous aperçûmes une petite esplanade de verdure.

— C'est ici que nous nous arrêtons, me dit de Morlot ; on va visiter les trois sources *sacrées* qui, suivant la tradition, jaillirent de terre au moment même où les trois fondateurs de la liberté helvétique prononcèrent le fameux serment de leur sainte ligue.

Nous mîmes pied à terre, et, par une pente assez raide mais facile, nous atteignîmes le but que nous nous étions proposé. Nous déjeunâmes à l'hôtel, ombragé d'arbres fruitiers de la belle venue, puis nous nous choisîmes un petit coin charmant à l'ombre, comme on les rêve et comme on les regrette quand on y a passé de bons moments. J'allumai un cigare, et, me tournant vers de Morlot, je lui dis :

— Ressuscite pour moi le passé.

Et il commença en ces termes :

— Albert d'Autriche, qui était de la maison de Habsbourg, parvint au trône impérial en 1298. A l'époque de son avènement, il n'existait plus en Helvétie (1) ni association, ni cantons, ni diète. Quant à l'empereur, il possédait seulement, au milieu de ces contrées, à titre de chef des comtes de Habsbourg, une quantité considérable de villes, de forteresses et de terres qui font aujourd'hui partie des cantons de Zurich, Lucerne, Zug, Argovie, etc. Les autres comtes auxquels appartenait le reste du pays étaient ceux de Savoie, de Neuchâtel et de Rapperschwyl.

Il serait difficile de faire l'histoire individuelle de cette noblesse riche, débauchée et remuante, toujours en guerre et en plaisir, épuisant le sang et l'or de ses vassaux, et couvrant chaque cime de montagne de tours et de forteresses, d'où, comme les aigles de leurs aires, ils s'abattaient dans la plaine pour y enlever l'objet de leur désir, qu'ils revenaient mettre en sûreté derrière les murs de leurs châteaux. Et ne va pas croire que les laïques seuls se livraient à ces déprédations ; non, les puissants évêques de Bâle, de Constance, de Coire et de Lausanne vivaient de la même manière, et les riches abbés de Saint-Gall et d'Einsiedeln suivaient l'exemple de leurs chefs mitrés, comme la petite noblesse celui des hauts barons.

Au milieu de cette terre couverte d'esclaves et d'oppresseurs, trois petites communes étaient restées libres : c'étaient celles d'Uri, de Schwitz et d'Unterwalden, qui dès 1291, prévoyant les jours de malheur et les circonstances périlleuses cachées dans l'avenir, s'étaient réunies et engagées à défendre mutuellement envers et contre tous leurs personnes, leurs familles, leurs biens, et à s'aider, le cas échéant, par les conseils et par les armes.

---

(1) L'Helvétie ne prit le nom de Suisse qu'après la Confédération.

Cette alliance leur avait fait donner le nom d'Eidsgenossen (1), c'est-à-dire alliés par serment ou compagnons du serment.

Albert, déjà alarmé de cette première démonstration hostile, voulut les forcer à renoncer à la protection de l'Empereur, leur seul suzerain, et à se soumettre à celle plus directe et plus immédiate des comtes de Habsbourg, afin que, si aucun de ses fils n'était élu au trône romain après lui, ils conservassent la souveraineté de ces pays, qui, sans cela, échappaient à la noble maison des ducs d'Autriche.

Mais Uri, Schwitz et Unterwalden avaient trop vu quel brigandage infâme s'exerçait autour d'eux pour être dupes d'une pareille proposition. Ils repoussèrent donc les ouvertures qui leur en furent faites, en 1305, par les députés d'Albert, et supplièrent qu'on ne les privât pas de la protection de l'Empereur régnant, ou, selon l'expression usitée à cette époque, qu'on ne les séparât point de l'Empire.

Albert leur fit répondre que son désir était de les adopter comme enfants de sa famille royale, offrit des fiefs à leurs principaux citoyens, et parla d'une création de dix chevaliers par commune. Mais ces vieux montagnards répondirent que ce qu'ils demandaient était le maintien de leurs anciens droits, et non de nouvelles faveurs. Alors Albert, voyant qu'il n'y avait rien à faire de ces hommes par la corruption, voulut voir ce qu'on en pourrait faire par la tyrannie; il leur envoya en conséquence deux baillis autrichiens dont il connaissait le caractère despotique et emporté; c'étaient Hermann Gessler, de Brouneig, et le chevalier Beringen, de Laudenberg, dont je t'ai déjà parlé. Ces nouveaux baillis s'établirent dans le pays même des confédérés, ce que

---

(1) Etymologie du mot *huguenot*.

leurs devanciers ne s'étaient jamais permis de faire ; Laudenberg prit possession du château royal de Sarnen, dans le haut Unterwalden, et Gessler, ne trouvant point de séjour digne de lui dans le pauvre pays qui lui était échu en partage, fit bâtir une forteresse à laquelle il donna le nom d'*Urifoch*, ou *Joug-d'Uri ;* dès lors commença à être mis à exécution le plan d'Albert, qui espérait, à l'aide de cette tyrannie, déterminer les confédérés à se détacher eux-mêmes de l'Empire et à se mettre sous la protection de la maison d'Autriche ; en conséquence, les péages furent augmentés, les plus petites fautes punies par de fortes amendes, et les citoyens traités avec hauteur et mépris.

Un jour que Gessler faisait sa tournée dans le canton de Schwitz, il s'arrêta devant une maison que l'on achevait de bâtir, et qui appartenait à Werner Stauffacher.

— N'est-ce point une honte, dit-il à l'écuyer qui le suivait, que de misérables serfs bâtissent de pareilles maisons, quand les chaumières seraient trop bonnes pour eux ?

— Laissez-le finir, monseigneur, répondit l'écuyer, et, lorsqu'elle sera achevée, nous ferons sculpter au-dessus de la porte les armes de la maison de Habsbourg, et nous verrons si son maître est assez hardi pour la réclamer.

— Tu as raison, dit Gessler.

Et, piquant son cheval, il continua son chemin.

La femme de Werner Stauffacher était sur le seuil de la porte ; elle entendit cette conversation, et donna aussitôt l'ordre aux ouvriers de laisser là leur ouvrage et de se retirer chacun chez eux. Ils obéirent.

Lorsque Werner Stauffacher revint, il regarda avec étonnement cette maison solitaire, et demanda à sa femme pourquoi les ouvriers s'étaient retirés, et qui leur en avait donné l'ordre.

— Moi, répondit-elle.

— Et pourquoi cela, femme ?

— Parce qu'une chaumière est tout ce qu'il faut à des vassaux et à des serfs.

Werner poussa un soupir et entra dans la maison. Il avait faim et soif; il s'attendait à trouver le dîner préparé; il s'approcha de la table; sa femme lui servit du pain et de l'eau et s'assit près de lui.

— N'y a-t-il plus de vin au cellier, plus de chamois dans les montagnes, plus de poissons dans le lac, femme ? dit Werner.

— Il faut savoir vivre selon sa condition; le pain et l'eau sont le dîner des vassaux et des serfs.

Werner fronça le sourcil, mangea le pain et but l'eau.

Et à tout ce qu'il demanda, sa femme opposa la même réponse.

La nuit vint; Werner détacha de la muraille une longue épée qui y était pendue, la jeta sur ses épaules et sortit sans prononcer une parole. Il marcha sombre et pensif jusqu'à Brünnen. Arrivé là, il fit prix avec quelques pêcheurs, traversa le lac, arriva deux heures avant le jour à Attinghaussen, et alla frapper à la maison de Walter Furst, son beau-père. Ce vieillard vint ouvrir lui-même, et, quoique étonné de voir paraître son gendre à cette heure de nuit, il ne lui demanda pas la cause de cette visite, mais donna l'ordre à un serviteur d'apporter sur la table un quartier de chamois et du vin.

— Merci, père, dit Werner, j'ai fait un vœu.

— Et lequel ?

— De ne manger que du pain et de ne boire que de l'eau jusqu'à un moment peut-être bien éloigné encore.

— Et lequel ?

— Celui où nous serons libres.

Walter Furst s'assit en face de Werner.

— Ce sont de bonnes paroles que celles que tu viens de dire ; mais auras-tu le courage de les répéter à d'autres qu'au vieillard que tu appelles ton père ?

— Je les répéterai à la face de Dieu qui est au ciel, et à la face de l'Empereur, qui est son représentant sur la terre.

— Bien dit, enfant ; il y a longtemps que j'attendais de ta part une pareille visite et une semblable réponse. Je commençais à croire que ni l'une ni l'autre ne viendraient.

On frappa de nouveau ; Walter Furst alla ouvrir. Un jeune homme, armé d'un bâton qui ressemblait à une massue, était debout à la porte ; un rayon de lune éclaira en ce moment les traits pâles et bouleversés d'Arnold an der Halden de Melchthal, le fils de celui auquel on avait ravi ses bœufs.

— Melchthal ! s'écrièrent à la fois Walter Furst et Stauffacher.

— Et que viens-tu demander ? continua Walter Furst, effrayé de sa pâleur.

— Asile et vengeance, dit Melchthal d'une voix sombre.

— Tu auras ce que tu demandes, répondit Walter Furst, si la vengeance dépend de moi comme l'asile.

— Qu'est-il donc arrivé ? demandèrent les deux hommes.

— Ils ont fait plus qu'assassiner mon père, ils lui ont crevé les yeux ; à lui, un vieillard ! et cela à la face du jour, du soleil, de Dieu ! Et nos montagnes ne se sont pas écroulées sur leurs têtes ! nos lacs n'ont pas débordé pour les engloutir ! le tonnerre n'est pas tombé du ciel pour les foudroyer !... Ils n'ont plus assez de nos larmes, et ils nous font pleurer le sang ! Ah ! mon Dieu, prenez pitié de nous !

Et Melchthal tomba comme un arbre déraciné, se roula et mordit la terre. Werner s'approcha de lui.

— Ne pleure pas comme un enfant, ne te roule pas comme une bête fauve ; relève-toi comme un homme ; nous vengerons ton père, Melchthal !

Le jeune homme se retrouva debout, comme si un ressort l'avait remis sur ses pieds.

— Nous le vengerons ! avez-vous dit, Werner.

— Nous le vengerons ! reprit Walter Furst.

— Ah ! fit Melchthal, en jetant un éclat de voix qui ressemblait au rire d'un fou.

En ce moment, le refrain d'une chanson joyeuse se fit entendre à quelque distance, et, au détour du chemin, on vit, aux premiers rayons du jour, apparaître un nouveau personnage.

— Rentrez, s'écria Ruder en s'adressant à Melchthal.

— Reste, dit Walter Furst, c'est un ami.

— Et qui pourrait nous être utile, ajouta Werner.

Melchthal, accablé, tomba sur un banc.

Pendant ce temps, l'étranger s'approchait toujours. C'était un homme de quarante ans à peu près ; il était vêtu d'une espèce de robe brune qui lui descendait jusqu'aux genoux seulement, et qui tenait le milieu entre le costume monacal et le vêtement des laïques ; cependant ses cheveux longs, ses moustaches et sa barbe, taillés comme ceux des bourgeois libres, indiquaient que, s'il appartenait au cloître, c'était fort indirectement. Sa démarche était, d'ailleurs, bien plus celle d'un soldat que d'un moine ; et l'on aurait pu le prendre pour un homme de guerre, s'il n'eût porté, à la place de l'épée, une écritoire pendue à sa ceinture, et dans une trousse d'archer vide de flèches, un rouleau de parchemin et des plumes. Son costume était complété, du reste, par un pantalon de drap bleu collant sur sa jambe, par des brodequins lassés dessus, et par le long bâton ferré sans lequel voyage rarement le montagnard.

Dès qu'il avait aperçu le groupe qui s'était formé devant la porte, il avait cessé de chanter, et il s'approchait avec cet air ouvert qui annonçait la certitude d'y trouver des personnes de connaissance. En effet, il était encore à quelques pas, que Walter Furst lui adressa la parole.

— Sois le bienvenu, Guillaume, lui dit-il. Où vas-tu si matin?

— Dieu vous garde, Walter! je vais toucher les redevances du fraumünster (1) de Zurich, dont je suis, comme vous savez, le receveur.

— Ne peux-tu pas t'arrêter un quart d'heure avec nous?

— Pourquoi faire?

— Pour écouter ce que va te dire ce jeune hommme....

L'étranger se tourna du côté de Melchthal, et vit qu'il pleurait; alors, il s'approcha de lui et lui tendit la main.

— Que Dieu sèche vos larmes, frère! lui dit-il.

— Que Dieu venge le sang! répondit Melchthal.

Et il lui raconta tout ce qui venait d'arriver.

Guillaume écouta ce récit avec une grande compassion et une profonde tristesse.

— Et qu'avez-vous résolu? dit Guillaume lorsqu'il eut fini.

— De nous venger et de délivrer notre pays, répondirent les trois hommes.

— Dieu s'est réservé la vengeance des crimes et la délivrance des peuples, dit Guillaume.

— Et que nous a-t-il laissé, à nous autres hommes?...

---

(1) Couvent de femmes.

— La prière et la résignation qui les hâtent.

— Guillaume, ce n'est point la peine d'être un si vaillant archer, si tu réponds comme un moine, quand on te parle comme à un citoyen.

— Dieu a fait la montagne pour le daim et le chamois, et le daim et le chamois pour l'homme. Voilà pourquoi il a donné la légèreté au gibier et l'adresse au chasseur. Vous vous êtes donc trompé, Walter Furst, en m'appelant un vaillant archer ; je ne suis qu'un pauvre chasseur.

— Adieu, Guillaume ; va en paix !...

— Dieu soit avec vous, frères !

Guillaume s'éloigna. Les trois hommes le suivirent des yeux en silence, jusqu'à ce qu'il eut disparu au premier détour du chemin.

— Il ne faut pas compter sur lui, dit Werner Stauffacher ; et cependant c'eût été un puissant allié.

— Dieu réserve à nous seuls la délivrance de notre pays. Dieu soit loué !

— Et quand nous mettrons-nous à l'œuvre ? dit Melchthal. Je suis pressé.... Mes yeux pleurent et ceux de mon père saignent....

— Nous sommes chacun d'une commune différente : toi, Werner, de Schwitz ; toi, Melchthal, d'Unterwalden, et moi, d'Uri. Choisissons chacun, parmi nos amis, dix hommes sur lesquels nous puissions compter. Rassemblons-nous avec eux au Grütli.... Dieu peut ce qu'il veut ; et, lorsqu'ils marchent dans sa voie, trente hommes valent une armée....

— Et quand nous rassemblerons-nous ? dit Melchthal.

— Dans la nuit de dimanche à lundi, répondit Walter Furst.

— Nous y serons, repartirent Werner et Melchthal.

Et les trois amis se séparèrent.

Parmi les dix hommes du canton d'Unterwalden qui devaient

Serment du Grütli.

accompagner Melchthal au Grütli, dans la nuit du 17 novembre 1307, était un jeune homme de Wolfanchiess, nommé Conrad de

Baumgarten. Il venait d'épouser la plus belle fille d'Alzellen, et le désir seul de délivrer son pays l'avait fait entrer dans la conjuration, car il était heureux. Aussi ne voulut-il pas dire à sa jeune femme quel motif l'éloignait d'elle. Il feignit une affaire au village de Brünnen, et le 16 au soir, il lui annonça qu'il quittait la maison jusqu'au lendemain. La jeune femme pâlit. Elle savait trop, la pauvrette! à combien d'avanies et d'affronts allait l'exposer l'absence de son mari. Elle le lui dit en pleurant, mais lui, ne voulant pas manquer à la parole donnée, la consola en tremblant et partit.

Le rendez-vous était à l'endroit où nous sommes. C'est bien dans cette petite plaine que forme une étroite prairie entourée de buissons, au pied des rocs du Seelisberg, que la terre donna au ciel, par cette froide nuit d'hiver, l'un de ses plus sublimes spectacles, celui de trois hommes promettant sur leur honneur de rendre, au péril de leur vie, la liberté à tout un peuple.

Walter Furst, Werner Stauffacher et Melchthal étendirent le bras et jurèrent à Dieu, « devant qui les rois et les peuples sont égaux, de vivre et de mourir pour leurs frères ; d'entreprendre et de supporter tout en commun ; de ne plus souffrir, mais de ne pas commettre d'injustice ; de respecter les droits et les propriétés du comte de Habsbourg ; de ne faire aucun mal aux baillis impériaux, mais de mettre un terme à leur tyrannie ; » priant Dieu, si ce serment lui était agréable, de le faire connaître par quelque miracle.

Au même instant, trois sources d'eau vive, que tu vois là-bas, jaillirent aux pieds des trois chefs. Les conjurés crièrent alors : Gloire au Seigneur ! et, levant la main, firent à leur tour le serment de rétablir la liberté en hommes de cœur. Quant à l'exécution de ce dessein, il fut remis à la nuit du 1er janvier 1308 ;

puis, le jour approchant, ils se séparèrent, et chacun reprit le chemin de sa vallée et de sa cabane.

Quelque diligence que fît Conrad, il était midi, lorsqu'en sortant de Dallenwyl, il aperçut le village de Wolfranchiess ; et près du village, la maison où l'attendait Roschen ; tout paraissait tranquille. Ses craintes se calmèrent à cette vue ; son cœur cessa de battre, il s'arrêta pour respirer. En ce moment, il lui sembla que son nom passait à ses oreilles, emporté sur une bouffée de vent. Il tressaillit et se remit en marche.

Au bout de quelques minutes, il entendit une seconde fois une voix qui l'appelait. Il frémit, car cette voix était plaintive, et il crut reconnaître celle de Roschen. Cette voix venait de la route, il s'élança vers le village.

A peine eut-il fait vingt pas, qu'il aperçut une femme accourant à lui, échevelée, éperdue, qui, dès qu'elle l'aperçut, étendit les bras, prononça son nom, et, sans avoir la force d'aller plus avant, tomba au milieu du chemin. Conrad ne fit qu'un bond pour arriver près d'elle. Il avait reconnu Roschen.

— Qu'as-tu, ma bien-aimée ? s'écria-t-il.

— Fuyons, fuyons ! murmura Roschen en essayant de se relever.

— Et pourquoi faut-il que nous fuyions ?

— Parce qu'il est venu, Conrad ; parce qu'il est venu pendant que tu n'y étais pas....

— Il est venu !... Qui ? Le fils du bailli ?

— Oui..., et abusant de ton absence et de ce que j'étais seule....

— Parle donc ! parle donc !

— Il a voulu usurper tes droits à la maison et a commencé par exiger que je lui préparasse un bain....

— L'insolent!... Et tu as obéi ?...

— Que pouvais-je faire, Conrad ? Alors il m'a parlé comme il l'avait déjà fait.... Il a étendu la main sur moi.... C'est alors que je me suis sauvée, t'appelant à mon aide.... J'ai couru comme une insensée.... Puis, quand je t'ai aperçu, les forces m'ont abandonnée, et je suis tombée tout à coup comme si la terre manquait sous mes pieds.

— Et où est-il ?

— A la maison.... dans le bain....

— L'insensé! s'écria Conrad en s'élançant vers Wolfranchiess.

— Que vas-tu faire, malheureux ?

— Attends-moi, Roschen, je reviens....

Roschen tomba à genoux, les bras tendus vers l'endroit où avait disparu Conrad. Elle resta ainsi un quart d'heure, immobile et muette comme la statue de la Prière ; puis tout à coup elle se releva et poussa un cri. C'était Conrad qui revenait, pâle et tenant à la main une cognée rouge de sang.

— Fuyons, Roschen ! dit-il à son tour ; fuyons, car nous ne serons en sûreté que de l'autre côté du lac. Fuyons sans suivre de route..., loin des sentiers, loin des villes.... Fuyons, si tu ne veux pas que je meure de crainte, non pour ma vie, mais pour la tienne !...

A ces mots, il l'entraîna à travers la prairie.

Roschen n'était pas une de ces fleurs délicates et étiolées comme il en pousse dans nos villes ; c'était une noble et forte montagnarde, forte en face du danger, faite au soleil et à la fatigue. Conrad et elle eurent bientôt atteint le pied de la montagne. Conrad alors voulut se reposer ; mais elle lui montra du doigt le sang qui couvrait le fer de sa cognée.

— Quel est ce sang? lui dit-elle.

— Le sien !... répondit Conrad.

— Fuyons ! s'écria Roschen.

Et elle se remit en route.

Alors ils s'enfoncèrent dans le plus fourré de la forêt, gravissant les flancs de la montagne par des sentiers connus des seuls chasseurs. Plusieurs fois Conrad voulut s'arrêter encore ; mais toujours Roschen lui rendit le courage en assurant qu'elle n'était pas fatiguée. Enfin, une demi-heure avant la tombée de la nuit, ils arrivèrent au sommet d'un des prolongements du Rostock ; de là, ils entendaient le bêlement des troupeaux qui rentraient à Seldorf et à Bauen, et devant ces deux villages ils apercevaient, couché au fond de la vallée, le lac de Waldstætten, tranquille et pur comme un miroir. A cet aspect, Roschen voulait continuer sa route ; mais sa volonté dépassait ses forces ; aux premiers pas qu'elle fit, elle chancela. Alors Conrad exigea d'elle qu'elle prît quelques heures de repos, et il lui prépara un lit de feuilles et de mousse sur lequel elle se coucha, tandis qu'il veillait près d'elle.

Conrad entendit mourir l'une après l'autre toutes les clameurs de la vallée ; il vit s'éteindre, chacune à son tour, toutes les lumières qui semblaient des étoiles tombées sur la terre. Puis, aux rumeurs discordantes des hommes succédèrent les bruits harmonieux de la nature ; aux lueurs éphémères allumées par des mains mortelles, cette splendide poussière d'étoiles que soulèvent les pas de Dieu ; la montagne a, comme l'Océan, des voix immenses qui s'élèvent tout à coup, au milieu des nuits, de la surface des lacs, du sein des forêts, des profondeurs des glaciers. Dans leurs intervalles, on entend le bruit continu de la cascade ou le fracas orageux des avalanches, et tous ces bruits parlent au montagnard une langue sublime qui lui est familière, et à laquelle il répond par ses cris d'effroi ou ses chants de reconnaissance, car ces bruits lui présagent le calme ou la tempête.

Aussi Conrad avait-il suivi avec inquiétude la vapeur qui, ternissant le miroir du lac, avait commencé de s'élever à sa surface, et qui, montant lentement dans la vallée, avait été se condenser autour de la tête neigeuse de l'Axemberg. Plusieurs fois déjà il avait tourné avec anxiété les yeux vers le point du ciel où la lune allait se lever, lorsqu'elle apparut, mais blafarde et entourée d'un cercle brumeux qui voilait sa pâle splendeur ; de temps en temps aussi des brises passaient, portant avec elles une saveur humide et terreuse ; et alors Conrad se retournait vers l'occident, les aspirant avec l'instinct d'un limier et murmurant à demi-voix :

— Oui, oui, je vous reconnais, messagers d'orage, et je vous remercie ; vos avis ne seront pas perdus.

Enfin une dernière bouffée de vent apporta avec elle les premières vapeurs enlevées au lac de Neuchâtel et aux marais de Morat. Conrad reconnut qu'il était temps de partir, et se baissa vers Roschen.

— Ma bien-aimée, murmura-t-il à son oreille, ne crains rien, c'est moi qui t'éveille.

Roschen ouvrit les yeux et jeta ses bras au cou de Conrad.

— Où sommes-nous ? dit Roschen. J'ai froid....

— Il faut partir, Roschen. Le ciel est à l'ouragan, et nous avons le temps à peine de gagner la grotte de Bikenbach, où nous serons en sûreté contre lui ; puis, lorsqu'il sera passé, nous descendrons à Bauen, où nous trouverons quelque batelier qui nous conduira à Brünnen ou à Sissigen.

— Mais ne perdons-nous pas un temps précieux, Conrad ? et

ne vaudrait-il pas mieux gagner tout de suite les rives du lac? Si l'on nous poursuivait?

— Autant vaudrait chercher la trace du chamois et de l'aigle, répondit négligemment Conrad. Sois donc tranquille de ce côté ; mais voici l'orage, partons.

En effet, un coup de tonnerre éloigné se fit entendre, parcourut en grondant les sinuosités de la vallée, et s'en alla mourir sur les flancs de l'Axemberg.

— Tu as raison, il n'y a pas un instant à perdre, dit Roschen; fuyons, Conrad, fuyons !

A ces mots, ils se prirent par la main, et coururent aussi vite que le leur permettaient les difficultés du terrain, dans la direction de la vallée de Bikenbach.

Cependant, l'ouragan s'était déclaré en même temps que les premiers rayons du jour, et se rapprochait en grondant. De dix minutes en dix minutes, des éclairs sillonnaient le ciel, et des nuages, s'abattant sur la tête des fugitifs, leur dérobaient un instant l'aspect de la vallée, et, glissant rapidement le long de la montagne, les laissaient imprégnés d'une humidité froide et pénétrante qui glaçait la sueur sur leur front. Tout à coup, et dans ces intervalles de silence où la nature semble rappeler à elle toutes ses forces pour la lutte qu'elle va soutenir, on entendit dans le lointain les aboiements d'un chien de chasse.

— Napft ! s'écria Conrad en s'arrêtant tout à coup.

— Il aura brisé sa chaîne et aura profité de sa liberté pour chasser dans la montagne, dit Roschen.

Conrad lui fit signe de faire silence, et il écouta avec cette attention profonde d'un chasseur et d'un montagnard habitué à tout deviner, salut et péril, d'après le plus léger indice. Les aboiements se firent entendre de nouveau. Conrad tressaillit.

— Oui, oui, il est en chasse, murmura-t-il ; mais sais-tu bien quel gibier il guette ?

— Que nous importe ?

— Qu'importe la vie à ceux qui fuient pour la conserver ? Nous sommes poursuivis, Roschen ; l'enfer a donné une idée à ces démons ; ne sachant où me retrouver, ils ont détaché Napft et se sont fiés à son instinct.

— Mais qui peut te faire croire ?...

— Ecoute et remarque avec quelle lenteur les aboiements s'approchent ; ils le tiennent en laisse pour ne pas perdre notre piste ; sans cela, Napft serait déjà près de nous, tandis que, de cette façon, il en a pour une heure encore avant de nous rejoindre.

Napft aboya de nouveau, mais sans se rapprocher d'une manière sensible ; au contraire, on eût dit que sa voix était plus éloignée que la première fois qu'elle s'était fait entendre.

— Il perd notre trace, dit Roschen avec joie, il s'écarte.

— Non, non, répondit Conrad, Napft est trop bon chien pour leur faire défaut ; c'est le vent qui tourne ; écoute, écoute.

Un violent coup de tonnerre interrompit les aboiements, qui venaient effectivement de se faire entendre de plus près ; mais à peine fut-il éteint, qu'ils retentirent de nouveau.

— Fuyons, s'écria Roschen, fuyons vers la grotte !

— Et que nous servira la grotte maintenant ? Si dans deux heures nous n'avons pas mis le lac entre nous et ceux qui nous poursuivent, nous sommes perdus !

A ces mots, il lui prit la main et l'entraîna.

— Où vas-tu ? où vas-tu ? s'écria Roschen ; tu perds la direction du lac.

— Viens, viens ; il faut que nous luttions de ruse avec ces

chasseurs d'hommes ; il y a trois lieues d'ici au lac, et si nous allions en ligne droite, avant vingt minutes, pauvre enfant, tu ne pourrais plus marcher ; viens, te dis-je.

Roschen, sans répondre, rassembla toutes ses forces, et, s'avançant rapidement dans la direction choisie par son mari, ils marchèrent ainsi dix minutes à peu près ; puis tout à coup ils se trouvèrent sur les bords d'une de ces larges gerçures si communes dans les montagnes ; un tremblement de terre l'avait produite dans des temps que les aïeux avaient eux-même oubliés, et un précipice de vingt pieds de largeur et d'une demi-lieue de longueur peut-être faisait une ceinture profonde à la montagne. C'était une de ces rides qui annoncent la vieillesse de la terre. Mais, arrivé là, Conrad jeta un cri terrible. Le pont fragile qui servait de communication d'un bord à l'autre avait été brisé par un rocher qui avait roulé du haut du Rostock.

Roschen comprit tout ce qu'il y avait de désespoir dans ce cri, et, se croyant perdue, elle tomba à genoux.

— Non, non, ce n'est pas encore l'heure de prier, s'écria Conrad, les yeux brillants de joie. Courage, Roschen, courage ! Dieu ne nous abandonne pas tout à fait.

En disant ces mots, il avait couru vers un vieux sapin ébranché par les orages, qui poussait solitaire et dépouillé au bord du précipice, et il avait commencé l'œuvre du salut en le frappant de sa cognée ; l'arbre, attaqué par un ennemi plus puissant et plus acharné que la tempête, gémit de sa racine à son sommet : il est vrai que jamais bûcheron n'avait frappé de si rudes coups.

Roschen encourageait son mari, tout en écoutant la voix de Napft, qui, pendant ces retards et ces contre-temps, avait gagné sur eux.

— Courage, mon bien-aimé, disait-elle, courage ! vois comme l'arbre tremble ! Oh ! que tu es fort et puissant ! Courage, Conrad ; il chancelle, il tombe !... il tombe ! O mon Dieu ! je vous remercie, nous sommes sauvés !

En effet, le sapin, coupé par sa base et cédant à l'impulsion que lui avait donnée Conrad, s'était abattu en travers du précipice, offrant un pont impraticable pour tout autre que pour un montagnard, mais suffisant au pied d'un chasseur.

— Ne crains rien, s'écria Roschen en s'élançant la première, ne crains rien, Conrad, et suis-moi.

Mais, au lieu de la suivre, Conrad, n'osant regarder le périlleux trajet, s'était jeté à terre et assujettissait l'arbre avec sa poitrine, afin qu'il ne vacillât pas sous les pieds de sa bien-aimée. Pendant ce temps, les aboiements de Napft se faisaient entendre, distants d'un quart de lieue à peine. Tout à coup Conrad sentit que le mouvement imprimé à l'arbre par le poids du corps de Roschen avait cessé ; il se hasarda à regarder de son côté, elle était sur l'autre bord, lui tendant les bras et l'excitant à la rejoindre.

Conrad s'élança aussitôt sur ce pont vacillant d'un pas aussi ferme que s'il eût passé sur une arche de pierre ; puis, arrivé près de sa femme, il se retourna, et d'un coup de pied précipita le sapin dans l'abîme. Roschen le suivit du regard, et, le voyant se briser sur les rochers et bondir de profondeur en profondeur, elle détourna les yeux et pâlit. Conrad, au contraire, fit entendre un de ces cris de joie comme en poussent l'aigle et le lion après une victoire ; puis, passant son bras autour de la taille de Roschen, il s'enfonça dans un de ces sentiers frayés par les bêtes fauves. Cinq minutes après, ceux qui les poursuivaient, guidés par Napft, arrivèrent sur les bords du précipice....

Cependant la tempête redoublait de force, les éclairs se succédaient sans interruption, le tonnerre ne cessait pas un instant de se faire entendre, la pluie tombait par torrents; les cris des chasseurs, les aboiements de Napft, tout était perdu dans ce chaos. Au bout d'un quart d'heure, Roschen s'arrêta.

— Je ne puis plus marcher, dit-elle, en laissant tomber ses bras et en pliant sur ses genoux; fuis seul, Conrad, fuis, je t'en supplie.

Conrad regarda autour de lui pour reconnaître à quelle distance il se trouvait du lac; mais le temps était si sombre, tous les objets avaient pris, sous le voile de l'orage, une teinte si uniforme, qu'il lui fut impossible de s'orienter; il leva les yeux au ciel, mais il n'était que foudre et éclairs, et le soleil avait disparu comme un roi chassé de son trône par une émeute populaire. La pente du sol indiquait bien à peu près la route qu'il avait à suivre; mais sur cette route pouvaient se trouver de ces accidents de terrain si communs dans les montagnes, et que les jambes du chamois ou les ailes de l'aigle peuvent seules surmonter. Conrad, à son tour, laissa tomber ses bras, et poussa un gémissement comme un lutteur à moitié vaincu.

En ce moment, un long et bizarre murmure se fit entendre, venant du haut du Rostock; la montagne oscilla trois fois, pareille à un homme ivre, et un brouillard, chaud comme la vapeur qui s'élève au-dessus de l'eau bouillante, traversa l'espace.

— Une trombe! s'écria Conrad, une trombe!...

Et, prenant Roschen dans ses bras, il se jeta avec elle sous la voûte d'un énorme rocher, serrant d'un bras sa femme contre sa poitrine et se cramponnant de l'autre aux aspérités du roc.

A peine étaient-ils sous cet abri, que les branches supérieures des sapins tressaillirent, puis bientôt ce mouvement se communiqua aux branches inférieures. Un sifflement dont le bruit dominait celui de l'ouragan s'empara à son tour de l'espace ; la forêt se courba comme un champ d'épis, des craquements affreux se firent entendre, et bientôt ils virent les troncs des arbres les plus forts voler en éclats, se déraciner, s'enlever comme si la main d'un démon les prenait en passant par la chevelure, et fuir devant le souffle de la trombe, tournoyant comme une ronde insensée de gigantesques et effrayants fantômes.

Au-dessus d'eux, une masse épaisse de branchages, de rameaux brisés et de bruyères, fuyaient, suivaient la même impulsion ; au-dessous bondissaient des milliers de rocs arrachés à la montagne, et qui tourbillonnaient comme une poussière. Heureusement, celui sous lequel ils étaient abrités tenait par des liens séculaires à l'ossature immense de la montagne; il resta immobile, protégeant les fugitifs, qui, se trouvant au centre même de l'ouragan, suivirent d'un œil épouvanté la marche de l'effrayant phénomène, qui, s'avançant en ligne droite, et renversant tous les obstacles, marcha vers Bauen, passa sur une maison qui disparut avec lui, atteignit le lac, sépara le brouillard qui le couvrait en deux parois qu'on eût crues solides, rencontra une barque qu'il abîma, et s'en alla mourir contre les rochers de l'Axenberg, laissant l'espace qu'il avait parcouru vide et écorché comme le lit d'un fleuve mis à nu.

— Allons, voilà notre chemin tout tracé, s'écria Conrad, en entraînant Roschen dans le ravin. Nous n'avons qu'à suivre cette blessure de la terre, elle nous conduira au lac.

— Peut-être aussi, dit Roschen en rassemblant toutes ses forces pour suivre Conrad..., peut-être l'ouragan nous aura-t-il débarrassés de nos ennemis.

— Oui, répondit Conrad, oui, si j'avais laissé le pont derrière moi..., car ils se seraient trouvés sur la même ligne que nous, et alors il est probable que nous aurions vu passer leurs cadavres au-dessus de nos têtes ; mais ils ont été obligés de prendre à gauche pour tourner le précipice. La trombe leur aura donné du temps pour nous joindre, et voilà tout.... Et la preuve, tiens, tiens.... la voilà.

En effet, on recommençait à entendre les aboiements de Napft.

Conrad alors, sentant que les forces de Roschen l'abandonnaient, la prit dans ses bras, et, chargé de ce fardeau, continua sa route plus rapidement qu'il n'aurait pu le faire, suivi par elle.

Dix minutes d'un silence de mort succédèrent aux quelques mots que les époux avaient échangés entre eux. Mais pendant ces dix minutes, Conrad avait gagné bien du terrain ; le lac lui apparaissait maintenant, à travers le brouillard et la pluie, éloigné de cinq cents pas à peine. Quant à Roschen, ses yeux étaient fixés sur l'étrange vallée qu'ils venaient de parcourir. Tout à coup, Conrad la sentit tressaillir par tout le corps ; en même temps des cris de joie se firent entendre ; c'étaient ceux des soldats qui les poursuivaient, et qui, enfin, les avaient aperçus. Au même instant, Napft vint bondir aux côtés de son maître ; il avait, en le reconnaissant, donné une si vive secousse à la chaîne, qu'il l'avait brisée aux mains de celui qui la tenait ; quelques anneaux pendaient encore à son collier.

— Oui, oui, murmura Conrad, tu es un chien fidèle, Napft ; mais ta fidélité nous perd mieux qu'une trahison. Maintenant, ce n'est plus une chasse, c'est une course.

Alors Conrad se dirigea en droite ligne vers le lac, suivi, à trois cents pas environ, par huit ou dix archers du seigneur de

Wolfranchiess; mais, arrivé au bord de l'eau, un autre obstacle se présenta; le lac était soulevé comme une mer en démence, et, malgré les prières de Conrad, aucun batelier ne voulut risquer sa vie pour sauver la sienne.

Conrad courait comme un insensé, portant toujours Roschen à demi évanouie, demandant aide et protection à grands cris, et poursuivi toujours par les archers, qui, à chaque pas, gagnaient sur lui.

Tout à coup un homme s'élança d'un rocher au milieu du chemin.

— Qui demande secours? dit-il.

— Moi, moi, dit Conrad; pour moi et pour cette femme que vous voyez. Une barque, au nom du ciel! une barque!

— Venez, dit l'inconnu, en s'élançant dans un bateau amarré à une petite anse.

— Oh! vous êtes mon sauveur.

— Le Sauveur est celui qui a répandu son sang pour les hommes; Dieu est celui qui m'a envoyé sur votre route; adressez-lui donc vos actions de grâces, et surtout vos prières; car nous allons avoir besoin qu'il ne nous perde pas de vue.

— Mais, au moins, faut-il que vous sachiez qui vous sauvez.

— Vous êtes en danger, voilà tout ce que j'ai besoin de savoir; venez!

Conrad sauta dans le bateau et y déposa Roschen. Quant à l'inconnu, il déploya une petite voile, et, se plaçant au gouvernail, il détacha la chaîne qui retenait la barque au rivage. Aussitôt elle s'élança, bondissant sur chaque vague et s'animant au vent, comme un cheval aux éperons et à la voix de son cavalier. A peine les fugitifs étaient-ils à cent pas du lieu où ils s'étaient embarqués, que les archers y arrivèrent.

— Vous venez trop tard, mes maîtres, murmura l'inconnu ; nous sommes maintenant hors de vos mains. Mais ce n'est pas le tout, continua-t-il en s'adressant à Conrad ; couchez-vous, jeune homme, couchez-vous ; ne voyez-vous pas qu'ils fouillent à leurs trousses ? Une flèche va plus loin que la meilleure barque, fût-elle poussée par le démon de la tempête lui-même. Ventre à terre ! ventre à terre ! vous dis-je.

Conrad obéit. Au même instant un sifflement se fit entendre au-dessus de leurs têtes ; une flèche se fixa en tremblant dans le mât de la barque ; les autres allèrent se perdre dans le lac.

L'étranger regarda avec une curiosité calme la flèche, dont tout le fer avait disparu dans le trou qu'elle avait fait.

— Oui, oui, murmura-t-il, il pousse dans nos montagnes de bons arcs de frêne, d'if et d'érable ; et si la main qui les bande et l'œil qui dirige la flèche qu'ils lancent étaient plus exercés, on pourrait s'inquiéter de leur servir de but. Au reste, ce n'est pas une chose facile que d'atteindre le chamois qui court, l'oiseau qui vole ou la barque qui bondit. Baissez-vous encore, jeune homme, baissez-vous, voilà une seconde volée qui nous arrive.

En effet, une flèche s'enfonça dans la proue, et deux autres, perçant la voile, y restèrent arrêtées par les plumes. Le pilote les regarda dédaigneusement.

— Maintenant, dit-il à Conrad et à Roschen, vous pouvez vous asseoir sur les bancs du bateau, comme si vous faisiez votre promenade du dimanche ; avant qu'ils aient eu le temps de tirer une troisième flèche de leurs trousses, nous serons hors de leur portée ; il n'y a qu'un vireton d'arbalète, poussé par un arc de fer, qui puisse envoyer la mort à la distance où nous sommes; et tenez, voyez si je me trompe.

En effet, une troisième volée de flèches vint s'abattre dans le sillage du bateau ; les fugitifs étaient sauvés de la colère des hommes et n'avaient plus à redouter que celle de Dieu ; mais l'inconnu semblait aguerri contre la seconde aussi bien que contre la première, et, une demi-heure après être partis d'une rive, Conrad et sa femme débarquaient sur l'autre. Quant à Napft, qu'ils avaient oublié, il les avait suivis à la nage.

Avant de quitter l'étranger, Conrad pensa de quelle importance un homme aussi intrépide pouvait être dans la conjuration dont il faisait partie ; il commença donc par lui dire ce qui avait été résolu au Grütli ; mais au premier mot, l'étranger l'arrêta.

— Vous m'avez appelé à votre secours, et j'y suis venu comme j'aurais désiré que l'on vînt au mien, si je m'étais trouvé dans une position pareille à la vôtre ; ne m'en demandez pas davantage, car je ne ferai pas plus.

— Mais, au moins, s'écria Roschen, dites-nous quel est votre nom, afin que nous le portions dans notre cœur auprès de celui de nos pères et de nos mères ; car, comme à eux, nous vous devons la vie.

— Oui, oui, votre nom, dit Conrad ; vous n'avez aucun motif pour nous le cacher.

— Non, sans doute, répondit naïvement l'étranger en amarrant sa barque au rivage. Je suis né à Burglen, je suis receveur du fraumünster de Zurich, et je me nomme Guillaume Tell.

À ces mots, il salua les deux époux et prit le chemin de Fluelen.

Le lendemain du jour où les choses que nous venons de raconter s'étaient passées, on annonça au bailli Hermann Gessler un messager du chevalier Béringen de Laudenberg. Il donna ordre de le faire entrer.

Le messager raconta l'aventure de Melchthal et la vengeance de Laudenberg. A peine eut-il fini, qu'on annonça un archer du seigneur de Wolfranchiess.

L'archer raconta la mort de son maître, et de quelle manière le meurtrier s'était échappé, grâce au secours que lui avait porté un homme nommé Guillaume, de Burglen, village placé sous la juridiction de Gessler. Le bailli promit qu'il serait fait justice de cet homme.

Il venait d'engager sa parole, lorsqu'on annonça un soldat de la garnison de Schwanau.

Le soldat raconta que le gouverneur du château, ayant attenté à la vie d'une jeune fille d'Art, avait été surpris à la chasse par les deux frères de cette jeune fille et assommé par eux ; puis les assassins s'étaient réfugiés dans la montagne, où on les avait poursuivis inutilement.

Alors Gessler se leva et jura que si le jeune Melchthal, qui avait cassé le bras à un valet de Laudenberg, que si Conrad de Baumgarten, qui avait tué le seigneur de Wolfranchiess dans un bain, que si les jeunes gens qui avaient assassiné le gouverneur du château de Schwanau tombaient entre ses mains, ils seraient punis de mort. Les messagers allaient se retirer avec cette réponse ; mais Gessler les invita à l'accompagner auparavant sur la place publique d'Altorf.

Arrivé là, il ordonna qu'on plantât en terre une longue perche, et sur cette perche il plaça son chapeau, dont le fond était entouré par la couronne ducale d'Autriche ; puis il fit annoncer à son de trompe que tout noble, bourgeois et paysan, passant devant cet insigne de la puissance des comtes de Habsbourg, eût à se découvrir en signe de foi et hommage. Alors il congédia les messagers, en leur ordonnant de raconter ce qu'ils venaient de voir et d'inviter ceux qui les avaient envoyés à en faire autant dans leurs juridictions respectives ; ce qui était, ajouta-t-il, le meilleur moyen de reconnaitre les ennemis de l'Autriche. Enfin, il plaça une garde de douze archers sur la place, et leur ordonna d'arrêter tout homme qui refuserait d'obéir à l'ordonnance qu'il venait de rendre.

XX.

Guillaume Tell.

Trois jours après les événements que nous venons de raconter, on vint prévenir Gessler qu'un homme avait été arrêté pour avoir refusé de se découvrir devant la couronne des ducs d'Autriche. Gessler monta à l'instant à cheval et se rendit à Altorf, accompagné de ses gardes. Le coupable était lié à la perche même au haut de laquelle était fixé le chapeau du gouverneur; et, autant qu'on en pouvait juger à son justaucorps de drap vert de Bâle et à son chapeau orné d'une plume d'aigle, c'était un chasseur de montagne.

Arrivé en face de lui, Gessler donna ordre qu'on détachât les liens qui le retenaient. Cet ordre accompli, le chasseur, qui savait bien qu'il n'en était pas quitte, laissa tomber ses bras et regarda le gouverneur avec une simplicité aussi éloignée de la faiblesse que de l'arrogance.

— Est-il vrai, lui dit Gessler, que tu aies refusé de saluer ce chapeau ?

— Oui, monseigneur.

— Et pourquoi cela ?

— Parce que nos pères nous ont appris à ne nous découvrir que devant Dieu, les vieillards et l'Empereur.

— Mais cette couronne représente l'Empire.

— Vous vous trompez, monseigneur, cette couronne est celle des comtes de Habsbourg et des ducs d'Autriche. Plantez cette couronne sur les places de Lucerne, de Fribourg, de Zug, de Bienne et du pays de Glaris, qui leur appartiennent, et je ne doute pas que les habitants ne lui rendent hommage ; mais nous, qui avons reçu de l'empereur Rodolphe le privilège de nommer nos juges, d'être gouvernés par nos lois et de ne relever que de l'Empire, nous devons respect à toutes les couronnes, mais hommage seulement à la couronne impériale.

— Mais l'empereur Albert, en montant sur le trône romain, n'a point ratifié ces libertés accordées par son père.

— Il a eu tort, monseigneur, et voilà pourquoi Uri, Schwitz et Unterwalden ont fait alliance entre eux et se sont engagés, par serment, à défendre mutuellement envers et contre tous leurs personnes, leurs familles, leurs biens, et à s'aider les uns les autres par les conseils et par les armes.

— Et tu crois qu'ils tiendront leur serment ? dit en souriant Gessler.

— Je le crois, répondit tranquillement le chasseur.

— Et que les bourgeois mourront plutôt que de le rompre ?

— Jusqu'au dernier.

— C'est ce qu'il faudra voir.

— Tenez, monseigneur, continua le chasseur, que l'Empereur

y prenne garde ; il n'est pas heureux en expéditions de ce genre :
il se souviendra du siège de Berne, où sa bannière impériale fut
prise ; de Zurich, dans laquelle il n'osa point entrer, quoique
toutes ses portes fussent ouvertes ; et cependant, avec ces deux

Est-il vrai, dit Gessler, que tu aies refusé de saluer
ce chapeau ?

villes, ce n'était point une question de liberté, mais de limites.
Je sais qu'il vengea ses deux échecs sur Glaris ; mais Glaris était
faible et fut surprise sans défense, tandis que nous autres confédérés, nous sommes prévenus et armés.

— Et où as-tu pris le temps d'apprendre les lois et l'histoire, si tu n'es qu'un simple chasseur, comme on pourrait le croire d'après ton costume ?

— Je sais nos lois, parce que c'est la première chose que nos pères nous apprennent à respecter et à défendre ; je sais l'histoire, parce que je suis quelque peu clerc, ayant été élevé au couvent de Notre-Dame des Ermites, ce qui fait que j'ai obtenu la place de receveur des rentes du fraumünster de Zurich. Quant à la chasse, ce n'est point mon état, mais mon amusement, comme celui de tout homme libre.

— Et comment te nomme-t-on ?

— Guillaume de mon nom de baptême, et Tell de celui de mes aïeux.

— Ah ! répondit Gessler avec joie ; n'est-ce pas toi qui as porté secours à Conrad de Baumgarten et à son épouse, lors du dernier ouragan ?

— J'ai donné passage dans ma barque à un jeune homme et à une jeune femme qui étaient poursuivis ; mais je ne leur ai pas demandé leur nom.

— N'est-ce pas toi aussi que l'on cite comme le plus habile chasseur de toute l'Helvétie ?

— Il enlèverait, à cent cinquante pas, une pomme sur la tête de son fils, dit une voix qui s'éleva de la foule.

— Dieu pardonne ces paroles à celui qui les a dites ! s'écria Guillaume ; mais, à coup sûr, elles ne sont pas sorties de la bouche d'un père.

— Tu as donc des enfants ? dit Gessler.

— Quatre : trois garçons et une fille. Dieu a béni ma maison.

— Et lequel aimes-tu le mieux ?

— Je les aime tous également.

— Mais n'en est-il pas un pour lequel ta tendresse soit plus grande ?

— Pour le plus jeune, peut-être ; car c'est le plus faible, et par conséquent celui qui a le plus besoin de moi, ayant sept ans à peine.

— Et comment se nomme-t-il ?

— Walter.

Gessler se retourna vers un des gardes qui l'avaient suivi à cheval.

— Courez à Burglen, lui dit-il, et ramenez-en le jeune Walter.

— Et pourquoi cela, monseigneur ?

Gessler fit un signe, et le garde partit au grand galop.

— Oh ! vous n'avez sans doute que de bonnes intentions, monseigneur ; mais que voulez-vous faire de mon enfant ?

— Tu verras, dit Gessler en se retournant vers le groupe et en causant tranquillement avec les écuyers et les gardes qui l'accompagnaient.

Quant à Guillaume, il resta debout à la place où il était, la sueur au front, les yeux fixes et les poings fermés.

Au bout de dix minutes, le garde revint, ramenant l'enfant assis sur l'arçon de sa selle ; puis, arrivé près de Gessler, il le descendit à terre.

— Voilà le petit Walter, dit le garde.

— C'est bien, répondit le gouverneur.

— Mon fils ! s'écria Guillaume.

L'enfant se jeta dans ses bras.

— Tu me demandais, père ? dit l'enfant en frappant de joie ses petites mains l'une contre l'autre.

— Comment ta mère t'a-t-elle laissé venir ? murmura Guillaume.

— Elle n'était point à la maison ; il n'y avait que mes deux frères et ma sœur. Oh! ils ont été bien jaloux, va; ils ont dit que tu m'aimais mieux qu'eux.

Guillaume poussa un soupir et serra son enfant contre son cœur.

Gessler regardait cette scène avec des yeux brillants de joie et de férocité; puis, lorsqu'il eut donné aux cœurs du père et du fils le temps de s'ouvrir :

— Qu'on attache cet enfant à cet arbre, dit-il en montrant un chêne qui s'élevait à l'autre extrémité de la place.

— Pourquoi faire? s'écria Guillaume en le serrant dans ses bras.

— Pour te prouver qu'il y a parmi mes gardes des archers qui, sans avoir ta réputation, savent aussi diriger une flèche.

Guillaume ouvrit la bouche comme s'il ne comprenait pas, quoique la pâleur de son visage et les gouttes d'eau qui ruisselaient sur son front annonçassent qu'il avait compris.

Gessler fit un signe, les hommes d'armes s'approchèrent.

— Attacher mon enfant pour exercer l'adresse de tes soldats! oh! n'essaye pas cela, gouverneur; Dieu ne te laisserait pas faire.

— C'est ce que nous verrons, dit Gessler.

Et il renouvela l'ordre.

Les yeux de Guillaume brillèrent comme ceux d'un lion; il regarda autour de lui pour voir s'il n'y avait pas un passage ouvert à la fuite; mais il était entouré.

— Que me veulent-ils donc, père? dit le petit Walter effrayé.

— Ce qu'ils te veulent, mon enfant! ce qu'ils te veulent! Oh! les tigres à face humaine! ils veulent t'égorger!

— Et pourquoi cela, père? dit l'enfant en pleurant; je n'ai fait de mal à personne.

— Bourreaux! bourreaux! bourreaux!... s'écria Guillaume en grinçant des dents.

— Allons, finissons, dit Gessler.

Les soldats s'élancèrent sur lui et lui arrachèrent son fils. Guillaume se jeta aux pieds du cheval de Gessler.

— Monseigneur, lui dit-il en joignant les mains, monseigneur, c'est moi qui vous ai offensé ; c'est donc moi qu'il faut punir ; monseigneur, punissez-moi, tuez-moi, mais renvoyez cet enfant à sa mère.

— Je ne veux pas qu'ils te tuent, cria l'enfant en se débattant entre les mains des archers.

— Monseigneur, continua Guillaume, ma femme et mes enfants quitteront l'Helvétie ; ils vous laisseront ma maison, mes terres, mes troupeaux ; ils s'en iront mendier de ville en ville, de maison en maison, de chaumière en chaumière ; mais au nom du ciel, épargnez cet enfant.

— Il y a un moyen de le sauver, Guillaume, dit Gessler.

— Lequel? s'écria Tell en se relevant et en joignant les mains ; oh! lequel? dites, dites vite ; et si ce que vous voulez exiger de moi est au pouvoir d'un homme, je le ferai.

— Je n'exigerai rien qu'on ne te croie capable d'accomplir.

— J'écoute.

— Une voix a dit tout à l'heure que tu étais si habile chasseur, que tu enlèverais, à cent cinquante pas de distance, une pomme sur la tête de ton fils.

— Oh! c'était une voix maudite, et j'avais cru qu'il n'y avait que Dieu et moi qui l'avions entendue.

— Eh bien! Guillaume, continua Gessler, si tu consens à me donner cette preuve d'adresse, je te fais grâce pour avoir contrevenu à mes ordres, en ne saluant pas ce chapeau.

— Impossible, impossible, monseigneur, ce serait tenter Dieu.

— Alors, je vais te prouver que j'ai des archers moins craintifs que toi. Attachez l'enfant.

— Attendez, monseigneur, attendez ; quoique ce soit une chose bien terrible, bien cruelle, bien infâme, laissez-moi réfléchir.

— Je te donne cinq minutes.

— Rendez-moi mon fils, pendant ce temps au moins.

— Lâchez l'enfant, dit Gessler.

L'enfant courut à son père.

— Ils nous ont donc pardonné, père ? dit l'enfant, en essuyant ses yeux avec ses petites mains, en riant et en pleurant à la fois.

— Pardonné ! Sais-tu ce qu'ils veulent? O mon Dieu! comment une pareille pensée peut-elle venir dans la tête d'un homme ? Ils veulent.... Mais non, ils ne le veulent pas, c'est impossible qu'ils veuillent une telle chose. Ils veulent, pauvre enfant, ils veulent qu'à cent cinquante pas, j'enlève avec une flèche une pomme sur ta tête.

— Et pourquoi ne le veux-tu pas, père ? répondit naïvement l'enfant.

— Pourquoi ? Et si je manquais la pomme, si la flèche allait t'atteindre ?...

— Oh ! tu sais bien qu'il n'y a pas de danger, père, dit l'enfant en souriant.

— Guillaume ! cria Gessler.

— Attendez donc, monseigneur ; attendez donc, il n'y a pas cinq minutes.

— Tu te trompes, le temps est passé ; Guillaume, décide-toi.

L'enfant fit un signe d'encouragement à son père.

— Eh bien! murmura Guillaume à demi-voix. Oh! jamais! jamais !

— Reprenez son fils, cria Gessler.

— Mon père veut bien, dit l'enfant.

Et il s'élança des bras de Guillaume pour courir lui-même vers l'arbre.

Guillaume resta anéanti, les bras pendants et la tête sur la poitrine.

— Donnez-lui un arc et des flèches, dit Gessler.

— Je ne suis pas archer, dit Guillaume en sortant de sa torpeur ; je ne suis pas archer, je suis arbalétrier.

— C'est vrai, c'est vrai, cria la foule.

Gessler se tourna vers les soldats qui avaient arrêté Guillaume, comme pour les interroger.

— Oui, oui, dirent-ils ; il avait une arbalète et des viretons.

— Et qu'en a-t-on fait ?

— On les lui a pris quand on l'a désarmé.

— Qu'on les lui rende, dit Gessler.

On alla les chercher, et on les rapporta à Guillaume.

— Maintenant, une pomme, dit Gessler.

On lui en apporta plein une corbeille. Gessler en choisit une.

— Oh ! pas celle-là ! s'écria Guillaume, pas celle-là ! A la distance de cent cinquante pas, je la verrai à peine ; il n'y a vraiment pas de pitié à vous de la choisir si petite.

Gessler la laissa retomber et en prit une autre d'un tiers plus grosse.

— Allons, Guillaume, je veux te faire beau jeu, dit le gouverneur ; que dis-tu de celle-ci ?

Guillaume la prit, la regarda et la rendit en soupirant.

— Allons, voilà qui est convenu ; maintenant, mesurons la distance.

— Un instant, un instant, dit Guillaume ; une distance royale, monseigneur, des pas de deux pieds et demi, pas plus : c'est la mesure, n'est-ce pas, messieurs les archers, c'est la mesure pour les tirs et pour les défis ?

— On la fera telle que tu désires, Guillaume.

Et l'on mesura la distance en comptant cent cinquante pas de deux pieds et demi.

Guillaume suivit celui qui calculait l'espace, mesura lui-même trois fois la distance ; puis, voyant qu'elle avait été loyalement prise, il revint à la place où étaient son arbalète et ses traits.

— Une seule flèche ! cria Gessler.

— Laissez-la-moi choisir, au moins, dit Guillaume ; ce n'est pas une chose de peu d'importance que le choix du trait ; n'est-ce pas, messieurs les archers, qu'il y a des flèches qui dévient, soit parce que le fer en est trop lourd, soit qu'il y ait un nœud dans le bois, soit qu'elles aient été mal empennées ?

— C'est vrai, dirent les archers.

— Eh bien ! choisis, reprit Gessler ; mais une seule, tu m'entends.

— Oui, oui, murmura Guillaume en cachant un vireton dans sa poitrine, oui, une seule, c'est dit.

Guillaume examina toutes les flèches avec la plus scrupuleuse attention ; il les prit et reprit les unes après les autres, les essaya sur son arbalète pour s'assurer qu'elles s'emboîtaient exactement dans la rainure, les posa en équilibre sur son doigt pour voir si le fer n'emportait pas de son côté, ce qui aurait fait baisser le coup. Enfin, il en trouva une qui réunissait toutes les qualités suffisantes ; mais, longtemps après l'avoir trouvée, il fit semblant de chercher parmi les autres, afin de gagner du temps.

— Eh bien ? fit Gessler avec impatience.

— Me voilà, monseigneur, le temps de faire une prière.

— Encore ?

— Oh ! c'est bien le moins que, n'ayant pas obtenu pitié des hommes, je demande miséricorde à Dieu ! C'est une chose qu'on ne refuse pas au condamné sur l'échafaud.

— Prie.

Guillaume se mit à genoux et parut absorbé dans sa prière.

Pendant ce temps, on liait l'enfant à l'arbre; on voulut lui bander les yeux, mais il refusa.

— Eh bien! eh bien! dit Guillaume en interrompant sa prière, ne lui bandez-vous pas les yeux?

— Il a demandé à vous voir, crièrent les archers.

— Et moi, je ne veux pas qu'il me voie, s'écria Guillaume; je ne le veux pas, entendez-vous? Sans cela, rien n'est dit, rien n'est arrêté; il fera un mouvement en voyant venir la flèche, et je tuerai mon enfant. Laisse-toi bander les yeux, Walter, je t'en prie à genoux.

— Faites, dit l'enfant.

— Merci, dit Guillaume en s'essuyant le front et en regardant autour de lui avec égarement; merci, tu es un brave enfant.

— Allons, courage, père! lui cria Walter.

— Oui, oui, dit Guillaume en mettant un genou en terre et en bandant son arbalète.

Puis se tournant vers Gessler :

— Monseigneur, il est encore temps, épargnez-moi un crime, et à vous un remords. Dites que tout cela était pour me punir, pour m'éprouver, et que, maintenant que vous voyez ce que j'ai souffert, vous me pardonnez, n'est-ce pas, monseigneur? N'est-ce pas que vous me faites grâce? continua-t-il en se traînant sur ses genoux. Au nom du ciel, au nom de la vierge Marie, au nom des saints, grâce, grâce !...

— Allons, hâte-toi, Guillaume, dit Gessler, et crains de lasser ma patience. N'est-ce pas chose convenue? Allons, chasseur, montre ton adresse.

— Mon Dieu, ayez pitié de moi! murmura Guillaume en levant les yeux au ciel.

Alors, ramassant son arbalète, il y plaça le vireton, appuya la crosse contre son épaule, leva lentement le bout; puis, arrivé à la hauteur voulue, cet homme, tremblant tout à l'heure comme une feuille agitée par le vent, devint immobile comme un archer de pierre. Pas un souffle ne se faisait entendre, toutes les respirations étaient suspendues, tous les yeux étaient fixés. Le coup partit, un cri de joie éclata : la pomme était clouée au chêne, et l'enfant n'avait point été atteint. Guillaume voulut se lever, mais il chancela, laissa échapper son arbalète et retomba évanoui.

Lorsque Guillaume revint à lui, il était dans les bras de son enfant. Lorsqu'il l'eut embrassé mille fois, il se tourna vers le gouverneur, et rencontra ses yeux étincelants de colère.

— Ai-je fait ainsi que vous me l'aviez ordonné, monseigneur? dit-il.

— Oui, répondit Gessler, et tu es un vaillant archer. Aussi je te pardonne, comme je te l'ai promis, ton manque de respect à mes ordres.

— Et moi, monseigneur, dit Guillaume, je vous pardonne mes angoisses de père.

— Mais nous avons un autre compte à régler ensemble. Tu as donné secours à Conrad de Baumgarten, qui est un assassin et un meurtrier, et tu dois être puni comme son complice.

Guillaume regarda autour de lui comme un homme qui devient fou.

— Conduisez cet homme en prison, mes maîtres, continua Gessler; c'est un procès en forme qu'il faut pour punir l'assassinat et la haute trahison.

— Oh! il doit y avoir une justice au ciel, dit Guillaume.
Et il se laissa tranquillement conduire dans son cachot.
Quant à l'enfant, il fut fidèlement rendu à sa mère.

Cependant le bruit des événements accomplis dans cette journée s'était répandu dans les villages environnants et y avait éveillé une vive agitation. Guillaume était généralement aimé. La douceur de son caractère, ses vertus domestiques, son dévouement désintéressé pour toutes les infortunes, en avaient fait un ami pour la chaumière et le château. Son adresse extraordinaire avait ajouté à ce sentiment une admiration naïve, qui faisait qu'on le regardait comme un être à part. Les peuples primitifs sont ainsi faits. Forcés de se nourrir par l'adresse, de se défendre par la force, ces deux qualités sont celles qui élèvent dans leur esprit l'homme à la qualité de demi-dieu. Hercule, Thésée, Castor et Pollux, n'ont point eu d'autre marche-pied pour monter au ciel.

Aussi, vers le milieu de la nuit, vint-on prévenir Gessler qu'il serait possible qu'une révolte eût lieu, si on lui laissait le temps de s'organiser. Gessler pensa que le meilleur moyen de la prévenir était de transporter Guillaume hors du canton (1) d'Uri, dans une citadelle appartenant aux ducs d'Autriche et située au pied du mont Righi, entre Kussnacht et Weggis. En conséquence, et pensant que le trajet était plus sûr par eau que par terre, il donna l'ordre de préparer une barque, et, une heure avant le jour, il y fit conduire Guillaume. Gessler, six gardes, le prisonnier et trois bateliers formaient tout l'équipage du petit bâtiment.

---

(1) Qu'on nous permette d'employer ce mot, quoique l'Helvétie n'ait point encore à cette époque subi la division sous laquelle la Suisse est connue de nos jours. C'est *juridiction* que nous aurions dû dire ; mais le mot *canton* représente mieux les limites. Nous demandons, en conséquence, pardon pour cet anachronisme de trois cents ans.

XXI.

Mort de Gessler.

Lorsque le gouverneur arriva à Fluelen, lieu de l'embarquement, il trouva ses ordres exécutés. Guillaume, les pieds et les mains liés, était couché au fond de la barque ; près de lui, et comme preuve de conviction, était l'arme terrible qui, en lui servant à donner une preuve éclatante de son adresse, avait éveillé tant de craintes dans le cœur de Gessler. Les archers, assis sur les bancs inférieurs, veillaient sur lui ; les deux matelots, à leur poste, près du petit mât, se tenaient prêts à mettre à la voile, et le pilote attendait sur le rivage l'arrivée du bailli.

— Aurons-nous le vent favorable ? dit Gessler.

— Excellent, monseigneur, du moins en ce moment.

— Et le ciel ?

— Annonce une magnifique journée.

— Partons donc sans perdre une minute.

— Nous sommes à vos ordres.

Gessler prit place au bout de la barque, le pilote s'assit au gouvernail, les bateliers déployèrent la voile, et le petit bâtiment, léger et gracieux comme un cygne, commença de glisser sur le miroir du lac.

Cependant, malgré ce lac bleu, malgré ce ciel étoilé, malgré ces heureux présages, il y avait quelque chose de sinistre dans cette barque, passant silencieuse comme un esprit des eaux. Le gouverneur était plongé dans ses pensées, les soldats respectaient sa rêverie, et les bateliers, obéissant à contre-cœur, accomplissaient tristement leurs manœuvres sur les signes qu'ils recevaient du pilote. Tout à coup, une lueur météorique traversa l'espace, et, se détachant du ciel, parut se précipiter dans le lac. Les deux bateliers échangèrent un coup d'œil, le pilote fit le signe de la croix.

— Qu'y a-t-il, patron ? dit Gessler.

— Rien, rien encore jusqu'à présent, monseigneur, répondit le vieux marinier. Cependant, il y en a qui disent qu'une étoile qui tombe du ciel est un avis que vous donne l'âme d'une personne qui vous est chère.

— Et cet avis est-il de mauvais ou de bon présage ?

— Hum ! murmura le pilote, le ciel se donne rarement la peine de nous envoyer des présages heureux. Le bonheur est toujours le bienvenu.

— Ainsi cette étoile est un signe funeste ?

— Il y a de vieux bateliers qui croient que, lorsqu'une semblable chose arrive au moment où l'on s'embarque, il vaut mieux regagner la terre, s'il en est encore temps.

— Oui ; mais lorsqu'il est urgent de continuer sa route ?

— Alors, il faut se reposer sur sa conscience, répondit le pilote, et remettre sa vie à la garde de Dieu.

Un profond silence succéda à ces paroles, et la barque continua de glisser sur l'eau comme si elle eût eu les ailes d'un oiseau de mer.

Cependant, depuis l'apparition du météore, le pilote tournait avec inquiétude ses yeux du côté de l'orient, car c'était de là qu'allaient lui arriver les messagers de mauvaises nouvelles. Bientôt il n'y eut plus de doute sur le changement de l'atmosphère; à mesure que l'heure matinale s'avançait, les étoiles pâlissaient au ciel, non pas dans une lumière plus vive, comme elles ont l'habitude de le faire, mais comme si une main invisible eût tiré un voile de vapeurs entre la terre et le ciel. Un quart d'heure avant l'aurore, le vent tomba tout à coup; le lac, d'azur qu'il était, devint couleur de cendre, et l'eau, sans être agitée par aucun vent, frissonna comme si elle eût été prête à bouillir.

— Abattez la voile! cria le pilote.

Les deux mariniers se dressèrent contre le mât; mais, avant qu'ils eussent accompli l'ordre qu'ils venaient de recevoir, de petites vagues couronnées d'écume s'avancèrent rapidement de Brünnen et semblèrent venir à l'encontre de la barque.

— Le vent! le vent! s'écria le pilote. Tout à bas!

Mais, soit maladresse de la part de ceux à qui ces ordres étaient adressés, soit que quelque nœud mal formé empêchât l'exécution de la manœuvre, le vent était sur le bâtiment avant que la voile fût abattue. La barque, surprise, trembla comme un cheval qui entend rugir un lion, puis sembla se cabrer comme lui; enfin elle se tourna d'elle-même, comme si elle eût voulu fuir les étreintes d'un si puissant lutteur. Mais, dans ce mouvement, elle présenta les flancs à son ennemi.

La voile, tout à l'heure incertaine, s'enfla comme si elle eût été près de s'ouvrir; la barque s'inclina comme si elle allait chavirer. En ce moment, le pilote coupa avec son couteau le cordage qui maintenait la voile; elle flotta un instant, comme un pavillon, au bout du mât où elle était retenue encore ; enfin les liens qui l'attachaient se brisèrent, elle s'enleva comme un oiseau par les dernières bouffées de vent, et la barque, n'offrant plus aucune prise à la bourrasque, se redressa lentement et reprit son équilibre. En ce moment, les premiers rayons du jour parurent. Le pilote se replaça à son gouvernail.

— Eh bien ! maître, dit Gessler, le présage ne mentait pas, et l'événement ne s'est pas fait attendre.

— Oui, oui, la bouche de Dieu est moins menteuse que celle des hommes...., et l'on se trouve rarement bien de mépriser ses avertissements.

— Croyez-vous que nous en soyons quittes pour cette bourrasque, ou bien ce coup de vent n'est-il que le précurseur d'un orage plus violent ?

— Il arrive parfois que les esprits de l'air et des eaux profitent de l'absence du soleil pour donner de pareilles fêtes sans la permission du Seigneur, et alors, au premier rayon du jour, les vents se taisent et disparaissent, s'en allant où vont les ténèbres. Mais le plus souvent c'est la voix de Dieu qui a dit à la tempête de souffler. Alors elle doit accomplir sa mission tout entière, et malheur à ceux contre qui elle a été envoyée.

— Tu n'oublieras pas, je l'espère, qu'il s'agit de ta vie en même temps que de la mienne.

— Oui, oui, monseigneur, je sais que nous sommes tous égaux devant la mort; mais Dieu est tout-puissant : il punit qui il veut punir, et sauve qui il veut sauver. Il a dit à l'apôtre de marcher sur les flots, et l'apôtre a marché comme sur la terre. Et tout lié et garrotté qu'est votre prisonnier, il est plus sûr de son salut, s'il est dans la grâce du Seigneur, que tout homme libre qui serait dans sa malédiction.... Un coup de rame, Frantz, un coup de rame, que nous présentions la proue au vent ; car nous n'en sommes pas encore quittes, et le voilà qui revient sur nous.

En effet, des vagues plus hautes et plus écumeuses que les premières accouraient menaçantes ; et quoique la barque offrît le moins de prise possible, le vent, qui les suivait, fit glisser la barque en arrière avec la même rapidité que ces pierres plates que les enfants font bondir sur la surface de l'eau.

— Mais, s'écria Gessler, commençant à comprendre le danger, si le vent nous est contraire pour aller à Brünnen, il doit être favorable pour retourner à Altorf.

— Oui, oui, j'y ai bien pensé, continua le pilote, et voilà pourquoi plus d'une fois j'ai tourné la tête de ce côté. Mais regardez au ciel, monseigneur, et voyez les nuages qui passent entre le Dodiberg et le Titlis : ils viennent du Saint-Gothard et suivent le cours de la Reuss ; c'est un souffle contraire à celui qui soulève ces vagues qui les pousse, et avant cinq minutes ils se seront rencontrés.

— Et alors ?

— Alors, c'est le moment où il faudra que Dieu pense à nous, ou que nous pensions à Dieu.

La prophétie du pilote ne tarda point à s'accomplir. Les deux orages qui s'avançaient au-devant l'un de l'autre se rencontrèrent enfin. Un éclair flamboya, et un coup de tonnerre terrible annonça que le combat venait de commencer.

Le lac ne tarda point à partager cette révolte des éléments. Les vagues, tour à tour poussées et repoussées par des souffles contraires, s'enflèrent comme si un volcan sous-marin les faisait bouillonner, et la barque parut bientôt ne pas leur peser davantage qu'un de ces flocons d'écume qui blanchissent à leur cime.

— Il y a danger de mort, dit le pilote ; que ceux qui ne sont pas occupés à la manœuvre fassent leur prière.

— Que dis-tu là, prophète de malheur ? s'écria Gessler, et pourquoi ne nous as-tu pas prévenus plus tôt ?...

— Je l'ai fait au premier avertissement que Dieu m'a donné, monseigneur ; mais vous n'avez pas voulu le suivre.

— Il fallait gagner le bord malgré moi.

— J'ai cru qu'il était de mon devoir de vous obéir, comme il est du vôtre d'obéir à l'Empereur, comme il est de celui de l'Empereur d'obéir à Dieu.

En ce moment une vague furieuse vint se briser contre les flancs de l'esquif, le couvrit et jeta un pied d'eau dans la barque.

— A l'œuvre ! messieurs les hommes d'armes, cria le pilote ; rendez au lac l'eau qu'il nous envoie, car nous sommes assez chargés ainsi. Vite ! vite !... Une deuxième vague nous coulerait, et, quelle que soit l'imminence de la mort, il est toujours du devoir de l'homme de lutter contre elle.

— Ne vois-tu aucun moyen de nous sauver ? n'y a-t-il plus d'espoir ?

— Il y a toujours espoir, monseigneur, quoique l'homme avoue que sa science est inutile, car la miséricorde du Seigneur est plus grande que les connaissances humaines.

— Comment as-tu pu prendre une pareille responsabilité, ne sachant pas mieux ton métier, drôle ? murmura Gessler.

— Quant à mon métier, monseigneur, répondit le vieux

marinier, il y a quarante ans que je l'exerce, et il n'y a peut-être, dans toute l'Helvétie, qu'un homme meilleur pilote que moi.

— Alors, que n'est-il ici pour prendre ta place! s'écria Gessler.

— Il y est, monseigneur, dit le pilote.

Gessler regarda le vieillard d'un air étonné.

— Ordonnez qu'on détache les cordes du prisonnier ; car si la main d'un homme peut nous sauver à cette heure, c'est la sienne.

Gessler fit signe qu'il y consentait. Un léger sourire de triomphe passa sur les lèvres de Guillaume.

— Tu as entendu? lui dit le vieux marinier, en coupant avec son couteau les cordes qui le garrottaient.

Guillaume fit signe que oui, étendit les bras comme un homme qui ressaisit sa liberté, et alla reprendre au gouvernail la place abandonnée, tandis que le vieillard, prêt à lui obéir, alla s'asseoir auprès du mât avec les deux autres bateliers.

— As-tu une seconde voile, Rudens? dit Guillaume.

— Oui ; mais ce n'est pas l'heure de s'en servir.

— Prépare-la et tiens-toi prêt à la hisser.

Le vieillard le regarda avec étonnement.

— Quant à vous, continua Guillaume en s'adressant aux mariniers, à la rame, enfants, et nagez dès que je vous le dirai.

En même temps il pressa le gouvernail ; la barque, surprise de cette brusque manœuvre, hésita un instant ; puis, comme un cheval qui reconnaît la supériorité de celui qui le monte, elle tourna enfin sur elle-même.

— Nagez! cria Guillaume aux matelots, qui, se courbant aussitôt sur leurs rames, firent, malgré l'opposition des vagues, marcher le bateau dans la direction voulue.

— Oui, oui, murmura le vieillard, il a reconnu son maître, il obéit.

— Nous sommes donc sauvés ! s'écria Gessler.

— Hum ! fit le vieillard, fixant ses yeux sur ceux de Guillaume, pas encore, mais nous sommes en bon chemin ; car je devine.... Oui, sur mon âme, tu as raison, Guillaume, il doit y avoir entre les deux montagnes de la rive droite un courant d'air qui, si nous l'atteignons, nous mènera en dix minutes sur l'autre bord. Tu as deviné juste. Ce serait la première fois qu'il y aurait pareille fête au lac sans que le vent d'ouest s'y mêlât ; et, tenez, le voilà qui siffle comme s'il était le roi du lac.

Guillaume se tourna en effet vers l'ouverture déjà désignée par le vieux pilote ; une vallée séparait deux montagnes, et, par cette vallée, le vent d'ouest établissait un courant et soufflait avec une telle violence, qu'il formait une espèce de route sur le lac. Guillaume s'engagea dans cette ornière liquide, et, tournant sa poupe au vent, il fit signe aux bateliers de rentrer les avirons et au pilote de hisser la voile. Il fut obéi aussitôt, et la barque commença de cingler avec rapidité vers la base de l'Axemberg.

En effet, dix minutes après, comme l'avait prédit le vieillard, et avant que Gessler et ses gardes fussent revenus de leur étonnement, la barque était près de la rive. Alors Guillaume ordonna d'abattre la voile, et, feignant de se baisser pour ramasser un cordage, il posa la main gauche sur son arbalète, pressa de la main droite le gouvernail ; la barque vira aussitôt, et, la poupe se présentant la première, Guillaume s'élança léger comme un chamois, et retomba sur un rocher à fleur d'eau, tandis que la barque, cédant à l'impulsion que lui avait donnée son élan, retournait vers le large ; d'un deuxième bond Guillaume fut à terre, et, avant que Gessler et ses gardes songeassent même à pousser un cri, il avait disparu dans la forêt.

Aussitôt que la stupéfaction causée par cet accident fut dissipée, Gessler ordonna de gagner la terre, afin de se mettre à la poursuite du fugitif : ce fut chose facile ; deux coups de rames suffirent pour conduire la barque vers la rive. Un des mariniers sauta à terre, tendit une chaîne, et, malgré les vagues, le débarquement se fit sans danger. Aussitôt un archer partit pour Altorf, avec ordre d'envoyer des écuyers et des chevaux à Brünnen, où allait les attendre le gouverneur.

A peine arrivé dans ce village, Gessler fit annoncer à son de trompe que celui qui livrerait Guillaume recevrait 50 marcs d'argent et serait exempt d'impôts, lui et ses descendants, jusqu'à la troisième génération. Pareille récompense fut aussi promise pour Conrad de Baumgarten.

Vers le milieu du jour, les chevaux et les écuyers arrivèrent ; Gessler, tout entier à sa vengeance, refusa de s'arrêter plus longtemps, et partit aussitôt pour le village d'Art, où il avait aussi des mesures de rigueur à prendre contre les assassins du gouverneur de Schwanau ; à trois heures il sortait de ce village, et, côtoyant les bords du lac de Zug, il arriva à Immensée, qu'il traversa sans s'arrêter, et prit le chemin de Kussnacht.

C'était pendant une froide journée du mois de novembre que s'étaient accomplis les derniers événements que nous venons de raconter ; elle tirait à sa fin, et Gessler, désireux d'arriver avant la nuit à la forteresse, pressait de l'éperon son cheval engagé dans le chemin creux de Kussnacht. Arrivé à son extrémité, il ralentit le pas en faisant signe à son écuyer de le rejoindre. Celui-ci, que le respect avait tenu en arrière, s'avança ; les gardes et les archers suivaient à quelque distance ; ils cheminèrent ainsi quelque temps sans parler ; enfin, Gessler, tournant la tête de ce côté, le regarda comme s'il eût voulu lire jusqu'au fond de son âme. Puis tout à coup :

— Niklauss, m'es-tu dévoué? lui dit-il.

L'écuyer tressaillit.

— Eh bien? continua Gessler.

— Pardon, monseigneur, mais je m'attendais si peu à cette question....

— Que tu n'es point préparé à y répondre, n'est-ce pas ? Eh bien ! prends ton temps, car c'est une réponse réfléchie que je te demande.

— Et elle ne se fera pas attendre, monseigneur : sauf mes devoirs envers Dieu et envers l'Empereur, je suis à vos ordres.

— Tu es prêt à les accomplir?

— Je suis prêt.

— Tu partiras ce soir pour Altorf, tu y prendras quatre hommes, tu te rendras cette nuit avec eux à Burglen, et là seulement tu leur diras ce qu'ils auront à faire.

— Et qu'auront-ils à faire, monseigneur?

— Ils auront à s'emparer de la femme de Guillaume et de ses quatre enfants. Aussitôt en ton pouvoir, tu les feras conduire dans la forteresse de Kussnacht, où je les attendrai, et une fois là....

— Oui, je vous comprends, monseigneur.

— Il faudra bien qu'il se livre lui-même ; car chaque semaine de retard coûtera la vie à un de ses enfants, et la dernière à sa femme.

Gessler n'avait point achevé ce mot, qu'il poussa un cri, lâcha les rênes, étendit les bras et tomba de son cheval ; l'écuyer se précipita à terre pour lui porter secours, mais il n'était déjà plus temps : une flèche lui avait traversé le cœur.

C'était celle que Guillaume Tell avait cachée sous son pourpoint lorsque Gessler le força d'enlever une pomme de la tête de son fils, sur la place publique d'Altorf.

La nuit du dimanche au lundi suivant, les conjurés se réunirent au Grütli : la mort de Gessler avait provoqué cette réunion extraordinaire. Plusieurs étaient d'avis d'avancer le jour de la liberté, et de ce nombre étaient Conrad de Baumgarten et Melchthal. Mais Walter Furst et Werner Stauffacher s'y opposèrent, disant qu'ils trouveraient certainement le chevalier de Laudenberg sur ses gardes, ce qui rendrait l'expédition mille fois plus hasardeuse ; tandis qu'au contraire, si le pays restait tranquille malgré la mort de Gessler, il attribuerait cette mort à une vengeance particulière, et ne s'en inquiéterait que pour rechercher le meurtrier.

— Mais en attendant, s'écria Conrad, que deviendra Guillaume ? Que deviendra sa famille ? Guillaume m'a sauvé la vie, et il ne sera pas dit que je l'abandonnerai.

— Guillaume et sa famille sont en sûreté, dit une voix dans la foule.

— Je n'ai plus rien à dire, répondit Conrad.

— Maintenant, dit Walter Furst, arrêtons le plan de l'insurrection.

— Si les anciens me permettent de parler, dit en s'avançant un jeune homme du haut Unterwalden, nommé Zagheli, je propose une chose.

— Laquelle ? dirent les anciens.

— C'est de me charger de la prise du château de Rossberg.

— Et combien demandes-tu d'hommes pour cela ?

— Quarante.

— Fais attention que le château de Rossberg est un des mieux fortifiés de toute la juridiction.

— J'ai des moyens d'y pénétrer.

— Quels sont-ils?

— Je ne puis les dire, répondit Zagheli.

— Es-tu sûr de trouver les quarante hommes qu'il te faut?

— J'en suis sûr.

— C'est bien, ton offre est acceptée.

Zagheli rentra dans la foule.

— Moi, dit Stauffacher, si l'on veut m'abandonner cette entreprise, je me charge du château de Schwanau.

— Et moi, ajouta Walter Furst, je prendrai la forteresse d'Uri.

Un assentiment unanime accueillit ces dernières propositions. Chaque conjuré prit l'engagement, pendant les cinq semaines qui restaient encore à passer, de recruter des soldats parmi ses amis les plus braves, et l'on adopta, avant de se séparer, les trois bannières sous lesquelles on marcherait. Uri choisit pour la sienne une tête de taureau avec un anneau brisé, en mémoire du joug qu'ils allaient rompre ; Schwitz, une croix, en souvenir de la passion de Notre-Seigneur, et Unterwalden deux clefs, en l'honneur de l'apôtre saint Pierre, qui était en grande vénération à Sarnen.

Ainsi que l'avaient prévu les vieillards, le meurtre de Gessler fut considéré comme l'expression d'une vengeance particulière. Les poursuites inutiles dirigées contre Guillaume se ralentirent faute de résultat, et tout redevint calme et tranquille dans les trois juridictions jusqu'au jour où devait éclater la conjuration.

Le soir du 31 décembre, le gouverneur du château de Rossberg fit, comme d'habitude, la visite des postes, plaça des sentinelles, donna le mot d'ordre et fit sonner le couvre-feu. Alors le château lui-même parut s'endormir comme les hôtes qu'il renfermait ; les lumières disparurent les unes après les autres, le bruit s'éteignit peu à peu, et les seules sentinelles placées au sommet des tours interrompirent ce silence par le bruit régulier de leurs pas et les cris de veille répétés de quart d'heure en quart d'heure.

Cependant, malgré cette apparence de sommeil, une petite fenêtre donnant sur les fossés du château s'ouvrit avec précaution ; une jeune fille de dix-huit ou dix-neuf ans passa sa tête craintive, et, malgré l'obscurité de la nuit, elle essaya de plonger ses regards dans les fossés du château. Au bout de quelques minutes d'une investigation que les ténèbres rendaient inutile, elle laissa tomber le nom de Zagheli. Ce nom avait été dit si bas, qu'on eût pu le prendre pour un soupir de la brise ou pour un murmure du ruisseau. Cependant il fut entendu, et une voix plus forte et plus hardie, quoique prudente encore, y répondit par le nom d'Anneli.

La jeune fille resta un instant immobile, la main sur sa poitrine, comme pour en étouffer les battements. Le nom d'Anneli se fit entendre une seconde fois.

— Oui, oui, murmura-t-elle en se penchant vers l'endroit d'où semblait lui parler l'esprit de la nuit ; oui, mais pardonne-moi, j'ai si grand'peur !...

— Que peux-tu craindre ? dit la voix ; tout est endormi au château ; les sentinelles seules veillent au haut des tours.... Je ne puis te voir, et à peine si je t'entends ; comment veux-tu qu'elles nous entendent et qu'elles nous voient ?

La jeune fille ne répondit pas, mais elle laissa tomber quelque chose : c'était le bout d'une corde, à laquelle Zagheli attacha l'extrémité d'une échelle, qu'Anneli tira à elle et fixa à la barre de sa fenêtre. Un instant après le jeune homme entra dans sa chambre. Anneli voulut retirer l'échelle de corde.

— Attends, lui dit Zagheli, car j'ai encore besoin de cette échelle, et ne t'effraye pas surtout de ce qui va se passer ; car le moindre mot, le moindre cri de ta part serait ma mort.

— Mais qu'y a-t-il ?... dit Anneli. Ah ! nous sommes perdus !... Regarde ! regarde !...

Et elle lui montrait un homme qui apparaissait à la fenêtre.

— Non, non, Anneli, nous ne sommes pas perdus ; ce sont des amis.

— Mais, moi, je suis déshonorée ! s'écria la jeune fille en cachant sa tête dans ses deux mains.

— Au contraire, Anneli, ce sont des témoins qui viennent assister au serment que je te fais de te prendre pour femme aussitôt que la patrie sera délivrée.

La jeune fille se tut. Les vingt jeunes gens montèrent les uns après les autres ; puis Zagheli retira l'échelle et ferma la fenêtre.

Les vingt jeunes gens se répandirent dans l'intérieur. La garnison, surprise endormie, ne fit aucune résistance. Les conjurés enfermèrent les Allemands dans la prison du château, revêtirent leurs uniformes, et le drapeau d'Albert continua de flotter sur la forteresse, qui ouvrit le lendemain ses portes à l'heure accoutumée.

A midi, la sentinelle placée au haut de la tour aperçut plusieurs cavaliers qui se dirigeaient à toute bride vers la forteresse. Deux conjurés se placèrent à la porte, les autres se rangèrent dans la cour. Dix minutes après, le chevalier de Laudenberg franchissait la herse, qui se baissait derrière lui. Le chevalier était prisonnier comme la garnison.

Le plan de Zagheli avait complètement réussi. Nous avons vu que vingt des quarante hommes nécessaires à son entreprise avaient escaladé avec lui le château et s'en étaient rendus maîtres; les vingt autres avaient pris le chemin de Sarnen.

Au moment où Laudenberg sortait du château royal de Sarnen pour se rendre à la messe, ces vingt hommes se présentèrent à lui, apportant, comme présents d'usage, des agneaux, des chèvres, des poules; le gouverneur leur dit d'entrer au château et continua sa route. Arrivés sous la porte, ils tirèrent de dessous leurs habits des fers aiguisés qu'ils mirent au bout de leurs bâtons, et s'emparèrent du château. Alors l'un d'entre eux monta sur la plate-forme et fit entendre trois fois le son prolongé de la trompe montagnarde : c'était le signal convenu. De grands cris de révolte se firent entendre de rue en rue. On courut vers l'église pour s'emparer de Laudenberg ; mais, prévenu à temps, il s'élança sur son cheval et prit la fuite vers le château de Rossberg. C'est ce qu'avait prévu Zagheli.

Les plus grands soins et les plus grands égards furent prodigués au bailli impérial pendant le reste de la journée. Le soir, il demanda à prendre l'air sur la plate-forme de la forteresse. Zagheli l'accompagna. De là il pouvait découvrir tout le pays soumis encore la veille à sa juridiction ; et, détournant ses yeux de la bannière où les clefs d'Unterwalden avaient remplacé l'aigle d'Autriche, il les fixa dans la direction de Sarnen, et demeura immobile et pensif.

A l'autre angle du parapet était Zagheli, immobile et pensif aussi, les yeux fixés sur un autre point. Ces deux hommes attendaient, l'un un secours pour la tyrannie, l'autre un renfort pour la liberté.

Au bout d'un instant une flamme brilla au sommet de l'Axemberg. Zagheli jeta un cri de joie.

— Qu'est-ce que cette flamme ? dit Laudenberg.

— Un signal.

— Et que veut dire ce signal ?

— Que Walter Furst et Guillaume Tell ont pris le château d'Urijoch.

Au même instant, des cris de joie qui retentirent par toute la forteresse confirmèrent ce que venait de dire Zagheli.

— Toutes les Alpes sont-elles donc changées en volcan ? dit Laudenberg. Voilà le Righi qui s'enflamme.

— Oui, oui, répondit Zagheli en bondissant de joie, lui aussi arbore la bannière de la liberté.

— Comment ! murmura Laudenberg, est-ce donc aussi un signal ?

— Oui ; et ce signal annonce que Werner Stauffacher et Melchthal ont pris le château de Schwanau. Maintenant, tournez-vous de ce côté, monseigneur.

Laudenberg jeta un cri de surprise en voyant le Pilate se couronner à son tour d'un diadème de feu.

— Et voilà, continua Zagheli, voilà qui annonce à ceux d'Uri et de Schwitz que leurs frères d'Unterwalden ne sont pas en arrière, et qu'ils ont pris le château de Rossberg et fait prisonnier le bailli impérial.

De nouveaux cris de joie retentirent par toute la forteresse.

— Et que comptez-vous faire de moi ? dit Laudenberg en laissant tomber sa tête sur sa poitrine.

— Nous comptons vous faire jurer, monseigneur, que jamais vous n'entrerez dans les trois juridictions de Schwitz, d'Uri et d'Unterwalden ; que jamais vous ne porterez les armes contre les confédérés ; que jamais vous n'exciterez l'Empereur à nous faire la guerre ; et lorsque vous aurez fait ce serment, vous serez libre de vous retirer où vous voudrez.

— Et me sera-t-il permis de rendre compte de ma mission à mon souverain ?

— Sans doute, répondit Zagheli.

— C'est bien, dit Laudenberg. Maintenant, je désire descendre dans mon appartement ; un pareil serment demande à être médité, surtout lorsqu'on veut le tenir.

XXII.

Morgarten.

Le hasard, cette fois, avait semblé favoriser les confédérés de toutes les manières. Le nouvel an de la liberté avait sonné pour l'Helvétie, le 1ᵉʳ janvier 1308. Le 15 du même mois, avant même que la nouvelle de l'insurrection fût parvenue à l'Empereur, il apprenait la défaite de son armée en Thuringe ; il ordonna aussitôt une levée de troupes, déclara qu'il marcherait lui-même à leur tête, et fit, avec son activité ordinaire, tous les préparatifs de cette nouvelle campagne ; ils étaient terminés à peine lorsque le chevalier Beringen de Laudenberg arriva d'Unterwalden, et lui raconta ce qui venait de se passer.

Albert écouta ce récit avec impatience et incrédulité ; puis, lorsqu'il ne lui fut plus permis de conserver aucun doute, il étendit le bras dans la direction des trois cantons, et jura sur son épée et sa couronne impériale d'exterminer jusqu'au dernier de ces misérables paysans qui auraient pris part à l'insurrection. Laudenberg fit ce qu'il put pour le détourner de ces desseins de vengeance ; mais tout fut inutile. L'Empereur déclara qu'il marcherait lui-même contre les confédérés, et fixa au 24 février le jour du départ de l'armée.

La veille de ce jour, Jean de Souabe, son neveu, fils de Rodolphe, son frère cadet, se présenta devant lui. L'Empereur avait été nommé tuteur de cet enfant pendant sa minorité ; mais, depuis deux ans, son âge l'affranchissait de la tutelle impériale, et cependant Albert avait constamment refusé de lui rendre son héritage ; il venait, avant le départ de son oncle, essayer une dernière tentative. Il se mit donc respectueusement à genoux devant lui, et lui redemanda la couronne ducale de ses pères. L'Empereur sourit, dit quelques mots à un officier de ses gardes, qui sortit et rentra bientôt avec une couronne de fleurs. L'Empereur la posa sur la tête blonde de son neveu ; et, comme celui-ci le regardait étonné :

— Voilà, lui dit l'Empereur, la couronne qui convient à ton âge ; amuse-toi à l'effeuiller sur les genoux des dames de ma cour, et laisse-moi le soin de gouverner tes Etats.

Jean devint pâle, se releva en tremblant, arracha la couronne de sa tête, la foula aux pieds et sortit.

Le lendemain, au moment où l'Empereur montait à cheval, un homme couvert d'une armure complète et la visière baissée vint se ranger près de lui. Albert regarda cet inconnu, et, voyant qu'il demeurait à la place qu'il avait prise, il lui demanda qui il était et quel droit il avait de marcher à sa suite.

— Je suis Jean de Souabe, fils de votre frère, dit le cavalier en levant sa visière ; j'ai réclamé hier ma souveraineté, vous m'avez refusé, et vous avez eu raison ; il faut que le casque ait pesé sur la tête où pèsera la couronne ; il faut que le bras qui portera le sceptre ait porté l'épée. Laissez-moi vous suivre, sire, et, à mon retour, vous ordonnerez de moi ce que vous voudrez.

Albert jeta un coup d'œil profond et rapide sur son neveu.

— Me serais-je trompé ? murmura-t-il.

Et, sans lui rien permettre ni lui rien défendre, il se mit en route. Jean de Souabe le suivit.

Le 1er mai 1308, l'armée impériale arriva sur les bords de la Reuss. Des bateaux avaient été préparés pour le passage de l'armée, et l'Empereur allait descendre dans l'un d'eux, lorsque Jean de Souabe s'y opposa, disant qu'ils étaient trop chargés pour qu'il laissât son oncle s'exposer au danger que couraient de simples soldats. Il lui offrit en même temps une place dans un petit batelet où se trouvaient seulement Walter d'Eschembach, son gouverneur, et trois de ses amis, Rodolphe de Wart, Robert de Balm et Conrad de Tégelfeld. L'Empereur s'assit près d'eux ; chacun des cavaliers prit son cheval par la bride, afin qu'il pût suivre son maître en nageant, et la petite barque, traversant la rivière avec rapidité, déposa sur l'autre bord l'Empereur et sa suite.

A quelques pas de la rive, et sur une petite éminence, s'élevait un chêne séculaire. Albert alla s'asseoir à son ombre, afin de surveiller le passage de l'armée, et, détachant son casque, il le jeta à ses pieds.

En ce moment, Jean de Souabe, regardant autour de lui et voyant l'armée tout entière arrêtée sur l'autre bord, prit sa lance, monta sur son cheval, puis, faisant de feintes manœuvres, il prit du champ, et, revenant au galop sur l'Empereur, il lui traversa la gorge avec sa lance. Au même instant, Robert de Balm, saisissant le défaut de la cuirasse, lui enfonçait son épée dans la poitrine, et Walter d'Eschembach lui fendait la tête avec sa hache d'armes. Quant à Rodolphe de Wart et à Conrad de Tégelfeld, le courage leur manqua, et ils restèrent l'épée à la main, mais sans frapper.

A peine les conjurés eurent-ils vu tomber l'Empereur, qu'ils se regardèrent, et que, sans dire un mot, ils prirent la fuite chacun de son côté, épouvantés qu'ils étaient l'un de l'autre. Cependant Albert, expirant, se débattait sans secours; une pauvre femme qui passait accourut vers lui, et le chef de l'Empire germanique rendit le dernier soupir dans les bras d'une mendiante, qui étancha son sang avec des haillons.

Quant aux assassins, ils restèrent errants dans le monde. Zurich leur ferma ses portes; les trois cantons leur refusèrent asile. Jean le parricide gagna l'Italie en remontant le cours de la Reuss, sur les bords de laquelle il avait commis son crime. On le vit à Pise déguisé en moine; puis il se perdit du côté de Venise, et l'on n'en entendit plus parler. D'Eschembach vécut trente-cinq ans caché sous un habit de berger dans un coin du Wurtemberg, et ne se fit connaître qu'au moment de sa mort. Conrad de Tégelfeld disparut comme si la terre l'avait englouti, et mourut on ne sait ni où ni comment. Quant à Rodolphe de Wart, livré par un de ses parents, il fut pris, roué vif, et exposé encore vivant à la voracité des oiseaux de proie. Sa femme, qui n'avait pas voulu le quitter, resta agenouillée près de la roue, du haut de laquelle il lui parlait pendant le supplice, l'exhortant et la consolant jusqu'au moment où il eut rendu le dernier soupir.

Parmi les enfants d'Albert (1), deux se chargèrent de la vengeance; ce furent Léopold d'Autriche et Agnès de Hongrie:

---

(1) L'empereur Albert eut vingt et un enfants. Aucun de ses fils ne lui succéda comme empereur.

Léopold en se mettant à la tête de ses troupes, Agnès en présidant aux supplices. Soixante-trois chevaliers innocents, mais parents et amis des coupables, furent décapités à Farnenghen. Agnès non seulement assista à l'exécution, mais encore se plaça si près d'eux, que bientôt le sang coula jusqu'à ses pieds, et que les têtes roulaient à l'entour d'elle. Alors, on lui fit observer que ses vêtements allaient être souillés. « Laissez, laissez, répondit-elle ; je me baigne avec plus de plaisir dans ce sang que je ne le ferais dans la rosée du mois de mai ! » Puis, le supplice terminé, elle fonda avec les dépouilles des morts le riche couvent de Konigsfelden (1), sur la place même où son père avait été tué, et s'y retira pour finir ses jours dans la pénitence, la solitude et la prière.

Pendant ce temps, le duc Léopold faisait ses apprêts de guerre ; d'après ses ordres, le comte Othon de Strassberg se prépara à passer le Brünig avec quatre mille combattants. Plus de trois mille hommes furent armés par les gouvernements de Welleiau, de Walhausen, de Rolhembourg et de Lucerne, pour surprendre Unterwalden du côté du lac. Quant au duc, il marcha contre Schwitz avec l'élite de ses troupes, et conduisant à sa suite des chariots chargés de cordes pour pendre les rebelles.

Les confédérés rassemblèrent à la hâte treize cents hommes, dont quatre cents d'Uri et trois cents d'Unterwalden. La conduite de ce corps fut donnée à un vieux chef nommé Rodolphe Reding de Bibereck, dans l'expérience duquel les trois cantons avaient grande confiance. Le 14 novembre, la petite armée prit ses positions sur le penchant de la montagne de Sattel, ayant à ses

---

(1) Champ du roi.

pieds des marais presque impraticables, et, derrière ces marais, le lac Egeri.

Chacun venait de choisir son poste de nuit, lorsqu'une nouvelle troupe de cinquante hommes se présenta. C'étaient des bannis de Schwitz, qui venaient demander à leurs frères d'être admis à la défense commune, tout coupables qu'ils étaient. Rodolphe Reding prit l'avis des plus vieux et des plus sages, et la réponse unanime fut qu'il ne fallait pas compromettre la sainte cause de la liberté en admettant des hommes souillés parmi ses défenseurs. Défense fut faite, en conséquence, aux bannis de combattre sur le territoire de Schwitz. Ils se retirèrent, marchèrent une partie de la nuit, et allèrent prendre poste dans un bois de sapins, situé au haut d'une montagne, sur le territoire de Zug.

Le lendemain, au point du jour, les confédérés virent briller les lances des Autrichiens. De leur côté, les chevaliers, en apercevant le petit nombre de ceux qui les attendaient pour disputer le passage, mirent pied à terre, et, ne voulant pas leur laisser l'honneur de commencer l'attaque, marchèrent au-devant d'eux. Les confédérés les laissèrent gravir la montagne, et, lorsqu'ils les virent épuisés par le poids de leurs armures, ils descendirent sur eux comme une avalanche. Tout ce qui avait essayé de monter à cette espèce d'assaut fut renversé du premier choc, et ce torrent d'hommes alla du même coup s'ouvrir un chemin dans les rangs de la cavalerie, qu'elle refoula sur les hommes de pied, tant le choc fut terrible et désespéré.

Au même moment, on entendit de grands cris à l'arrière-garde. Des rochers qui semblaient se détacher tout seuls descendaient en bondissant et sillonnaient les rangs, broyant hommes et chevaux. On eût dit que la montagne s'animait, et, prenant parti pour les montagnards, secouait sa crinière comme un lion. Les soldats, épouvantés, se regardèrent, et, voyant qu'ils ne pouvaient rendre la mort pour la mort, se laissèrent prendre à une terreur profonde et reculèrent.

En ce moment, l'avant-garde, écrasée sous les massues armées de pointes de fer des bergers, se replia en désordre. Le duc Léopold se crut enveloppé par des troupes nombreuses ; il donna l'ordre, ou plutôt l'exemple de la retraite, quitta l'un des premiers le champ de bataille, et le soir même, dit un auteur contemporain, fut vu à Wintherthur, pâle et consterné. Quant au comte de Strassberg, il se hâta de repasser le Brünig en apprenant la défaite des Autrichiens.

Ce fut la première victoire que remportèrent les confédérés. La fleur de la noblesse impériale tomba sous les coups de pauvres bergers et de vils paysans, et servit d'engrais à cette noble terre de la liberté. Quant à la bataille, elle prit le nom expressif de *Morgenstern*, parce qu'elle avait commencé à la lueur de l'étoile du matin.

C'est ainsi que le nom des hommes de Schwitz devint célèbre dans le monde, et qu'à dater du jour de cette victoire, les confédérés furent appelés Suisses, du mot *Schwitzer*, qui veut dire *homme de Schwitz*. Uri, Schwitz et Unterwalden devinrent le centre autour duquel vinrent se grouper tour à tour les autres cantons, que le traité de 1815 porta au nombre de vingt-deux.

Quant à Guillaume Tell, qui avait pris une part si active, quoique involontaire, à cette révolution, après avoir retrouvé sa trace sur le champ de bataille de Laupen, où il combattit, comme simple arbalétrier, avec sept cents hommes des petits cantons, on le perd de nouveau de vue pour ne le retrouver qu'au moment de sa mort, qui eut lieu, à ce que l'on croit, au printemps de 1354. La fonte des neiges avait grossi la Schachen et venait d'entraîner une maison avec elle. Au milieu des débris, Tell vit flotter un berceau et entendit les cris d'un enfant ; il se précipita aussitôt dans le torrent, atteignit le berceau et le poussa vers la rive. Mais, au moment où il allait aborder lui-même, le choc d'une solive lui fit perdre connaissance, et il disparut.

Le fils aîné du savant Matteo publia, en 1760, un extrait d'un écrivain danois du XIIe siècle, nommé Saxo Grammaticus, qui raconte le fait de la pomme, et l'attribue à un roi de Danemark. Aussitôt l'école positive, cette bande noire de la poésie, déclara que Guillaume Tell n'avait jamais existé, et, joyeuse de cette découverte, tenta d'enlever au jour solennel de la liberté suisse les rayons les plus éclatants de son aurore ; mais le bon peuple des Waldstætten garda à la religion traditionnelle de ses pères un saint respect, et resta dévot à ses vieux souvenirs. Chez lui, le poème est demeuré vivant et sacré comme s'il venait de s'accomplir, et, si sceptique que l'on soit, il est impossible de douter encore de la vérité de cette tradition (1), lorsqu'en parcourant cette terre éloquente, on a vu les descendants de Walter Furst, de Stauffacher et de Melchthal prier Dieu de les conserver libres devant la chapelle consacrée à la naissance de Guillaume et à la mort de Gessler.

---

(1) Les archives d'Altorf conservent le nom de cent quatorze personnes qui assistèrent, en 1380, à l'érection de la chapelle de Tellen-Plate (pierre de Tell), et qui avaient connu personnellement Guillaume Tell. Sa famille, d'ailleurs, ne s'est éteinte, dans sa descendance mâle, qu'en 1684, et, dans sa descendance femelle, qu'en 1720. Jean-Martin et Vérona Tell sont les noms des deux derniers membres de sa famille.

XXIII.

Pèlerinage à travers de grands souvenirs.

Nous nous étions levés pendant ce long récit commencé au Grütli, continué à Altorf et achevé au Tellensprung (1), le rocher sur lequel Guillaume s'élança hors de la barque qu'il venait d'arracher à une destruction certaine. L'ancienne chapelle, bâtie en cet endroit trente ans après la mort de Tell, a été remplacée par un petit édifice moderne. C'est une arcade ouverte, décorée de quatre fresques dues au pinceau d'un peintre bâlois, et qui retracent les principaux traits de la vie du héros. Cette chapelle renferme deux autels de pierre, sur lesquels on célèbre tous les ans, le premier vendredi après l'Ascension, la messe en sa mémoire.

Henri, qui, en véritable patriote qu'il était, y avait assisté une

---

(1) Saut de Tell.

ou deux fois, me disait que rien n'est charmant comme cette foule de barques pavoisées qui amènent les riverains en habits de fête pour assister à la cérémonie.

En descendant du Grütli, et quoique absorbé par l'ensemble de traditions que mon ami retraçait si complaisamment à mon oreille, j'avais remarqué une vue ravissante qui s'étendait sur le lac et les montagnes de la rive opposée. Mais ayant aperçu une tache décolorée sur les flancs d'une montagne appelée Bukisgrat, j'en demandai la raison.

Il paraît, me fut-il répondu, qu'en 1801, il se détacha de cet endroit une masse de rochers, d'une largeur de cent mètres au moins, qui tomba dans le lac d'une hauteur de deux cent cinquante à trois cents mètres. Le mouvement imprimé aux eaux du lac inonda, à une demi-lieue de là, un joli village nommé Sisicon, emportant cinq maisons du premier coup et noyant onze personnes.

Nous revînmes le soir à Altorf, et nous traversâmes la Schachen sur un pont couvert. C'est dans cette rivière, et à l'endroit même où est bâti ce pont, que Guillaume Tell se noya en sauvant l'enfant emporté par les flots.

Altorf n'est qu'un bourg assez bien bâti, d'autant plus qu'il fut presque entièrement détruit par un incendie en 1799 et reconstruit depuis. Le voyageur n'y cherche guère, du reste, que les souvenirs de Guillaume Tell. On voit sur une des places une fontaine surmontée de la statue du héros, à l'endroit même où il doit avoir bandé son arc pour enlever la pomme ; il a son arbalète sous le bras et presse son fils contre son cœur en levant fièrement le regard, comme s'il voyait le tyran se dresser devant lui.

A une distance de cent pas, est une autre fontaine, ornée de la statue d'un magistrat d'Altorf, le général Besler, qui l'a élevée à ses frais sur l'emplacement qu'occupait le chêne — d'autres disent le tilleul — auquel fut attaché l'enfant, et qui le gênait ou bien tombait de vétusté et fut enlevé en 1567. Quelques personnes ont prétendu que l'endroit où l'enfant fut attaché est marqué par une tour couverte de fresques grossières, représentant l'histoire de Tell et de Gessler ; mais il est prouvé que cette tour existait déjà au xive siècle et n'a pu remplacer le fameux tilleul.

On montrait encore, il y a quelques années, dans un petit caveau probablement démoli aujourd'hui, deux anneaux scellés au plafond que l'on assurait être les mêmes que ceux auxquels les mains de Guillaume furent attachées pendant la nuit qui suivit sa révolte contre l'autorité de Gessler, et qui précéda son embarquement sur le lac des Quatre-Cantons.

Le lendemain, nous nous rendîmes à Burglen, village natal de Guillaume Tell, où, à l'emplacement même de sa modeste demeure, s'élève une chapelle construite en 1521, et décorée de peintures représentant les diverses actions du héros. Puis nous revînmes en touristes ; nous prîmes une barque jusqu'à Brünnen, d'où nous comptions gagner pédestrement Schwitz.

Ce fut pendant cette promenade charmante que mon camarade me donna les renseignements qui suivent sur ce canton.

— L'histoire du bourg et du canton de Schwitz offre un plus grand intérêt que celle de tous les chefs-lieux des autres cantons. Ce fut Schwitz qui posa les premiers fondements de la confédération et de l'indépendance de toute l'Helvétie. Celle-ci, reconnaissante, prit alors son nom et s'appela depuis cette époque la Suisse.

Derrière les lacs, au pied des hautes Alpes, s'étaient réfugiés, très anciennement, les derniers fils des Cimbres ; leurs descendants vivaient séparés du reste du monde. Ils faisaient paître leurs troupeaux sur des montagnes inconnues ; on ne voyait ni châteaux sur leurs rochers, ni villes dans leurs vallées. Pendant longtemps les Bruchenburen (paysans des marais) n'eurent qu'une seule église dans la vallée de la Muotta. Le peuple de Schwitz, d'Uri et d'Unterwalden s'y rendait.

Les habitants de ces trois vallées étaient de même race et vivaient sous un gouvernement commun, formé d'hommes de leur choix, qui reconnaissaient toutefois l'empereur d'Allemagne comme souverain. Mais un jour vint où les bergers de Schwitz résolurent de se passer de sa protection, en 1144, et s'unirent à leurs frères d'Uri et d'Unterwalden par un traité d'alliance qui, renouvelé en 1206, devint la première base de la confédération helvétique.

A la mort de Rodolphe de Habsbourg, ils s'assemblèrent de nouveau (1291) et s'engagèrent par serment à défendre mutuellement envers et contre tous leurs personnes, leurs familles et leurs biens. Tu sais comment ils tinrent leur serment. Après la grande insurrection populaire du 1er janvier 1308, la mort de Gessler, l'assassinat de l'empereur Albert, le duc Léopold vint se faire battre à Morgarten par treize cents confédérés, et les vainqueurs renouvelèrent à Brünnen le pacte de leur union.

— N'est-ce pas parce que ce furent les habitants de ce canton qui contribuèrent le plus au succès de cette mémorable bataille que les confédérés prirent le nom de Suisses?

— Parfaitement. Du reste, on retrouve les Schwitzois partout ! à Sempach, à Arbedo, à Saint-Jacques, à Granson, à Morat, à toutes ces grandes batailles que la confédération livra pour son indépendance. Longtemps ils ne furent guidés que par l'amour de la liberté ; mais ils se laissèrent corrompre à leur tour.

A la fin du siècle dernier, le bourg de Schwitz était devenu le foyer principal de l'aristocratie suisse. Lors de la chute de l'ancienne confédération, en 1798, il s'allia avec Uri et Glaris, pour

Masséna.

maintenir l'ancien ordre de choses à tout prix, et pour s'opposer à la nouvelle constitution, appelée *le livret d'enfer*. Le général Schauenbourg, sans vouloir les réduire par la force, avait interdit toute communication des autres cantons avec eux. Aussitôt ils coururent aux armes et envahirent Lucerne, qu'ils pillèrent et désarmèrent.

Alors, *pour la première fois* — car les Autrichiens n'avaient pas dépassé Morgarten — une armée étrangère pénétra dans leur canton. Eux, postés près de leurs frontières, près de la Schindellegi que tu vois là-bas, et sur les rochers de l'Etzel, en vue des bataillons ennemis, jurèrent avec leur général, Aloys Reding, d'être fidèles à leur patrie jusqu'à la mort. Cette peuplade de bergers brava la puissance de la République française, et résista à l'ennemi avec un héroïsme digne des temps antiques. On vit alors sa population tout entière, depuis l'enfant jusqu'au vieillard, prendre les armes, et les femmes, vêtues de sarreaux, s'attelèrent à des canons, transportés de Lucerne, pour les amener aux combattants.

Ensuite, ils se battirent vaillamment, je te l'assure, à Volleran et à la Schindellegi ; mais le succès ne répondit pas à leurs efforts. Aloys Reding ne se lassait pas ; il rassembla ses troupes près de Rothenthurm, non loin du champ de bataille de Morgarten ; après deux nouveaux combats, où ils eurent pourtant l'avantage, mais dont ils sortirent épuisés, ils capitulèrent et durent accéder à la République helvétique. Ainsi finit l'ancienne confédération, après avoir subsisté 490 ans.

Art et Schwitz avaient été désarmés par les Français, après une insurrection qui eut lieu le 28 avril ; le général Soult les occupa le 2 mai 1799 et les désarma de nouveau. Le 3 juillet suivant, les Autrichiens et les Français se battirent à Brünnen, où nous avons déjeuné, et à Seewen. Le 14 août, il y eut encore de nouveaux combats, à la suite desquels les Autrichiens se retirèrent jusqu'au mont Etzel. Enfin, les 20, 29, 30 septembre, et le 1er octobre, Masséna, vainqueur à Zurich, arriva à Schwitz avec la division Mortier, empêcha l'armée russe de Souvarow de déboucher par le Muottathal, et la força à rétrograder par le Pragel.

— Dans quel état devaient se trouver les habitants de ce pays déjà si pauvre !

— La plupart s'étaient enfuis dans les montagnes et dans les forêts, et, au commencement de 1800, plus d'un quart de la population se trouvait réduit à la mendicité.

Cependant ils n'étaient pas au bout de leurs peines, car l'esprit de révolte les travaillait encore. En 1802, ils s'armèrent de nouveau contre le gouvernement helvétique, et une diète s'assembla dans leur bourg pour rétablir l'ancienne constitution. Une guerre civile était sur le point d'éclater, et le sang coulait déjà ; ce fut alors que Napoléon, commandant la paix, donna à la Suisse l'acte de médiation qui lui valut une longue suite d'années paisibles et heureuses.

— Le canton s'était encore remis assez promptement de ses désastres, remarquai-je.

— Oui, et c'est l'avantage des peuples pasteurs sur ceux qui se vouent principalement à l'agriculture et au commerce ; n'ayant d'autres richesses que leurs chaumières, leurs troupeaux et leurs pâturages, ils souffrent beaucoup plus que les autres des calamités de la guerre, mais leurs plaies sont plus facilement guéries.

En ce moment nous approchions de Schwitz, et nous vîmes venir au-devant de nous une troupe joyeuse que nous supposâmes être une noce de paysans aisés.

— Qu'est-ce que ces crêtes de dentelles blanches que ces jolies filles portent à leur coiffure ? demandai-je à Henri ; on dirait des ailes de papillon.

— Tu te trompes ; ce ne sont pas les filles qui portent les ailes blanches, me répondit de Morlot. Vois cette bonne grosse réjouie, la mère du marié ou de la mariée ; elle a sa crête blanche, tandis que cette belle blonde qui marche à ses côtés en porte une noire. C'est cette dernière couleur qui distingue les filles à marier.

Cela me parut fort illogique, je l'avoue ; mais je dus en prendre mon parti.

Nous arrivâmes tard à Schwitz. Le lendemain, nous donnâmes un coup d'œil à la ville, qui n'offre rien de bien intéressant, si ce n'est sa situation dans un terrain tellement fertile, que ses alentours semblent ne former qu'un immense jardin.

Comme j'exprimais le regret de n'avoir point vu Kussnacht, de Morlot me proposa de faire le tour du lac des Quatre-Cantons, véritable berceau de la confédération. Nous n'avions rien de mieux à faire, et j'acceptai avec d'autant plus d'empressement, que, je l'ai déjà dit, ce lac est un des plus variés que l'on puisse voir, multipliant les aspects sévères et grandioses, mais tempérant leur austérité par je ne sais quelle douceur pleine de charme. Je sentais qu'il me serait doux de faire naître l'occasion de le revoir. Nous regagnâmes donc, à l'extrémité sud du lac de Lowerz, Seewen, où nous trouvâmes une société nombreuse, car la saison thermale de ses eaux ferrugineuses était en pleine activité. On juge si cela nous fit fuir, nous autres solitaires qui voyagions le plus souvent en blouse blanche et le bâton ferré à la main. Nous commençâmes à suivre les bords du charmant petit lac de Lowerz, dont les rochers escarpés et sauvages contrastent avec les pentes douces, fertiles et riantes du Sternenberg, situé sur la rive opposée, et au pied duquel est bâtie Heinen, patrie de Werner Stauffacher, un des trois Suisses du Grütli.

— Faisons-nous un détour pour nous y rendre? demandai-je à de Morlot.

— Non, cela nous éloignerait trop ; d'ailleurs, j'y suis allé. Comme pour Guillaume Tell, on a consacré l'emplacement de sa maison par l'érection d'une petite chapelle, qui remonte à 1400, et qui, tu le conçois, n'est ornée que de fresques grossières, représentant les principaux événements de la vie de ce Werner, la prairie du Grütli et la bataille de Morgarten avec la date de 1315.

— Quelles sont ces îles? demandai-je à de Morlot en lui montrant les deux îles charmantes qui embellissent le lac.

— Vois-tu celle-là, la plus grande? C'est l'île Schwanau, et les ruines que tu aperçois dans la verdure sont celles du château du même nom, détruit en 1308. La tour passe pour être du xie siècle. Telle que tu la vois, cette île, qui a au moins vingt-deux mètres d'élévation, fut couverte par l'eau déplacée lors de la catastrophe de Goldau.

— Quoi! si éloignée qu'elle est du Rossberg!

— Oui ; malgré les sept kilomètres qui en séparent le lac, les éclaboussures qui lui parvinrent le comblèrent en partie et chassèrent les eaux avec tant de violence, que, s'élevant comme une muraille et passant par-dessus l'obstacle que lui présentait l'île de Schwanau, l'énorme vague envahit la côte opposée, transportant des maisons et leurs habitants fort loin dans les terres, du côté de Schwitz, et, à son retour, en entraînant d'autres dans le lac.

Je n'en revenais pas! c'est si différent d'avoir les sites sous les yeux, ou simplement de se les figurer.

— Tiens, ajouta-t-il, la chapelle d'Olten fut trouvée à une demi-heure de chemin de l'endroit où on l'avait élevée.

Nous déjeunâmes à Lowerz, joli petit village ; puis nous reprîmes notre route vers Art, située à l'extrémité du lac de Zug, et dont nous visitâmes l'église, qui possède divers objets ayant appartenu à Charles le Téméraire. Enfin nous arrivâmes au chemin creux où Guillaume Tell attendit Gessler, et manifesta une fois de plus son adresse en le laissant mort sur le coup. Ce chemin est à peine large pour laisser passer une voiture et encaissé des deux côtés par un talus de douze pieds de hauteur, au sommet duquel s'élèvent des arbres dont les branches entrelacées formaient un berceau au-dessus de nos têtes. A son extrémité s'élève la chapelle ; en face de la chapelle, un chemin latéral quitte la route ; monte vingt pas à peu près, et s'arrête au pied d'un arbre. S'il faut en croire la tradition, c'est là derrière et contre cet arbre que Tell, caché, appuya son arbalète pour être plus sûr de son coup.

A quelques pas de là, nous fîmes halte dans la chapelle de Tell, rebâtie en 1644, 1767 et 1834, à ce que me dit de Morlot, et qui me plut extrêmement. Il faisait presque nuit lorsque nous arrivâmes à Kussnacht ; à peine si nous distinguâmes la tour qui, seule, a subsisté du château que Gessler avait commencé à se faire construire, et qu'on démolit en 1308. Nous avions fait une traite de plus de trente kilomètres ; je l'avoue, j'étais content de moi et de ma journée.

Le lendemain, je revêtais déjà la blouse traditionnelle du pédestre touriste, lorsque de Morlot me dit :

— Non. J'ai fait adresser mes lettres poste restante à Zug et je brûle d'y arriver. Nous allons traverser le lac, nous serons à destination dans une heure.

En conséquence, nous saluâmes avec respect la statue de Guillaume Tell qui décore la principale place du village, puis nous gagnâmes Immensée et nous prîmes une barque. Une heure après nous étions à Zug.

Pendant que de Morlot courait à la poste, je m'accoudai au belvédère de l'hôtel où nous étions descendus, et je contemplai longuement un de ces beaux paysages qui se gravent dans la mémoire. C'était d'abord le lac, tout resplendissant à midi comme une mer d'argent, et, au delà, à droite, la Suisse des prairies, Buonas et Cham avec son immense fabrique de lait concentré ; à gauche, le Righi et le Pilate, les deux géants qui semblent veiller sur Lucerne pour la protéger ; enfin, dans le fond, le Brunig, dominé par les blanches aiguilles de la Jungfrau.

Ici encore la tradition a gardé le souvenir d'un horrible bouleversement de la nature, que me raconta, par manière de distraction, un voyageur accoudé comme moi sur le parapet du belvédère et qui paraissait considérablement s'ennuyer ; c'était donc une charité de l'écouter, et, comme toutes les charités, elle ne tarda pas à se transformer en plaisir.

— L'hiver de 1435 avait été si froid, qu'à l'exception de la chute de Schaffhouse, le Rhin était pris depuis Coire jusqu'à l'Océan. Tous les lacs qui contenaient une eau presque dormante offraient une surface aussi solide que celle du sol. Le lac de Constance lui-même, le plus grand de tous les lacs de la Suisse, fut traversé à cheval et en char ; à plus forte raison ceux de Zug et de Zurich, dont l'un a à peine le huitième, et l'autre le quart de son étendue.

Alors les animaux des montagnes descendirent jusqu'aux villes, et les magistrats défendirent de tuer le gibier, à l'exception des loups et des ours. Les choses étaient ainsi depuis trois mois à peu près, lorsque la glace commença à fondre ; on s'aperçut que la terre se gerçait profondément en plusieurs endroits, et, surtout vers la partie de la ville la plus voisine du rivage.

Vers le soir, deux rues entières et une partie des murs de la ville se détachèrent du reste, glissèrent rapidement dans le lac et disparurent. Soixante personnes, qui n'avaient pas cru le danger aussi pressant, étaient restées dans leurs maisons menacées et disparurent avec elles. De ce nombre était le premier magistrat et toute sa famille, à l'exception d'un enfant que l'on retrouva le lendemain, flottant, comme Moïse, dans son berceau. Cet enfant devint landamman du canton et conserva cette dignité jusqu'à l'âge de quatre-vingt-un ans.

On m'a affirmé, ajouta le voyageur, qu'il y a une heure du jour où, quand le soleil cesse d'enflammer le lac, on aperçoit encore, à quarante pieds sous l'eau bleue et limpide, des restes de murs, dont un débris a conservé la forme d'une tour; mais voilà six fois que je viens à Zug pour le voir, sans avoir pu y réussir.

Et la voix du narrateur eut un accent navré qui appela un sourire discret sur mes lèvres.

En descendant, je m'informai d'où venait le voyageur si désireux de percer les profondeurs du lac de Zug : il venait de Québec!

Je trouvai de Morlot en possession d'un volumineux courrier.

— Je suis appelé à Constance et à Bâle, me dit-il. A quelle ville faut-il donner la préférence?

— Aux deux, répondis-je sans hésiter.

— Notre temps est bien limité pour cela, peut-être; il faut que d'ici à une dizaine de jours je sois à Londres, où m'appelle une séance de la Société de géographie, que je serais désolé de manquer.

— Il nous reste bien encore huit jours pleins. Eh bien!

faisons-en le meilleur usage ; passons par Constance, et nous rentrerons en France par Bâle.

— Ceci ne doit pas nous empêcher de visiter l'arsenal de Zug, qui renferme des reliques de la bataille de Bellinzona ou d'Arbedo.

— Quelle est encore celle-là ? Je ne la connaissais pas.

— Bellinzona, après avoir appartenu à la ville de Côme, aux ducs de Milan, puis aux barons de Mesocco, fut, au xve siècle, vendue par ces derniers aux cantons d'Uri et d'Unterwalden pour une somme de 2,400 florins. Le duc de Milan voulut la racheter des Suisses, et, après des négociations inutiles, s'en empara par la force. Aussitôt, à l'exception toutefois de celui de Berne, tous les cantons armèrent ; mais ils se firent battre d'abord à Saint-Paul, puis à Bellinzona, où l'on voit encore leurs ossements dans une chapelle, puis à Arbedo, le 30 juin 1422. Il faut dire que l'armée milanaise était forte de vingt-quatre mille hommes, et celle des confédérés de trois mille. Ils firent cependant des prodiges de valeur. Vois, l'une de ces reliques est la bannière de Zug, teinte encore du sang de Pierre Colin et de son fils, qui se firent tuer pour la défendre.

Avant de quitter la ville, nous poussâmes une pointe au cimetière de Zug, qui jouit, grâce à son luxe de croix, d'une véritable célébrité. Mais en dehors de cette *cuivrerie*, dont on a pu dire qu'elle ressemblait à la musique d'un régiment, nul cimetière au monde n'offre un pareil luxe de fleurs, admirablement cultivées ; chaque tombe est un parterre d'où les prières de ceux qui restent montent au ciel avec des parfums ! Quel doux sommeil doivent goûter ces morts bercés par tant d'amour, de doux bruit d'ailes et de brises embaumées.

Et comme la vie n'est faite que de contrastes, à côté de ces tombes chéries et si pieusement entretenues, à vingt pas de là, dans une chapelle tellement primitive, que, moins poli, on la prendrait pour un hangar, s'élève un ossuaire dans les cases duquel sont rangées quinze cents têtes à peu près, superposées les unes aux autres. Chacune de ces têtes repose sur deux os croisés, et sur leurs crânes dépouillés qui ont pris la teinte jaunâtre de l'ivoire, une petite étiquette, collée avec grand soin, conserve le nom et indique l'état de la personne à laquelle appartenaient ces débris.

— Ah! que j'aime bien mieux fertiliser le sol par ma poussière et courir la chance de renaître sous la forme d'une rose et de recueillir les hommages des papillons ! m'écriai-je à cette vue.

Ce qui fit sourire mon ami, plus indifférent que moi à ce que deviendrait sa dépouille.

Après le déjeuner, où nous avions mangé une respectable portion d'une de ces énormes carpes par lesquelles le lac est célèbre, nous décidâmes encore de faire une de ces délicieuses promenades auxquelles j'avais si fort pris goût. Il s'agissait d'aller, par les bords du lac Egeri, visiter le champ de bataille de Morgarten.

XXIV.

Zurich.

Le lac d'Egeri est situé à 727 mètres d'altitude ; nous le contournâmes lentement, jouissant avec délices de cette belle journée et de ce beau pays qui charmait nos regards. Nous parlions de tout un peu, effleurant chaque chose, et nos souvenirs du passé, et nos espérances d'avenir, et les désillusions qui avaient déjà courbé nos têtes sous le joug de discrètes douleurs.

C'est ainsi que nous arrivâmes au pied de la colline de Morgarten, située en plein occident de la petite chaîne qui ferme à l'est la vallée d'Egeri, sur les limites des cantons de Zug et de Schwitz. La vue était ravissante ; nous nous reposâmes un instant dans la chapelle appelée Haselmat, au bord même du lac Egeri, à l'endroit où eut lieu le célèbre combat qui assura l'indépendance de la Suisse. Nous examinâmes ce champ de bataille deux fois illustré par la valeur des Suisses, le 15 novembre 1315 et le 2 mai 1798.

Le 15 novembre de chaque année, l'anniversaire de la première victoire est célébré dans la chapelle de Saint-Jacques.

Nous gagnâmes la route de voiture et nous revînmes juste à temps pour prendre le train de Zurich, où nous arrivâmes dans la soirée. Le trajet ne m'avait pas paru long, car j'avais mis de Morlot à contribution. Voici le résumé de ce qu'il me raconta :

— Au temps d'Auguste ou de Tibère, une station romaine nommée *Turicum* existait à l'endroit même où la Limmat sort du lac ; détruite par les barbares au Ve siècle, elle fut reconstruite et prit le nom de *Turicum*. Vers le milieu du XIIIe siècle, elle choisit pour son général d'armée le comte Rodolphe de Habsbourg, qui l'aida à détruire les châteaux de plusieurs seigneurs du voisinage, et qui, devenu empereur, lui accorda tous les privilèges qu'elle demanda. A l'avènement d'Albert, fils de Rodolphe, Zurich se ligua contre lui, mais fut contrainte par les armes de le reconnaître pour son maître. Tour à tour en guerre avec Schwitz et d'autres cantons alliés à l'Autriche, assiégée par les confédérés avant la bataille de Saint-Jacques, Zurich n'entra dans la confédération qu'après la paix de 1450. Elle prit part aux guerres d'Italie ; mais c'est surtout par la bataille livrée sous ses murs en 1799 que le nom de Zurich est resté célèbre.

Nous tâcherons de visiter les lieux où se déroulèrent ces événements, ajouta de Morlot.

En descendant de la gare, édifice vraiment monumental, nous retînmes nos chambres sur le Bahnhof-Strass, magnifique boulevard planté d'arbres, qui conduit au jardin de la ville, sur le bord du lac.

La beauté de Zurich consiste presque entièrement dans ses admirables promenades, dont les plus curieuses sont incontestablement le bastion du Chat et la Hohe. Le lendemain donc, après avoir été visiter la cathédrale ou Grossmünster, dont l'érection est attribuée à Charlemagne — une de ses tours est couronnée par la statue de ce souverain, et le centre des cloîtres est décoré d'une autre statue du même empereurr, — nous nous acheminâmes vers le lac, qu'on ne saurait, comme grandeur, comparer à ceux de Genève ou de Lucerne, mais qui n'en est pas moins d'une beauté toute particulière ; car on peut dire que sur aucun point de la Suisse la nature ne se montre sous des formes plus gracieuses et plus riantes.

— Veux-tu que nous allions déjeuner à Aarau ? me demanda tout à coup mon ami. Nous aurons encore un pèlerinage historique fort intéressant à faire de ce côté-là. Nous reviendrons en voiture jusqu'à Baden. Pourvu que nous partions pour Constance demain, cela suffira.

Je ne demandais pas mieux, on le conçoit, et nous prîmes le premier train vers le chef-lieu de l'Argovie.

Aarau est située au pied du Jura, dont les croupes arrondies se couvrent de vignes. Une autre chaîne de montagnes plus élevées qui court parallèlement au Jura enferme cette ville comme dans une petite vallée, et contribue beaucoup à embellir ses environs. De nombreuses villas répandues dans la campagne, des jardins où l'art et la nature rivalisent d'agréments, de sombres forêts, ceignent la ville d'un cadre pittoresque et verdoyant, qui fuit et remonte jusque vers les sommités acérées des montagnes voisines. Je fus donc enchanté de cette promenade, d'autant plus que la ville par elle-même est charmante. Les rues sont larges et animées : des eaux courantes y entretiennent la fraîcheur et une extrême propreté.

Après un excellent déjeuner dans un des hôtels les mieux

tenus que j'aie rencontrés, nous allâmes voir le splendide pont suspendu jeté hardiment sur l'Aar, cette rivière indomptée qui menace toujours. Puis, nous arrêtâmes une voiture pour nous ramener à Baden, où nous comptions reprendre le chemin de fer. En attendant qu'elle fût prête, de Morlot courut à la poste, et je restai quelques instants seul sur une place. Je ne tardai pas à m'étonner de voir une maison littéralement assiégée par les visiteurs.

— Qui donc habite là? me demandai-je.

Et la curiosité aidant, j'avisai quelqu'un auprès de qui je pouvais me renseigner. La réponse ne me parut pas très claire ; aussi ce fut-il le premier cas que je soumis à mon ami à son retour.

— On a voulu dire que c'est une sorte d'homme d'affaires qui habite là, me dit-il, en riant de la manière dont j'avais interprété la phrase allemande que je lui rapportais.

— Il faut que ces gens soient fort processifs, répondis-je.

— S'ils le sont ! C'est le trait caractéristique des Argoviens. Tu me rappelles la réponse que fit à notre mère une jeune paysanne venue pour nous apporter des fruits, et à qui elle demandait quelques détails sur sa position : « Oh ! Dieu merci ! nous avons bien de quoi vivre, lui dit-elle ; et encore au bout de l'an nous reste-t-il toujours de quoi faire un petit procès pour nous égayer pendant l'hiver. »

Je riais encore de ce trait de mœurs quand la voiture vint nous prendre.

En traversant la forêt de Rupperswyl, on nous montra les traces de la voie romaine qui conduisait de Solodurium à Vindonissa. Nous passions de stations thermales en stations thermales ; d'abord ce fut Wildegg, dont l'eau chlorurée émerge d'un puits artésien, puis Schinznach, dont les eaux sulfureuses sont employées efficacement contre le lymphatisme. Dans l'église, on nous montra le tombeau du général d'Erlach, qui s'illustra pendant la guerre de Trente ans ; et tandis que nous discutions les qualités des diverses eaux minérales dont la Suisse est si prodigieusement riche, Henri s'interrompit tout à coup pour me dire :

— Voici le berceau de la fortune de la maison d'Autriche, le château de Habsbourg ; l'aigle noire a commencé par n'être qu'un vautour, ajouta-t-il, par allusion à la signification du mot Habsbourg ; mais les ailes lui ont rudement poussé depuis qu'il a quitté ce nid modeste.

Je le trouvai modeste, en effet ; cela ne répondait en rien à l'idée que je m'en fusse faite, si j'y avais songé d'avance.

Ce château est situé sur une montagne longue et étroite ; il en reste une tour tout entière qui, grâce à son architecture carrée et massive, est parfaitement conservée, quoiqu'elle date du XI siècle ; une des salles, dont les boiseries, grâce au temps et à la fumée, sont devenues noires comme de l'ébène, conserve encore des restes de sculptures. Au flanc de la tour s'est cramponné un bâtiment irrégulier qui se soutient à elle ; il est habité par une famille de bergers qui a fait une écurie de la salle d'armes du grand Rodolphe.

Par un vieil instinct de faiblesse et par une antique habitude d'obéissance, quelques cabanes sont venues se grouper autour de ces ruines, qui furent la demeure du premier-né de la maison d'Autriche. Un nom et quelques pierres couvertes de chaume, voilà ce qui reste du château et des propriétés de celui dont la descendance a régné cinq cents ans et ne s'est éteinte qu'avec Marie-Thérèse.

L'homme qui habite ces ruines et qui s'en est constitué le

cicerone nous fit voir, de l'une des fenêtres orientales, une petite rivière qui coule dans la vallée, et à laquelle se rattache une tradition assez curieuse.

Un jour que Rodolphe venait de Mellingen, monté sur un magnifique cheval, il aperçut sur ses bords un prêtre portant le viatique : les pluies avaient enflé le torrent, et le saint homme ne savait comment le franchir. Il venait de se déterminer à se déchausser pour passer la rivière à gué, lorsque le comte arriva près de lui, sauta à bas de son cheval, mit un genou en terre pour recevoir la bénédiction de l'homme de Dieu; puis, l'ayant reçue, lui offrit sa monture. Le prêtre accepta, passa la rivière à cheval; le comte le suivit à pied jusqu'au lit du mourant, et assista l'officiant dans la sainte cérémonie. Le viatique administré, le prêtre sortit, et voulut rendre au comte Rodolphe le cheval que celui-ci lui avait prêté ; mais le religieux seigneur refusa, et, comme le prêtre insistait :

— A Dieu ne plaise, mon père, répondit le comte, que j'ose jamais me servir d'un cheval qui a porté mon Créateur ! Gardez-le donc, mon père, comme un gage de ma dévotion à votre saint ordre ; il appartient désormais à votre église. »

Dix ans plus tard, le pauvre prêtre était devenu chapelain de l'archevêque de Mayence, et le comte Rodolphe de Habsbourg était prétendant à l'Empire. Or, le prêtre se souvint que son seigneur s'était humilié devant lui, et il voulut lui rendre les honneurs qu'il en avait reçus. Sa place lui donnait un grand crédit sur l'archevêque ; celui-ci en avait à son tour sur les électeurs. Rodolphe de Habsbourg obtint la majorité et fut élu empereur de Rome.

Vers la fin du xv° siècle, les confédérés vinrent mettre le siège devant le château de Habsbourg. Il était commandé par un gouverneur autrichien qui se défendit jusqu'à la dernière extrémité. Plusieurs fois les Suisses lui avaient offert une capitulation honorable, mais il avait constamment refusé; enfin, pressé par la famine, il envoya un parlementaire. Il était trop tard : ses ennemis, sachant à quel état de détresse la garnison était réduite, repoussèrent toute proposition, et exigèrent des assiégés qu'ils se rendissent à discrétion ; alors, la femme du gouverneur demanda la libre sortie pour elle, avec la permission d'emporter ce qu'elle avait de plus précieux. Cette permission lui fut accordée. Aussitôt les portes s'ouvrirent, et elle sortit du château emportant son mari sur ses épaules; les Suisses, esclaves de leur parole, la laissèrent passer; mais à peine avait-elle déposé à terre celui que cette pieuse ruse avait sauvé, qu'il la poignarda, pour qu'il ne fût pas dit qu'un chevalier avait dû la vie à une femme.

— Ce n'était vraiment pas digne de la chevalerie, répondis-je.

Mais déjà la tour avait disparu dans l'éloignement, comme ses traditions tendent à disparaître dans le passé.

Nous avions laissé loin derrière nous le village de Birr, où fut enterré Pestalozzi, cet apôtre de la pédagogie moderne auquel des milliers d'enfants en Suisse ont dû une éducation gratuite et intelligente. Nous avions brûlé le pavé de Brügg, la *bourgade des prophètes*, parce que l'état ecclésiastique est la carrière vers laquelle se tournent les plus intelligents de ses fils. Nous en avions remarqué la position riante, le pont d'une seule arche que franchit l'Aar, pont auprès duquel notre cocher nous avait signalé un fragment de sculpture antique où nous devions, d'après lui, reconnaître Attila. Mais que ce fût le roi des Huns, comme il disait, ou tout autre de ces terribles conquérants, nous ne le discutâmes pas ; c'était assez laid pour représenter tout ce qu'on voudra de plus barbare.

Nous vîmes également en passant une vieille tour noircie, Schwarz Thurm (1), aussi noire par les effets du temps que par les forfaits qu'elle vit sans doute accomplir, puisqu'elle remonte au xve siècle.

A peu de distance, les trois principales rivières de la Suisse, la Reuss, la Limmat et l'Aar, se réunissent pour aller à Coblentz se jeter dans le Rhin.

— Vois-tu, me dit Henri, près de la jonction de ces rivières, cette langue de terre triangulaire qui sépare l'Aar de la Reuss ? C'est là que s'élevait autrefois Vindonissa, l'un des établissements commerciaux et militaires les plus importants des Romains dans l'Helvétie. De cette ville, qui s'étendait sur un espace de seize kilomètres environ du nord au sud, il resta à peine quelques vestiges. Détruite par Attila au ve siècle, puis en 594, pendant le règne du roi franc Childebert, elle est depuis des siècles enfouie sous les décombres.

— Qui sait ce que ramèneraient au jour des fouilles intelligentes ? m'écriai-je.

— Qui le sait, en effet ? Des traces de l'amphithéâtre et des prisons, un aqueduc souterrain qui traverse le Birrfeld, des fondations de murailles, des débris de poterie, quelques inscriptions et quelques médailles, voilà tout ce qui en est parvenu jusqu'à nous. Son nom seul subsiste encore, car on appelle Windisch le village qui domine le confluent de ces trois rivières, et il est facile d'en reconnaître l'étymologie. Mais nous voici à Kœnigsfelden, aujourd'hui transformée en hospice d'aliénés.

C'est sur l'emplacement même où expira l'empereur Albért qu'Agnès de Hongrie, sa fille, éleva le couvent de Kœnigsfelden.

---

(1) Tour noire.

A l'endroit où pose l'autel s'élevait le chêne contre lequel l'empereur assis s'adossait, lorsque Jean de Souabe, son neveu, lui perça la gorge d'un coup de lance. Agnès fit déraciner l'arbre, tout teint qu'il était du sang de son père, et elle en fit faire un coffre, dans lequel elle enferma les habits de deuil qu'elle jura de porter tout le reste de sa vie.

Tout à l'entour du chœur sont les portraits de vingt-sept chevaliers à genoux et priant. Ces chevaliers sont les nobles tués à la bataille de Sempach. Parmi ces fresques est un buste, le buste du duc Léopold, qui voulut mourir avec eux.

Ce chœur, éclairé par onze fenêtres, dont les vitraux coloriés sont des merveilles de la fin du xv⁰ siècle, est séparé de l'église par une cloison ; on passe de l'un dans l'autre, et l'on se trouve au pied du tombeau de l'empereur Albert ; il est de forme carrée, entouré d'une balustrade en bois peint, aux quatre coins et aux quatre colonnes de laquelle sont appendues les armoiries des membres de la famille impériale qui dorment près de leur chef.

C'est qu'outre l'empereur Albert, qui a perdu la vie ici, cette pierre recouvre, dit l'inscription de la balustrade, « sa femme, Mme Elisabeth, née à Keindten ; sa fille, Mme Agnès, ci-devant reine de Hongrie ; ensuite aussi notre seigneur, le duc Léopold, qui a été tué à Sempach. »

Autour de ces cadavres impériaux gisent les reliques ducales et princières du duc Léopold le Vieux, de sa femme Catherine de Savoie, de sa fille Catherine de Habsbourg, du duc Henri et de sa femme Elisabeth de Vernburg, celles du duc Frédéric, fils de l'empereur Frédéric de Rome, et de son épouse Elisabeth, duchesse de Lorraine.

Puis encore, autour de ceux-là, et sous les dalles armoriées qui les couvrent, dorment soixante chevaliers aux casques couronnés, tués à la bataille de Sempach ; enfin, dans les chapelles environnantes, et formant un cadre digne de cet ossuaire, reposent, à droite, sept comtes de Habsbourg et deux comtes de Griffenstein, et, à gauche, quatre comtes de Lauffembourg et cinq comtes de Reinach et de Brandis.

Il en résulte que si aujourd'hui Dieu permettait que l'empereur Albert se soulevât sur sa tombe et réveillât la cour mortuaire qui l'entoure, ce serait, certes, le plus noble et le plus accompagné de tous les rois qui, à cette heure, portent un sceptre et une couronne.

Nous passâmes ensuite dans le couvent de Sainte-Claire, où est située la chambre à coucher où Agnès entra, le cœur plein de jeunesse et de vengeance, à l'âge de vingt-sept ans; elle resta plus d'un demi-siècle à prier, et sortit, comme elle le dit elle-même, purgée de toute souillure, pour rejoindre son père, à l'âge de quatre-vingt-quatre ans.

Sur le panneau, en dehors de la porte de cette chambre, est peint en pied le portrait du fou de la reine, qui s'appelait Henrich, et qui était du canton d'Uri. Sans doute ce portrait est une allusion aux joies, aux plaisirs, aux vanités de ce monde, qu'Agnès, en entrant dans la retraite, laissait en dehors de sa cellule.

Cette cellule resta triste, nue et austère comme celle du plus sévère cénobite, tant que l'habita la fille d'Albert. Dans un cabinet, au pied du lit, est encore le coffre grossier taillé dans le chêne où la religieuse orpheline serrait ses habits de deuil. En certains endroits l'écorce a été respectée : ce sont ceux qui étaient tachés de sang.

Après la mort d'Agnès, cette cellule fut habitée par Cécile de Reinach, qui, après avoir perdu son mari et ses frères à Sempach, vint à son tour demander asile au couvent et secours à Dieu. Ce fut elle qui fit peindre dans cette même cellule les portraits des vingt-sept chevaliers agenouillés dont les fresques de la chapelle ne sont que les copies.

Enfin nous arrivâmes à Baden, lieu charmant, qu'avant les hommes, la nature s'était plu à embellir des tableaux les plus riants et les plus pittoresques. De petits vallons, frais et parfumés, débouchent dans le grand bassin de la Limmat, et leurs pentes fleuries se couvrent de vignes qui descendent jusque vers les bords de cette rivière. Un antique donjon, élevé par les légions romaines, domine encore la ville du haut de ses noirs créneaux, soutenus à grand'peine par le lierre et les ronces qui ont envahi ses murs épais et ses tourelles en saillie. Au sommet quelques grêles arbustes, livrant aux zéphyrs leur feuillage léger, ont remplacé sur la cime du château la bannière soyeuse de l'Autriche.

C'est à quelque distance de la ville proprement dite et au fond d'une gorge que s'élève l'établissement de bains fréquenté au moins depuis la période romaine, puisque l'endroit portait le nom de *Castellum thermanum*.

Comme le train qui devait nous ramener à Zurich nous laissait une assez grande latitude, nous eûmes le temps de visiter l'ancien couvent de Wettingen, riche abbaye de Cîteaux, aujourd'hui convertie en école normale. Comme à l'ordinaire, une tradition en enveloppe la fondation. La voici telle que de Morlot me l'a racontée :

Henri, comte de Rapperschwil, après avoir visité l'Egypte et la terre sainte avec Anne de Homberg, sa femme, revenait en Europe sur une galère vénitienne. Soudain une tempête effroyable se déchaîne autour du frêle esquif. Les vents mugissants soulèvent les vagues énormes qui vont engloutir nobles passagers et rustres de l'équipage. Un long cri de détresse monte vers le Dieu des matelots. Tout à coup le ciel, voilé jusqu'alors d'un rideau de nuages sombres, s'entr'ouvre, et une blanche étoile, à la clarté faible et vacillante, apparaît et jette sur le navire un long rayon lumineux, signal de la délivrance. Revenu dans ses Etats, Henri, on le conçoit, ne manqua pas d'élever l'abbaye de Wettingen à « l'Etoile de la mer ».

L'église renferme le sarcophage de l'empereur Albert, qui y fut déposé pendant quinze mois. Des vitraux coloriés, chefs-d'œuvre des xvie et xviie siècles, projettent sur les dalles leurs magnifiques reflets. Nous y vîmes également une inscription romaine à l'honneur d'Isis, et quelques vieux missels aux gothiques enluminures, sur lesquelles je me fusse volontiers attardé.

Lorsque nous fûmes confortablement installés dans le wagon qui devait nous emporter, de Morlot me dit :

— Maintenant que tu as vu l'endroit où se massèrent les troupes qui prirent part à la bataille de Zurich, je vais essayer de la faire revivre à tes yeux.

En septembre 1799, l'Autriche et la Russie dirigeaient trois armées, comprenant environ 75,000 hommes, vers le lac de Zurich, près duquel se trouvait le principal corps de l'armée française, commandée par Masséna. Les Austro-Russes se proposaient, après avoir défait cette armée, de pénétrer en France par Bâle.

Korsakof, avec 30,000 Russes, occupait la rive droite de la Limmat, de Zurich à Brugg ; Hotze, avec 25,000 Autrichiens, les rives est et nord du lac de Zurich et la rive droite de la Linth. Ils attendaient, pour attaquer Masséna, que Souvarow, passant le

Saint-Gothard, à la tête de 18,000 Russes, eût opéré sa jonction avec eux. Masséna était devant la Limmat, entre Zurich et Brugg, sa droite appuyée à l'Albis, avec 37,000 hommes; Soult, avec 10,000 hommes, était devant la Linth; Lecourbe, avec 12,000, occupait le Saint-Gothard.

Le 3 vendémiaire an VIII (25 septembre 1799), Masséna donna l'ordre à Soult de passer la Linth et d'attaquer Hotze. Lui-même passa la Limmat, près de Diétikou, chassa les Russes de la rive droite, et les enferma dans Zurich. Le général Foy commandait l'artillerie, qui protégea le passage. Durasof, un des lieutenants de Korsakof, retenu sur la basse Limmat par une attaque simulée, se déroba lorsqu'il sut que les Français avaient franchi la rivière, et gagna la route de Winterthur; enfin, Korsakof se vit obligé d'abandonner la partie de Zurich située sur la rive gauche.

Le lendemain, 26 septembre, la bataille recommença de bonne heure. La malheureuse ville de Zurich fut attaquée de tous côtés; Korsakof, ne pouvant tenir plus longtemps, se replia sur la route de Winterthur, avec son infanterie en tête, sa cavalerie au centre, son artillerie et ses équipages à la queue. L'infanterie et une partie de la cavalerie se firent jour après un long et sanglant combat; le reste de la colonne fut rejeté sur Zurich au moment où les Français y entraient de l'autre côté.

La ville devint un champ de bataille, et l'illustre Lavater, cherchant à calmer des soldats furieux, reçut une blessure mortelle. Après une lutte acharnée, les Russes mirent bas les armes. Cent pièces de canon, le trésor de l'armée, 5,000 prisonniers restèrent aux mains des vainqueurs. Les Russes avaient en outre perdu 8,000 hommes dans ces deux journées; et Korsakof, avec 13,000 hommes au plus, se hâta de regagner le Rhin.

Pendant ce temps, Soult avait passé la Linth' et repoussé les Autrichiens. Hotze, leur général, était tombé mort d'un coup de feu, et Pétrarch, qui lui succédait dans le commandement, se retirait en toute hâte vers Saint-Gall en laissant 3,000 prisonniers et du canon. Jellachich et Linken, qui devaient recevoir Souvarow au débouché du Saint-Gothard, s'éloignèrent également en apprenant la victoire des Français.

XXV

Plus imprévu pour moi que pour les autres.

Nous étions à Zurich assez à temps pour voir coucher le soleil au sommet de la Katze (1), d'où la vue est incomparablement belle. Les teintes si douces et si variées du soir mettent un charme inexprimable sur les belles collines, couronnées de forêts, dont le lac est entouré. De leurs flancs verdoyants émergent un si grand nombre de coquettes villas, de fabriques en pleine activité, de fermes avec leur accompagnement obligé de bestiaux, de chalets et de maisonnettes, que Zurich, avec ses vieilles tours formant contraste avec ces belles et élégantes demeures modernes, semble avoir deux faubourgs de seize kilomètres de longueur.

Le lendemain matin, nous allâmes visiter la bibliothèque de la

---

(1) La Chatte ou bastion du Chat.

ville, très riche en manuscrits et en autographes, entre autres trois lettres autographes latines de Jeanne Gray (la même qui devait épouser Henri VIII d'Angleterre et périr sur l'échafaud), adressées par elle à son précepteur Bellinger.

Je voulais voir le buste de Lavater, qui s'est fait un nom par son système de physiognomonie, et qui joignait à sa valeur comme philosophe celle d'un penseur profond et d'un homme au goût le plus pur.

— Tu sais, me dit de Morlot, qu'il périt en voulant arracher un de ses amis aux mains des soldats français qui le maltraitaient. Du reste, pour rendre justice à qui de droit, votre général Masséna, qui a laissé à Zurich une mémoire sans tache, fit ce qu'il put, mais inutilement, pour découvrir le meurtrier.

Nous nous arrêtâmes ensuite devant le buste de Pestalozzi, autre gloire bien pure de Zurich.

Enfin, nous prîmes congé de cette ville, qui m'a laissé les meilleurs souvenirs, et des grands pics de la chaîne des Alpes qu'on y aperçoit encore de toutes parts, et nous fîmes route vers Constance, où, grâce à ce que l'on change de train en route, nous n'arrivâmes que dans la soirée. Le pays s'était complètement transformé : les hautes montagnes avaient disparu, faisant place à des collines chargées de vignes et ombragées par des cerisiers, dont le fruit vermeil produisait le plus charmant effet dans le paysage (1). Les arbres fruitiers sont si nombreux dans le canton de Thurgovie, qu'en certains endroits ils forment de véritables forêts.

Nous étions descendus dans un hôtel situé au bord du lac.

---

(1) Il s'y fait des quantités de kirsch-wasser.

Lorsque mon ami me proposa d'aller visiter la douane, je crus qu'il se moquait de moi.

— C'est plutôt la douane qui nous visite d'ordinaire, répondis-je en riant, et je n'ai point vu qu'il fût d'usage de renverser les rôles.

— Ah! me répondit-il, il y a douane et douane, mon cher, comme il y a fagot et fagot; celle que je veux te montrer est unique en son genre; viens plutôt.

Nous nous dirigeâmes vers le vieux monument, que j'avais déjà remarqué à cause de son antiquité : il remonte à 1288. Au rez-de-chaussée, qu'on ne visite pas, j'aperçus une grande salle divisée en trois nefs par deux rangs de poteaux de chêne, qui me parurent avoir près de quinze mètres d'épaisseur ; nous gravîmes un large escalier droit qui nous conduisit au premier étage, divisé de même en trois nefs par deux rangs de poteaux, moins gros, mais disposés comme ceux du rez-de-chaussée. Cette salle est décorée de fresques ; un grand comble, couvert en tuiles plates, la couronne et est accompagné à sa partie inférieure d'une galerie de bois en encorbellement, posée comme les hourdis des anciennes fortifications.

— C'est là la douane? demandai-je.

— Oui, me dit-il ; mais ce n'est pas à ce titre que je te la montre : c'est dans cette salle que se tint, pendant le concile de Constance, en 1414, le conclave qui élut le pape Martin V.

— J'avoue qu'à l'endroit des conciles, mes souvenirs sont assez confus, répliquai-je.

— L'œuvre la plus importante de ce concile, qui dura quatre ans et qui réunit à Constance une si grande quantité de princes et de cardinaux, de chevaliers et de prêtres, fut le jugement et le supplice de Jean Huss, recteur de l'université et prédicateur de la cour de Prague.

Le grand nombre de disciples qui s'étaient ralliés à cette nouvelle doctrine inquiéta le chef de la religion chrétienne : un aussi hardi docteur faisait pressentir la séparation qui allait briser l'unité de l'Eglise.... Jean Huss annonçait Luther.

Il reçut donc l'invitation de se rendre à Constance pour se justifier de son hérésie devant le concile ; il ne refusa point d'obéir, mais il demanda un sauf-conduit, et cette lettre de l'empereur Sigismond, conservée dans les pièces de la procédure, lui fut octroyée comme gage de sûreté. C'était, du reste, ce même empereur Sigismond qui avait fui à Nicopolis, entraînant avec lui ses soixante mille Hongrois, et laissant Jean de Nevers et ses huit cents chevaliers français attaquer Bajazet et ses cent quatre-vingt-dix mille hommes.

Voici le texte de la lettre :

« Nous Sigismond, par la grâce de Dieu empereur romain, toujours auguste, roi de Hongrie, de Dalmatie, de Croatie, savoir faisons à tous princes ecclésiastiques, séculiers, ducs, margraves, comtes, barons, nobles, chevaliers, chefs, gouverneurs, magistrats, préfets, baillis, douaniers, receveurs, et tous fonctionnaires des villes, bourgs, villages et frontières, à toutes communautés et à leurs préposés, ainsi qu'à tous nos fidèles sujets qui verront le présent,

« Vénérables sérénissimes, nobles et chers fidèles,

« L'honorable maître Jean Huss de Bohème, bachelier de la sainte Ecriture, et maître-ès-arts, porteur du présent, partant ces jours prochains pour le concile général qui aura lieu dans la ville de Constance, nous l'avons reçu et admis dans notre protection et celle du Saint-Empire ; nous le recommandons à vous tous ensemble, et à chacun à part avec plaisir, et vous enjoignons d'accueillir volontiers et traiter favorablement ledit maître Huss, s'il se présente auprès de vous, et de lui donner aide et pro-

Constance.

tection de bonne volonté en tout ce qui peut lui être utile

pour favoriser son voyage tant par terre que par eau.

« En outre, c'est notre volonté que vous laissiez passer, demeurer et repasser librement et sans obstacle, lui, ses domestiques, chevaux, chars, bagages, et tous autres effets quelconques à lui appartenant, en tous passages, portes, ponts, territoires, seigneuries, bailliages, juridictions, villes, bourgs, châteaux, villages, et tous vos autres lieux, sans faire payer d'impôts, droit de chaussée, péages, tributs, ou quelque autre charge que ce soit. Enfin, de donner escorte de sûreté à lui et aux siens, s'il en est besoin.

« Le tout en l'honneur de notre majesté impériale.

« Donné à Spire, le 9 octobre 1414, l'an 33 de notre règne hongrois, et l'an 5 de notre règne romain. »

Jean Huss, muni de ce sauf-conduit, arriva à Constance le 3 novembre, comparut devant le concile le 28 du même mois, fut mis en prison au couvent des dominicains le samedi 26 juillet 1415, et n'en sortit que pour marcher à la mort.

Le bûcher s'élevait à un quart de lieue de Constance, dans un endroit nommé le Brulh. Jean Huss y monta tranquillement et se mit à genoux dessus; sommé une dernière fois d'abjurer sa doctrine, il répondit qu'il aimait mieux mourir que d'être perfide envers son Dieu, comme l'empereur Sigismond l'avait été envers lui; puis, voyant que le bourreau s'approchait pour mettre le feu, il s'écria trois fois : « Jésus-Christ, fils du Dieu vivant, qui avez souffert pour nous, ayez pitié de moi ! » Enfin, lorsqu'il fut entièrement caché par les flammes, on entendit ces dernières paroles du martyr : « Je remets mon âme entre les mains de mon Dieu et de mon Sauveur. »

Cette exécution fut suivie de celle de Jérôme de Prague, son disciple et son défenseur. Conduit au bûcher le 3 mai 1417, il marcha au supplice comme il serait allé à une fête. Le bourreau, selon la coutume, voulut allumer le bûcher par derrière, mais Jérôme lui dit :

— Viens çà, maître, et allume le feu en face de moi ; car, si j'avais craint le feu, je ne serais pas ici.

Deux mois après leur mort, Jean XXIII trépassa à son tour, et, d'accusateur qu'il avait été devant les hommes, devint accusé devant Dieu.

Maintenant, veux-tu savoir ce qu'il advint lorsque le concile fut terminé et que cette cour romaine, cette suite pontificale, ces barons et ces chevaliers voulurent quitter Constance ? Pas autre chose que ce qui arrive parfois à un pauvre étudiant chez un restaurateur de la rue de la Harpe : ni le pape Martin, ni l'empereur Sigismond, ne purent payer la carte que leur apportèrent respectueusement les bourgeois de la ville ; ce que voyant, les susdits bourgeois s'emparèrent, respectueusement toujours, de la vaisselle d'argent de l'empereur, des vases sacrés du pape, des armures des comtes, des hardes des barons, des harnais des chevaliers.

Tu devines que la désolation fut grande parmi la noble assemblée. Sigismond se chargea de tout arranger.

A cet effet, il rassembla les magistrats et les bourgeois de la ville de Constance dans le bâtiment de la douane où s'était tenu le concile, monta à la tribune et dit qu'il répondait des dettes de tout le monde ; les bourgeois de la ville répliquèrent que c'était très bien, qu'il ne restait plus qu'à trouver quelqu'un qui répondît du répondant.

L'empereur fit alors apporter des ballots de draps, de soie, de damas et de velours, des housses, des rideaux et des coussins brodés d'or, les fit estimer par des experts, les déposa à la douane, s'engageant à les dégager dans l'année ; et, pour plus grande sûreté de la dette et comme preuve qu'il la reconnaissait, il fit apposer ses armes sur les caisses qui les renfermaient. Les bourgeois laissèrent sortir leurs royaux débiteurs.

Un an s'écoula sans qu'on entendît parler de l'empereur Sigismond ; au bout de cette année on voulut vendre les objets restés en gage. Mais alors défense fut faite, de par Sa Majesté, de procéder à cette vente, attendu que les armes apposées sur les ballots en faisaient la propriété de l'Empire.

On nous montra, moyennant finance, bien entendu, sous un dais qui n'a point été renouvelé depuis 1413, deux fauteuils que reléguerait dans son garde-meuble un rentier du Marais, et cependant, s'il faut en croire le cicerone de céans, c'est sur ces deux sièges, décorés du nom de trône, que s'assirent

Ces deux moitiés de Dieu, le pape et l'empereur.

En face, et sur une estrade, des espèces de figures de cire, remuant les yeux, les bras et les jambes, sont censées représenter Jean Huss, Jérôme de Prague, son ami, et le dominicain Jean-Célestin Carceri, leur accusateur.

— Mais Jérôme de Prague fut-il brûlé ici ?

— Oui, mais un an plus tard, au même endroit, que je te montrerai.

— On l'a donc consacré par un souvenir ?

— Oui, par un bloc erratique avec inscription. Pour le moment, allons à la cathédrale.

Le seul souvenir distinct que j'en aie gardé, c'est de la pierre que l'on m'a montrée dans la grande nef, et sur laquelle Jean Huss se tint debout quand on lui lut son arrêt de mort. Ces grandes figures calmes et dignes vous hantent longtemps, si une

Chute du Rhin à Schaffhouse.

fois elles viennent à occuper votre esprit.

Nous partîmes ensuite pour visiter les îles qui embellissent le lac de Constance, îles auxquelles on peut se rendre à pied, grâce au pont qui les relie avec la terre ferme. Comme nous n'avions pas le temps d'aller aux deux, nous donnâmes la préférence à l'île Reichenau sur l'île Meinau, bien verdoyante et bien coquette pourtant sous son revêtement de vignes. On nous montra les ruines du château de Schœpfeln, ancienne forteresse romaine, dit-on, autour de laquelle se récolte le meilleur vin de cette région.

C'est dans une petite église, qualifiée cependant de Münster ou de cathédrale, que sont déposés les restes de Charles le Gros, cinquième successeur de Charles le Grand. Son épitaphe, qu'on lit dans le chœur, au-dessous d'un portrait qui passe pour le sien, résume toute son histoire. La voici textuellement :

« Charles le Gros, neveu de Charles le Grand, entra puissamment dans l'Italie, qu'il vainquit, obtint l'empire, et fut couronné César à Rome ; puis, son frère Ludwig, de Germanie, étant mort, il devint, par droit d'hérédité, maître de la Germanie et de la Gaule. Enfin, manquant à la fois par le génie, par le cœur et par le corps, un jeu de la fortune le jeta du faîte de ce grand empire dans cette humble retraite, où il mourut, abandonné de tous les siens, l'an de Notre-Seigneur 888. »

Nous revînmes à pied, seule concession que nous eussions le temps de faire au besoin d'exercice de Morlot les jours de conférence. Est-ce à cette cause ou à une autre qu'il faut l'attribuer ? Le public fut froid ; Henri se sentit mal compris, et nous quittâmes la ville moins satisfaits que nous ne l'avions encore été. Heureusement que nous nous dirigions vers la chute du Rhin, à Schaffhouse, et que les beautés de la nature sont le meilleur des baumes pour un esprit froissé ou surmené. Je n'essaierai pas de décrire ce merveilleux spectacle tant de fois dépeint ; qu'il me suffise de dire que nous lui consacrâmes une journée entière, dont j'ai encore le plus délicieux souvenir.

La ville, avec ses murailles flanquées de hautes et vieilles tours, a conservé un aspect des plus pittoresques ; je me croyais transporté par une baguette magique dans une ville du moyen-âge. Quelques-unes de ses maisons, déjà intéressantes par leur architecture, leurs tourelles qui avancent au milieu de la façade, leurs noms et leurs sculptures, sont encore entièrement couvertes à l'extérieur de peintures à fresques.

Il fallait que je vinsse dans cette antique cité pour connaître l'étymologie de son nom : au viiie siècle, il s'établit dans le lieu qu'occupe aujourd'hui Schaffhouse des maisons de bateliers, des hangars à bateaux (*schiffausen*) et des dépôts pour les marchandises dont la chute du Rhin nécessitait le débarquement ; mais ce ne fut que vers le xie siècle que le bourg devint une ville à la suite de la fondation de l'abbaye de tous les Saints par Eberhard, comte de Nellenburg. Elle eut peu de mauvais jours à subir. Nous allâmes visiter la cathédrale, dont la grosse cloche porte cette inscription : *Vivos voco, mortuos plango, fulgura frango.*

C'est la même qui a inspiré à Schiller son poème de *la Cloche*, et qui ne m'inspira, à moi profane, que la frayeur de l'entendre avant d'être à une bonne portée de sa voix.

J'avais eu un moment de terreur à la pensée qu'à Bâle j'allais me séparer de mon aimable compagnon de voyage ; et comme j'avais laissé transpirer quelque chose de ma tristesse dans mes discours, pendant notre trajet de Schaffhouse à Bâle, Henri m'avait répondu :

— Tu es mieux, mais la cure n'est pas complète ; pour nous assurer d'une parfaite guérison, accompagne-moi dans les brouillards de Londres ; si ton ennui ne revient pas, je te rendrai ta liberté.

C'était précisément cette liberté qui me pesait ; c'était la société de l'aimable et savant compagnon qui m'avait guéri et que je redoutais de perdre. Il avait été convenu que je l'accompagnerais à Londres, ce qui, en me débarrassant d'un gros souci, me permit de jouir de notre séjour à Bâle, comme j'avais jusqu'alors du reste joui de ce charmant voyage. Cela avait un moment distrait notre pensée des origines de Bâle ; dès que ce point fut éclairci, j'y revins.

— Ce n'est point, à proprement parler, une ville romaine, me dit de Morlot ; car, lorsque les Romains pénétrèrent dans les Gaules et dans l'Helvétie, ils trouvèrent une ville appelée *Raurica*, mais dont l'emplacement est situé à huit kilomètres de Bâle, au village d'Augs. Sur l'emplacement actuel de la ville, on ne vit pendant plusieurs siècles qu'un château fort nommé Basilea, construit l'an 358 par Valentinien Ier. Après la destruction de Raurica — devenue *Augusta Rauracorum* — au ve siècle, l'évêque du diocèse fixa sa résidence dans ce château, augmenté d'un *palatium* dont la cathédrale actuelle occupe l'emplacement, comme l'indique le nom de sa terrasse, Pfalz, et qu'entourèrent bientôt un nombre considérable de maisons. Telle fut l'origine de Bâle.

Bien que ravagée par les barbares aux ive et ve siècles, et par les Hongrois en 917, cette ville ne tarda point à devenir une des plus florissantes de l'Helvétie. Elle était de race forte et vivace. Ravagée en 1312 par la peste qui fit périr 1,400 Bâlois, et pendant la nuit du 18 au 19 octobre 1356 par un tremblement de terre qui la détruisit presque entièrement — durant huit jours le feu s'entretint dans ses ruines sans qu'il fût possible de

Une vue de Bâle.

l'éteindre ; des eaux imprégnées de soufre sortaient de terre, et 300 de ses habitants périrent dans les décombres — néanmoins elle se releva bientôt de ses ruines, plus florissante et plus populeuse que jamais. On publia des lois sévères pour détourner par le rétablissement des bonnes mœurs la colère de Dieu, et chaque année à la Saint-Luc, jour anniversaire de la catastrophe, on fit une procession où les magistrats et les bourgeois riches portaient des robes grises qu'ils donnaient ensuite aux pauvres. Cela se trouvait à la fin de l'hiver.

— C'était une sage mesure, remarquai-je.

— Si sage, qu'elle s'est conservée jusqu'à ce jour.

— Se peut-il ? fis-je avec étonnement.

— Sa bourgeoisie devenait de plus en plus puissante. En 1345, elle s'allia aux confédérés ; sur quoi le clergé l'excommunia. Et connais-tu sa réponse ?

— Non, bien sûr.

— Elle lui fait dire qu'*il n'a qu'à lire et chanter, ou bien de la ville s'ôter.*

— C'était beaucoup d'indépendance pour l'époque !

— N'est-ce pas ? De 1431 à 1438, elle assista à ce fameux concile de Bâle, une des assemblées les plus nombreuses de l'Eglise chrétienne et qui contribua beaucoup à la fortune et à la gloire de la ville.

— Quel but avait-il donc, ce concile-là ?

— De rétablir la paix et l'unité dans la chrétienté ; de reprendre la réforme de l'Eglise ; de mettre fin au schisme des Hussites, et de réunir les Eglises de l'Orient et de l'Occident.

— Il ne réussit qu'à demi, si je ne me trompe.

— Non. En 1447, il fut contraint de se retirer à Lausanne, où il se sépara un an après. C'est en 1444, pendant la durée du concile, qu'eut lieu, sous les murs de Bâle, la fameuse bataille de Saint-Jacques, dont je t'ai déjà assez longuement entretenu.

Jamais Bâle ne fut plus libre, plus florissante, plus peuplée qu'au commencement du XVIe siècle ; mais à partir de cette époque, les choses changèrent. Devenue toute-puissante, la bourgeoisie se métamorphosa peu à peu en une aristocratie oppressive, qui, par ses abus, dépeupla la ville de plus de moitié.

Il était temps, pour le salut de Bâle, que la Révolution française mît un terme aux excès de cette noblesse. Le 20 janvier 1798, l'égalité des citadins et des campagnards fut assurée par acte authentique, et Bâle fut divisée en Bâle ville et Bâle campagne. Cela marcha jusqu'en 1814, où Bâle ville s'arrogea le droit de nommer les trois cinquièmes des membres du Grand Conseil, à la grande indignation de Bâle campagne, qui protesta jusqu'en 1831, époque à laquelle la guerre éclata entre la ville et la campagne.

Cette déplorable guerre civile dura jusqu'au 3 août 1833, où la ville n'hésita pas à faire marcher contre la campagne quinze à seize cents hommes et douze pièces d'artillerie. Mais cette dernière tentative se termina par une déroute complète. Quatre cents Bâlois restèrent sur le champ de bataille dans la forêt du Hard. Grand fut l'émoi quand parvint la nouvelle de cette déroute. La diète s'émut. Elle envoya des troupes et des commissaires pour occuper tout le canton de Bâle. Bientôt après parut un arrêté qui annonçait la séparation totale de la ville et de la campagne, ne laissant à la première que les quelques communes situées sur la rive droite du Rhin.

— Singulière organisation ! ne pus-je m'empêcher de m'écrier, tant ce qui paraît simple et pratique aux uns le paraît peu aux autres.

Notre première visite fut pour la cathédrale, qui, tout en grès

Cathédrale de Bâle.

rouge, tire l'œil de dessus les ponts jetés sur le Rhin. C'est un édifice de style byzantin, qui remonte au commencement du xi° siècle. Le frontispice, où se trouvent le grand portail et deux portes latérales, est du xiv° siècle et richement décoré. On y voit les statues équestres de saint Georges avec le dragon et de saint Martin. De ses deux tours, la première, haute de 205 pieds, date de la réédification après le tremblement de terre. La seconde, moins élevée, fut terminée en 1500. La façade principale est ornée de belles sculptures.

A l'intérieur, la chaire, d'un seul bloc de pierre, est un très beau morceau. Nous visitâmes les cryptes ; puis, en en sortant, un musée moyen-âge établi dans les dépendances de la cathédrale, et où l'archéologue et l'antiquaire trouvent à choisir au milieu de richesses sans nombre. Derrière la cathédrale s'étend la terrasse du Pfalz, plantée de marronniers et élevée de vingt mètres au moins au-dessus du Rhin. C'est là que je compris mieux la diversité d'aspects qu'offre la Suisse. Certes le coup d'œil est beau, bien beau, car le pays est riant et fertile. Mais qu'il paraît donc singulier de ne plus voir devant soi que des plaines ou de légères éminences, et au loin, l'horizon fermé par des chaînes de montagnes presque insignifiantes ! La forêt Noire elle-même ne me consolait pas d'avoir perdu de vue les pics tourmentés, les aiguilles d'argent, les glaciers bleus, les flancs noirs des Alpes, auxquels mon œil s'était si bien habitué.

J'attendais de Morlot dans la galerie de tableaux du musée, où l'on m'avait signalé trente-quatre Holbein, que j'admirais en conscience, quand je le vis revenir une enveloppe à la main.

— Voilà qui m'a tout l'air d'une lettre du docteur à ton adresse, me dit-il en me la présentant.

C'était précisément l'invitation à la fête de voisinage dont nous avions parlé en plaisantant, à Fribourg.

— Je ne puis accepter, répondis-je, puisque nous quittons la Suisse demain, après la conférence.

Comment s'y prit mon ami pour me persuader que je désobligerais l'excellent homme en refusant et que je ne pouvais répondre à son obligeance par une dédaigneuse fin de non-recevoir ? Je l'ignore. Je sais seulement qu'il m'accompagna pour prendre mon billet pour Berne, et que je demeurai près d'un an en Suisse. L'air des sommets eut beau jeu pour me vivifier, car on me transforma en un montagnard aguerri.

De plus, quand je revins à Paris, j'avais un but dans la vie : Lina Haller, devenue Mme de Merville, s'appuyait à mon bras, et je n'ai plus ouï parler de mon vieil ennemi, l'ennui, fils du désœuvrement.

FIN.

TABLE.

		PAGES
I.	— Une rencontre inattendue	7
II.	— Genève	14
III.	— Genève (suite)	26
IV.	— Le Léman	39
V.	— Lausanne	50
VI.	— Granson	65
VII.	— Prise du château de Granson	80
VIII.	— La bataille	90
IX.	— Avenches	101
X.	— Morat	113
XI.	— Bataille de Morat	123
XII.	— Berne	137
XIII.	— Berne (suite)	150
XIV.	— L'Oberland	168
XV.	— L'Oberland (suite)	183
XVI.	— Fribourg	193
XVII.	— Lucerne	206
XVIII.	— Un jour de pluie	224
XIX.	— Le Grütli	238
XX.	— Guillaume Tell	267
XXI.	— Mort de Gessler	280
XXII.	— Morgarten	297
XXIII.	— Pèlerinage à travers de grands souvenirs	305
XXIV.	— Zurich	319
XXV.	— Plus imprévu pour moi que pour les autres	333

Rouen. — Imp. MÉGARD et Cⁱᵉ, rue Saint-Hilaire, 136.

m/pod-product-compliance